Knuf, Gartelmann (Hg.)

Bevor die Stimmen wiederkommen

Andreas Knuf, Anke Gartelmann (Hg.)

Bevor die Stimmen wiederkommen

Vorsorge und Selbsthilfe bei psychotischen Krisen

Psychiatrie-Verlag

Andreas Knuf, Anke Gartelmann (Hg.)
Bevor die Stimmen wiederkommen
Vorsorge und Selbsthilfe bei psychotischen Krisen
4. Auflage 2003
ISBN 3-88414-202-X

Bibliografische Information Der Deutschen Bibliothek
Die Deutsche Bibliothek verzeichnet diese Publikation in der Deutschen
Nationalbibliografie; detaillierte bibliografische Daten sind im Internet
über http://dnb.ddb.de abrufbar.

Weitere Bücher des Psychiatrie-Verlages finden Sie im Internet.
Besuchen Sie unsere Homepage: **www.psychiatrie.de/verlag**

© Psychiatrie-Verlag, Bonn 2001
Kein Teil dieses Werkes darf ohne Zustimmung des Verlags
vervielfältigt oder verbreitet werden.
Umschlaggestaltung: markus lau hintzenstern, Berlin
Satz: Graphische Werkstätten Lehne, Grevenbroich
Druck und Bindung: Clausen & Bosse, Leck

Inhalt

Zur Einleitung   9

Krankheitsmodelle und ihre Folgen – Einige theoretische
und praktische Gedanken   13

Teil I

Wahnsinnige Berichte   23

Kristina Zimmermann: Die höhere Macht kennenlernen   25

Heidrun G.: Von der Anziehung der Psychose und der Angst vor
der Zwangsbehandlung   28

Pirmin von Reichenstein: Von der Heilung einer angeblich
unheilbaren Depression   33

Eva von Sinnen: Ich liebe meine Eltern, aber ich brauche meine
Freunde   40

Wolfgang Voelzke: Rechtzeitig vorsorgen und mit Begrenzungen
leben lernen   44

Regina Bellion: Ich muß sehr früh merken, daß ich psychotisch
werde – sonst werde ich es, ohne es zu merken   51

Teil II

Einführung: Vorsorgen mit dem Vorsorgebogen   63

Was kann ich tun, damit ich mich wohl fühle?   69

Mit Belastungen angemessen umgehen   80

Krisen rechtzeitig erkennen   91

Absprachen für die Krisenzeit   105

Über den Wahn-Sinn sprechen   116

Die Zeit danach   128

Begleitung der Vorsorgearbeit   138

Gottfried Wörishofer: Von der Wiege bis zur Bahre – nichts als Formulare?   145

Teil III

Brigitte Weiß: Das persönliche Krisenkonzept   151

Karl-Ernst Brill: Juristische Vorsorge   158

Ulrich Seibert: Psychose-Begleitung und ihre Schwierigkeiten   167

AG Selbst-CheckerInnen: Selbst-Checken – geht es wieder rund?   175

Dieter Broll: Ein-Blick in eine Selbsthilfegruppe   183

Gottfried Wörishofer: Ein-Blick in eine Selbsthilfe-Organisation   189

Dorothea Buck: Drei Säulen der Selbsthilfe   196

Anhang

Vorsorgebogen   204

Literaturempfehlungen   213

Adressen   215

Autorinnen und Autoren   220

Krisenpaß   223

Zur Einleitung

Fast eine Million Menschen in Deutschland wissen, was es heißt, Stimmen zu hören, die andere Menschen nicht wahrnehmen, sich in eine eigene Wahnwelt einzuspinnen, himmelhoch jauchzend oder zu Tode betrübt zu sein. Sie sind psychoseerfahren und haben bereits einmal oder mehrmals psychotische Krankheitsphasen erlebt. Menschen, die so eine Krise schon einmal hinter sich gebracht haben, möchten sie nie wieder durchleben. Sie sind bereit, einiges zu tun, damit die Stimmen nicht wiederkommen. In der klassischen Psychiatrie sind sie dabei ausschließlich auf Hilfe von außen angewiesen: Sie können z. B. Medikamente nehmen oder sich in die Obhut eines Psychotherapeuten begeben. Diese Möglichkeiten sind notwendig und hilfreich für viele. Vergessen wird jedoch allzu oft, daß auch die Betroffenen *selbst* vielfältigen Einfluß auf das Zustandekommen, den Verlauf und die Folgen weiterer psychotischer Krisen nehmen können und auch nehmen. Mit diesen individuellen Vorsorge- und Selbsthilfemöglichkeiten psychoseerfahrener Menschen beschäftigt sich dieses Buch. Damit wenden wir uns in erster Linie an Betroffene, die nicht länger hilflos und passiv hoffen möchten, daß keine weiteren Krisen kommen, die es satt haben, nur Pillen zu schlucken, und die schon immer das Gefühl hatten, daß sie es sind, die ihre Krisen durchleiden, und daß sie selbst es folglich auch sein müßten, die ihnen etwas entgegensetzen können.

Wir haben in diesem Buch Erfahrungen von Menschen zusammengetragen, die in verschiedenster Form von Psychosen »betroffen« sind. Mitgewirkt haben Psychoseerfahrene, professionell Tätige, Selbsthilfegruppen und einige Vertrauenspersonen. Aus verschiedenen Perspektiven betrachten sie die Themen Vorsorge und Selbsthilfe. Professionell Tätige haben ihr theoretisches Wissen und ihre Kenntnisse aus der Arbeit mit psychoseerfahrenen Menschen eingebracht, Betroffene ihre ganz persönlichen Erfahrungen mit Psychosen, ihre individuellen Vorsorgeaktivitäten und ihre Selbsthilfebemühungen in Gruppen. Herausgekommen ist eine Vielzahl von Anregungen und Erfahrungen aller beteiligten Gruppen, die für Professionelle, Betroffene und Angehörige gleichermaßen hilfreich sind.

Die verschiedenen Psychosen haben mehr Gemeinsames als Trennendes. Deshalb wenden wir uns generell an Menschen mit psychotischen Krisen, seien diese nun schizophren, schizoaffektiv, depressiv, manisch oder manisch-depressiv. Allen ist gemeinsam, daß sie aus eigenen Stücken kaum noch aus ihren Krisen herausfinden, weshalb gerade für sie jegliche Form von Krisenvorbeugung wichtig ist. Psychosen verlaufen in der Regel phasenhaft, und zumeist folgen auf die kurzen psychotischen Zeiten krisenfreie Lebensabschnitte. Der Vorsorgeansatz macht sich diesen Umstand zunutze: *Bevor* die Stimmen wiederkommen, kann man einer Selbsthilfegruppe beitreten, mit der Klinik eine Vereinbarung für den nächsten Aufenthalt treffen, Belastungen reduzieren, Psychosebegleiter suchen, sensibler für Krisenzeichen werden usw.

Wir standen vor allem zu Beginn unserer Arbeit mit psychoseerfahrenen Menschen immer wieder erschrocken vor der hilflos machenden Eigendynamik psychotischer Krisen. Klein, ja fast winzig wirken die persönlichen Einflußmöglichkeiten zunächst, wenn beispielsweise jemand wie aus heiterem Himmel in eine tiefe Depression gerät. Die klassische Psychiatrie hat daraus den Schluß gezogen, daß der psychotische Prozeß von innen kommt, »endogen« ist, und die individuellen Einflüsse keine weitere Beachtung verdienen. Für uns folgt das Gegenteil: Gerade wenn die Einflußmöglichkeiten gering sind, so sollten sie *besonders* hervorgehoben werden. Sie vermitteln ein bedingtes Gefühl von Kontrolle und verhindern, daß sich Betroffene vollkommen ausgeliefert fühlen und in Passivität und Resignation verfallen. Wir haben darüber hinaus die Erfahrung gemacht, daß Betroffene mit zunehmender Beschäftigung mit diesem Thema mehr und mehr Einflußmöglichkeiten überhaupt erst wahrnehmen. Erst langsam wird einem klar, wie man sich durch eigenes Verhalten in Psychosenähe bringt, aber auch durch eigene Anstrengungen Krisen schon mehrmals erfolgreich umschifft hat. Das schafft Selbstbewußtsein und fördert einen gleichberechtigteren Umgang zwischen Betroffenen und professionell Tätigen. Psychoseerfahrene sind nicht mehr einseitig auf Hilfe von außen angewiesen, sondern werden zu aktiven Mitgestaltern und Verhandlungspartnern.

Leserinnen und Leser dieses Buches begeben sich auf eine Entdeckungsreise – welche Schätze sich heben lassen, zeigt sich erst unterwegs! Wir haben zahlreiche Schatzsucher auf ihrem Weg begleitet und häufig erleben dürfen, daß sie größere Entdeckungen machten, als wir alle anfangs vermuteten. Die Beschäftigung mit Selbsthilfe und Vorsorge heilt keine Psychosen, man kann aber lernen, besser mit ihnen und möglichst lange ohne sie zu leben. Krisen sind weiterhin nicht ausgeschlossen, wenn sie aber kommen, dann möglicherweise schwächer oder mit weniger negativen Folgen.

Die klassische Psychiatrie kennt – etwas plakativ formuliert – nur einen einzigen Weg der Vorsorge: Pillen. Wir stehen ihnen äußerst zwiespältig gegenüber, was auch bedeutet, daß wir sie in vielen Fällen für unverzichtbar halten müssen. Wer sich mit Vorsorge beschäftigt, der wird aber schnell an den Punkt kommen, an dem es nicht mehr um die Frage »Medikamente ja oder nein?« geht. Vielmehr tauchen ganz andere Fragen auf: Zu welchen Zeiten, in welcher Dosis, für welche Dauer, mit welchem Grad an Mitbestimmung betrachte ich welche Medikamente als kleineres Übel? Und auch: Wann halte ich das Risiko einer neuerlichen Krise für so gering, daß ich nach langer Abwägung zum Entschluß komme, momentan auf Medikamente verzichten zu können?

Dies Buch ist in drei Hauptteile gegliedert.

Nach dem folgenden Beitrag über Krankheitsmodelle und ihre Folgen schildern Betroffene in »Wahnsinnige Berichte« ihre Psychoseerfahrungen und ihre persönlichen Wege zu Vorsorge und Selbsthilfe. Von der Ohnmacht und Angst gegenüber der Psychose handeln die Texte, aber auch von deren Anziehung und Faszination, vom erfolgreichen Bemühen, die Krankheit hinter sich zu lassen oder Krisen ohne Klinik zu durchleben.

Im zweiten Kapitel stellen wir den *Vorsorgebogen* vor, der als Hilfe zur Selbsthilfe gedacht ist. Dieses Kapitel kann von Betroffenen als Arbeitshilfe verwendet werden, um eigene Einflußmöglichkeiten aufzudecken und besser zu nutzen. 31 Fragen dienen als Anregungen für die eigenen Vorsorgeideen. Es ist jedoch auch möglich, jeden einzelnen Abschnitt für sich zu lesen, um so einen Überblick über die verschiedenen Wege zur Vorsorge zu gewinnen.

In einem dritten Kapitel haben wir Erfahrungen, Vorschläge und Hintergründe zum Thema »Selbsthilfe und Vorsorge« gesammelt. Betroffene geben konkrete Anregungen für andere Betroffene. Psychiatrieerfahrene veröffentlichen die bisher umfangreichste Liste mit Frühwarnzeichen. Und eine Vertrauensperson berichtet von ihren Erfahrungen als Psychosebegleiter.

Bei der Arbeit an diesem Buch haben uns einige Vorsätze begleitet, deren Umsetzung uns hoffentlich gelungen ist: *praxisnah* soll das Buch sein. Wir wollen Vorschläge und Anregungen bieten, mit denen Betroffene, Professionelle und Angehörige etwas anfangen können. *Positiv* soll es sein. Wir wollen Alternativen aufzeigen, anstatt über das, was ist, zu schimpfen. Und *lebendig* soll es sein, so spannend und vielgestaltig, wie es nur die Erfahrungen des Lebens sein können.

Dieses Buch wurde nur durch die Mithilfe und Zusammenarbeit vieler Menschen möglich. Bedanken möchten wir uns vor allem bei allen Betroffenen, die in unseren Gruppen, in Psychoseseminaren und in vielen persönlichen Gesprächen offen über ihre Erfahrungen berichtet haben und uns daran teilhaben ließen. Ohne sie hätten wir so manches Mal den falschen Ton angeschlagen und wieder Grenzen aufgebaut zwischen Betroffenen und professionell Tätigen. Danke sagen wir den Co-Autoren und -Autorinnen. Durch ihre spannenden Texte erst wurde dieses Buch zu einem farbigen Ganzen.

Anke Gartelmann und *Andreas Knuf*

Krankheitsmodelle und ihre Folgen – Einige theoretische und praktische Gedanken

Bei vielen nicht-psychotischen Erkrankungen ist es seit langem selbstverständlich, die eigenen Selbsthilfefähigkeiten der Betroffenen zu betonen und dem Gefühl des Ausgeliefertseins gegenüber der Erkrankung entgegenzutreten. Vor allem aber im Psychiatriebereich sind die Begriffe »Selbsthilfe« oder gar »Selbstheilung« so neu, daß viele Fachkräfte in großen Kliniken nicht recht wissen, was sie darunter zu verstehen haben. Ähnlich ist das beim Begriff »Vorsorge«, mit dem weiterhin fast ausschließlich Psychopharmaka verbunden werden.

Die in diesem Buch aufgeführten Vorsorge- und Selbsthilfemöglichkeiten sind keineswegs neu. Zahllose Betroffene praktizieren sie tagtäglich. Und doch beschäftigen sich bisher kaum wissenschaftliche Forscher und Autoren mit diesem Thema. Betroffene bleiben häufig auf sich allein gestellt, wenn sie selbst ihre eigenen Einflußmöglichkeiten erkunden und nutzen lernen möchten.

Warum wird bisher so wenig über Vorsorge und Selbsthilfe gesprochen? Warum klären professionell Tätige die Betroffenen so selten über ihre Einflußmöglichkeiten auf?

Das endogene Krankheitsmodell und seine Folgen

Das herrschende Krankheitskonzept der klassischen Psychiatrie hat sich in den letzten Jahrzehnten nur wenig verändert. Es wird bestimmt von der Theorie, daß psychosekranke Menschen Träger eines irgendwie gearteten biologischen Defekts seien, der unter bestimmten Bedingungen zum Ausbruch kommt. Dieser Defekt könne am effektivsten medikamentös behandelt werden.

Zumindest in bezug auf schizophrene Erkrankungen wird heute von den meisten Praktikern und Wissenschaftlern das sogenannte

Verletzlichkeits-Streß-Modell vertreten, das auf den Amerikaner Joseph Zubin zurückgeht. Dieses Modell besagt, daß schizophrene Menschen eine erhöhte Verletzlichkeit gegenüber psychosozialen Belastungen haben. Die geringere Belastbarkeit bewirkt, daß sie empfindlicher gegenüber Streß sind, der dann letztlich auch den Ausbruch einer Psychose bewirkt.

Neben diesem Konzept von Zubin gibt es eine Reihe anderer Modelle. Gemeinsam ist ihnen, daß sie die Verursachung einer psychotischen Erkrankung nicht mehr einseitig genetisch, familiär oder sonstwie verstehen, sondern verschiedenste Einflußfaktoren annehmen. In jüngster Zeit heben einige Autoren zusätzlich die *Bewältigungsstrategien* der Betroffenen hervor und sprechen somit von einem Verletzlichkeits-Streß-*Bewältigungs*-Modell. Nicht nur die vererbte Vulnerabilität und der Streß, sondern auch der Umgang der Betroffenen mit ihrem Alltag und ihrer Erkrankung entscheidet darüber, ob Krisen zustande kommen und wie sie verlaufen. Krisen müssen nicht nur *behandelt*, sondern auch *bewältigt* werden.

Nach wie vor wird das Denken vieler Forscher und psychiatrisch Tätiger, aber auch das von vielen Psychoseerfahrenen und Angehörigen vom Konzept der »Endogenität« bestimmt. Auch das weit verbreitete Vulnerabilitäts-Streß-Modell ist letztlich ein verstecktes Endogenitätsmodell, wenn nicht ausdrücklich der psychoseerfahrene Mensch selbst mit seinem Bewältigungs- und Vorsorgeverhalten mitgedacht wird. Anstatt nun aber verstärkte Aufmerksamkeit auf die Betroffenen und ihre Einflußmöglichkeiten zu legen, findet derzeit ein neuerlicher Aufschwung der biologischen Forschungsarbeiten statt. Sie haben das Ziel, Hirnstoffwechselprozesse zu erforschen und diese mit dem psychotischen Geschehen in Beziehung zu setzen. Beispielsweise wird bei der Schizophrenie ein erhöhter Dopaminwert beobachtet, der als Ursache der Psychose verstanden wird. Allerdings werden psychische Veränderungen *immer* von Stoffwechselprozessen begleitet, weshalb zum Beispiel ein erhöhter Dopaminstoffwechsel nicht zwangsläufig als *Ursache* des psychischen Erlebens gedeutet werden darf. Wer aber endogen denkt, verliert die äußeren Veränderungen und die sozialen und psychischen Einflüsse schnell aus dem Blick und macht biochemische Abweichungen für das psychotische Erleben verantwortlich. Die Person selbst hat in diesem Konzept keinen Platz. Sie ist nur Trägerin einer biologischen Fehlfunktion, der sie beinahe hilflos gegenüber steht.

Ein solches Krankheitskonzept hat zahlreiche Auswirkungen für Betroffene, Professionelle und auch für die Behandlung. Diese sind u. a.:

- Die professionell Tätigen sind die Experten. Sie wissen, wie dieser Störung beizukommen ist. Sie werden in ihrer Rolle als Helfer geschätzt und genießen Ansehen.
- Die Psychoseerfahrenen sind zu Passivität und Hilflosigkeit verurteilt. Ihnen wird wenig Einfluß auf ihre Erkrankung zugestanden. So verfallen sie leicht in Resignation und begeben sich unterwürfig in die Obhut Professioneller.
- Die Behandlung kommt von außen. Dem Betroffenen wird irgend etwas zugeführt, seien dies nun Medikamente oder andere verordnete Therapien.

Wer Betroffene als Träger einer vorwiegend endogen verursachten Erkrankung einseitig mißversteht, hat wenig Grund, sie als Partner zu achten, sie hinreichend über Krankheit und Behandlung zu informieren und sie als Aktive in den Behandlungsprozeß zu integrieren. Vielmehr unterliegt er der Gefahr, über ihre Köpfe hinweg Entscheidungen zu treffen. Er wird kaum das Bedürfnis haben, mit ihnen über ihre psychotischen Erlebnisse und Gefühle zu reden, die er ja lediglich als Folgen fehlgesteuerter körperlicher Prozesse betrachtet.

Viele Betroffene sind schnell bereit, dieses endogene Krankheitsmodell für sich selbst anzuerkennen. Ihre psychischen Probleme werden von wissenschaftlicher Seite zu einer »wirklichen«, mehr körperlichen denn psychischen Erkrankung erklärt. Diese Krankheit bedarf einer vornehmlich medizinischen Behandlung. Sie macht es dem Betroffenen vordergründig »leicht«, denn er muß nur Pillen schlucken, um wieder zu gesunden. In seinem Alltag braucht er wenig zu verändern, braucht kaum Engagement und Eigenaktivität zu zeigen. Der Preis für diese Bequemlichkeit kann jedoch fatal sein: Der Betroffene bleibt unmündig, abhängig, passiv und hilflos. Dieser psychische Zustand wird nun wiederum als *Symptom* der Erkrankung verstanden und nicht als *Folge* des herrschenden Krankheitskonzeptes und der erfolgten Behandlung.

Der negative Blick der Kliniker

Nach unserer Einschätzung hat dieses von Klinikern entwickelte Krankheitsmodell viel mit deren speziellem Blickwinkel zu tun, der ihnen von der Institution »Klinik« aufgezwungen wird. Die Patienten einer psychiatrischen Klinik sind entweder Menschen mit dauerhaften, sogenannten chronischen psychischen Störungen oder psychoseerkrankte Menschen in einer heftigen, akuten Krise. Beide Gruppen bilden eine einseitig negative Stichprobe aller an Psychosen erkrankten Menschen. Diese Betroffenen sind zumeist sehr hilfebedürftig und selten krankheitseinsichtig. Sie können kaum für sich selbst Verantwortung übernehmen, ja häufig ist es nicht einmal möglich, ein »geordnetes« Gespräch mit ihnen zu führen. Viele sind in ihrer Krankheitsphase weit davon entfernt, eigene Selbsthilfe- oder Selbstheilungsfähigkeiten zu erproben. Wer Psychoseerfahrene nur in dieser Zeit kennenlernt und sie nie gesund erlebt, unterliegt der Gefahr, von diesen Zeiten auf die übrige, nicht-stationäre Zeit und auf die Gesamtheit aller Erkrankten zu schließen. Fast alle psychoseerfahrenen Menschen leben den größten Teil ihres Lebens ohne Krisen und ohne Kliniken, was der in der Klinik »festsitzende« Mitarbeiter jedoch nur aus Erzählungen erfährt.

Lange hielt sich das von Psychiatern wie Emil Kraepelin aufgebrachte Vorurteil, daß die heute als Schizophrenien bezeichneten Erkrankungen zu einer vorzeitigen Verblödung (sog. »Dementia praecox«) führen würden. Diese Einschätzung von einem negativen Ausgang verlor sich erst, als in den 70er Jahren durch aufwendige Studien der häufig positive Verlauf schizophrener Erkrankungen nachgewiesen wurde. Auch heute erliegen professionell Tätige immer noch solchen Irrtümern. Weil viele Psychoseerfahrene in der Krise wenig eigene Handlungs- und Einflußmöglichkeiten haben, wird dies auch für die Nach-Krisen-Zeit und für die Gesamtheit der Betroffenen angenommen. Weil viele psychoseerfahrene Menschen in der Krise nicht in der Lage sind, für sich Verantwortung zu übernehmen und Entscheidungen zu treffen, werden sie auch nach der Krise häufig unmündig behandelt und in ihren Erwartungen nicht ernstgenommen.

Durch die Institution »Klinik« ergibt sich zudem, daß die darin tätigen Professionellen zumeist wenig vom Leben ihrer Patienten wissen. Deshalb erscheint ihnen vieles, was Betroffene berichten, sinnlos und verrückt. Wer hingegen psychoseerfahrene Menschen auch in ihrem Alltag erlebt, der kennt die Brücken und Verbindungsstücke zu ihren psychotischen Erlebnissen und Empfindungen. Wer den Verlauf, das langsame Abdriften in die Krise und die aktuelle Situation des Betroffenen nicht kennt, wird eher einen endogenen Prozeß annehmen, als dies Angehörige und Professionelle tun, die die Betroffenen in einer *Entwicklung* verfolgen und ihr Verrücktwerden manchmal verstehen können. Wer psychoseerfahrene Menschen zu verschiedenen Zeiten erlebt und damit auch ihre gesunden Seiten kennenlernt, wird ihnen mehr Fähigkeiten und Kompetenzen zusprechen. Wäre es da nicht wünschenswert, einseitige Arbeitsbereiche vieler Professioneller (etwa nur auf einer Aufnahmestation oder nur mit chronisch kranken Menschen) aufzuweichen und Kliniker dafür beispielsweise mehr in die ambulante Nachbetreuung und Vorsorge einzubinden? So würde eine einseitignegative Perspektive mindestens relativiert.

Natürlich gibt es viele klinisch Tätige, die sehr engagiert und mit großem Respekt das psychotische Erleben betroffener Menschen zu verstehen versuchen und bemüht sind, die Behandlung weitestgehend nach den Vorstellungen ihrer Patienten zu gestalten. Dennoch ist dies äußerst schwierig in einem klinischen Alltag, der geprägt ist von permanentem Zeitdruck und einer extrem anstrengenden Arbeit und der eine bestimmte Sichtweise von Psychosen fördert, die der Realität nicht angemessen ist. Bisher hatten (biologistische) Kliniker einen großen Einfluß auf Forschung und Lehre, wodurch ihre Sichtweise weite Verbreitung fand und bis heute unsere »Wirklichkeit« prägt.

Modelle bestimmen Wirklichkeit

Die sogenannten Systemtheoretiker und Konstruktivisten – Paul Watzlawick ist ein prominenter Vertreter von ihnen – haben darauf aufmerksam gemacht, daß Theorien und Modelle nicht einfach nur eine Beschreibung der »Wirklichkeit« sind, sondern diese auch gestalten und beeinflussen. Wer als Betroffener von Professionellen (die es ja wissen müssen) erfährt, daß er Opfer eines inneren Prozesses ist, der wird sich kaum auf die häufig mühsame Suche nach eigenen Einflußmöglichkeiten machen und statt dessen wohl eher auf Medikamente vertrauen. Und schon hat dieses Modell eine neue Wirklichkeit geschaffen. Möglicherweise hätte der Betroffene eigene Einflußmöglichkeiten entdeckt, wenn professionelle Helfer ihn auf diese Möglichkeit aufmerksam gemacht und ihn dabei unterstützt hätten, seine »Wirklichkeit« wäre eine andere geworden. Theorien können zu Wirklichkeiten werden.

In der Verhaltenstherapie gibt es das sogenannte »Health-Belief-Model«. Es besagt, daß wir alle bestimmte Vorstellungen darüber haben, wie Gesundheit und Krankheit zustande kommen und wie sie beeinflußt werden können. Wir bauen uns dieses Modell zusammen, aus unseren Erfahrungen und natürlich aus dem, was wir von unserer Umwelt vermittelt bekommen. Es entscheidet maßgeblich darüber, ob und wie wir selbst versuchen, Einfluß auf unsere Erkrankung zu nehmen. Außerdem bestimmt es, welche Zukunftserwartungen und welches Gefühl von Kontrolle wir über unsere Krankheit haben. Damit beeinflußt es nicht nur unsere Handlungen, sondern auch den Verlauf von Krankheiten. Beispielsweise macht der Schweizer Psychiater Luc Ciompi darauf aufmerksam, wie sehr Zukunftserwartungen (und zwar nicht nur die von Betroffenen, sondern auch von Angehörigen und Professionellen) über einen möglichen Therapieerfolg entscheiden.

Auf dem Weg zu einem positiven Psychoseverständnis

Alles bisher Gesagte führt zu dem Schluß, daß wir ein »positives Krankheitsmodell« brauchen, ein Modell, das Wirklichkeit positiv beeinflussen kann und damit auf das Selbstwertgefühl, das Eigenengagement und letztendlich sogar auf den Verlauf psychotischer Erkrankungen wirkt. Es müßte ein Modell sein, das Betroffene nicht zur Passivität verurteilt, sondern ihre realistischen Einflußmöglichkeiten hervorhebt, ohne sie gleichzeitig unter Erwartungsdruck zu setzen. Ein solches Modell würde Betroffene ermuntern, ihre eigenen Selbsthilfefähigkeiten stärker zu würdigen und zu fördern. Es würde sie nicht zu Opfern, sondern zumindest zu Mitgestaltern ihrer Psychose machen. Psychotisches Erleben wäre nicht zufälliges Produkt eines gestörten Hirnstoffwechsels, sondern hätte eine verrückte Bedeutung. Darüber ließe sich reden: mit Professionellen, mit anderen Betroffenen und mit Angehörigen. Außerdem wäre es unserer Meinung nach der einzige Weg zur Behandlungs*partnerschaft*, denn Betroffene können nur als Behandlungspartner gewürdigt werden, wenn Professionelle ihnen auch einen Einfluß auf ihre Erkrankung zubilligen.

Psychotische Krisen sind Krankheiten. Fast alle Betroffenen wären froh, wenn sie nie wieder von der Psychose ergriffen würden. Sie leiden sowohl unter den Krisen selbst wie auch unter ihren negativen Folgen. Eine Idealisierung dieser Krisen würde dem Leiden psychoseerfahrener Menschen nicht gerecht Positives Krankheitsverständnis meint nicht unbedingt, Psychosen positiv umzudeuten. Statt dessen meinen wir ein positiv *wirkendes* Krankheitsmodell und ein solches, das auch die positiven Seiten einer Psychose würdigt. Manchmal stehen Betroffene ihrer Psychose ambivalent gegenüber, weil sie auch positive Seiten für sie hat. Dieses Thema wird in Fachkreisen kaum angesprochen, ist eine Psychose doch per Definition eine Krankheit, unter der Betroffene zu leiden haben und die dringend einer Behandlung bedarf. Einige Psychoseerfahrene verstehen ihre Krisen jedoch nicht primär als Krankheit. So bezeichnet Dorothea Buck, die als »Mutmachfrau« zu einer Symbolfigur für viele Betroffene geworden ist, ihre Psychose als »Selbstfindung«. Ein positives Krankheitsverständnis darf Psychosen nicht idealisieren oder bagatellisieren, muß aber offen für positive Anteile psychotischen Erlebens sein und für die verschiedenen Sichtweisen, die von schwerer Krankheit bis zu Selbstverwirklichung reichen.

19

Ein neues Krankheitsverständnis müßte von allen Beteiligten gemeinsam entworfen werden, von Psychoseerfahrenen, Professionellen und Angehörigen. Dies wird schon an 70 Orten in Deutschland versucht, an denen sich die sogenannten *Psychoseseminare* gegründet haben. An diesen Gruppen nehmen im Idealfall alle drei Gruppen teil. Gemeinsam versuchen sie, Psychosen besser zu verstehen und mehr Verständnis füreinander zu gewinnen. Diese Psychoseseminare bilden inzwischen ein Gegengewicht zur klassischen Psychiatrie, die Betroffenen und Angehörigen wenig Raum läßt. In der Zukunft ist es wünschenswert, daß mehr Ärzte als bisher an Psychoseseminaren teilnehmen, daß aber auch mehr Psychoseerfahrene und Angehörige zu klassisch-psychiatrischen Fachtagungen eingeladen werden.

Ein verändertes Psychoseverständnis hätte auch eine veränderte »Behandlung« psychotischer Krisen zur Folge. Durch Vereinbarungen in der krisenfreien Zeit etwa können vorab die Wünsche der Betroffen in einer neuerlichen Krise stärker berücksichtigt werden. Vor allem Vorsorge- und Selbsthilfebemühungen sollten von professioneller Seite stärker als bisher gewürdigt und unterstützt werden. Notwendig sind zudem Einrichtungen, in denen Krisen rechtzeitig abgefangen werden können, beispielsweise Krisenzentren oder auch alltagsnahe Einrichtungen wie sogenannte Notschlafwohnungen, in denen Betroffene einige Tage Ruhe und Abstand von ihren Problemen und Konflikten finden können.

Teil I: Wahnsinnige Berichte – Persönliche Erfahrungen

Sonne!
geh nicht am Schatten vorbei,
als wenn es nicht Deiner wär.

Sinn!
geh nicht am Wahnsinn vorbei,
als wenn es nicht Deiner wär.

Erst wenn die Flamme
der hellen
und der dunklen Sonne
gemeinsam erglühn,
berührt der Himmel die Erde.

Manuel Pan

Wahnsinnige Berichte

Jede Krise verläuft individuell, keine gleicht der anderen. Genauso verschieden sind die Wege, die Betroffene einschlagen, um weitere Krankheitsphasen zu vermeiden. Da sie außer medikamentöser Unterstützung in der Regel wenig professionelle Hilfe bei diesem Bemühen finden, haben sie sich selbst auf die Suche gemacht, haben sich beobachtet, haben ausprobiert und schließlich ihre eigenen Versuche unternommen, um der drohenden Hilflosigkeit und Ohnmacht entgegenzuwirken.

Im folgenden berichten sechs wahn-sinnige Menschen von ihren Erfahrungen mit Psychosen, mit Selbsthilfe und Vorsorge. Sie alle haben unterschiedliche Formen persönlicher Vorsorge entwickelt. Einige Bemühungen können zur Nachahmung empfohlen werden, andere sind so einmalig, daß sie nur für eine Person ihre Bedeutung und ihre Richtigkeit haben. Allen ist gemeinsam, daß sie zum Nachdenken anregen über individuelle Vorsorge, Selbsthilfe und alternative Heilungsversuche.

Die entscheidende Frage »Will ich auf meine Krisen verzichten?« steht am Anfang jeder Beschäftigung mit der Vorsorgeidee. Selten werden psychotische Krisen einseitig nur negativ oder nur positiv erlebt. Vielmehr kennen die meisten Betroffenen grausame wie auch anziehende Seiten ihrer Psychosen. Sie sind meistens eine schwere Last, aber manchmal, zumeist für kurze Zeit, auch eine Lust. Ob und wie persönliche Vorsorge möglich ist, steht im Mittelpunkt aller Texte. Dabei wird das Ausmaß eigener Einflußmöglichkeiten sehr unterschiedlich erlebt. Einzelne fühlen sich ihrer Psychose gegenüber ausgeliefert und ohnmächtig oder bleiben in einer Dauerkrise gefangen. Andere finden ganz langsam *ihren* Weg.

Viele konkrete Fragen beschäftigen Psychoseerfahrene, Angehörige und Professionelle: Wie groß ist der persönliche Einfluß auf weitere Krisen? Läßt sich eine Psychose rechtzeitig erkennen? Kann man sie aktiv herbeiführen? Lassen sich die Ursachen einer Psychose vermeiden? Wie ist Gesundung ohne Klinik, ohne Medikamente möglich?

Hier berichten Menschen, die es wissen müssen, von individuellen Lebenswegen, Leidenswegen und Lösungswegen.

Kristina Zimmermann

Die höhere Macht kennenlernen

Als man mich bat, über meine psychotischen Erlebnisse zu berichten, fiel mir in der Nacht danach ein Bilderzyklus *Jungfrau Maria vor der Geburt*, *Jungfrau Maria während der Geburt* und *Jungfrau Maria nach der Geburt* ein, der sich als Deckengemälde in der Großen Aula in dem humanistischen Gymnasium, das ich neun Jahre besucht habe, befindet. Dabei zog ich einige Parallelen: Wie bei einer schwangeren Frau reift die Psychose in meinem Kopf oder meiner Seele heran; unter Wehklagen und seelischen Schmerzen kommt sie als Kopfgeburt auf die Welt; als Neugeborenes muß dann ich wieder von vorne anfangen. Und immer wieder stellt sich auch für mich die Frage, was denn (m)eine Psychose ist, woher sie kommt und wie ich ihr entgegentreten kann. Kann ich ihr Auftreten steuern, oder bin ich ihr hoffnungslos ausgeliefert?

Bis jetzt habe ich mich bei jedem Anfall, der sich bei mir im Stimmenhören äußert, eher als Opfer einer höheren Macht erlebt. Schlagartig gibt es in meinem Gehirn einen Kurzschluß, und der alltägliche Bezug zur Realität weicht einem tranceähnlichen Zustand, einer anderen Bewußtseinsebene, in der meine gesamten Wunschvorstellungen in meinem Leben so stark präsent werden, daß sie mich entrücken und ich mich wie »Alice in Wonderland« fühle.

Ich habe inzwischen einen Großteil der typischen Symptome einer Schizophrenie durchlebt: Paranoia, Selbstmordgedanken, akustische Halluzinationen, Liebeswahn, Depressionen, Ich-Störungen etc. Vielleicht ist oft Verdrängung der Auslöser für meine Krisen. Jedenfalls fällt es mir schwer, meine ursprünglichsten Wünsche und Bedürfnisse auszuleben.

In jeder akuten Phase tritt vor allem ein Gefühl so stark in den Vordergrund, daß es schier unerträglich wird: eine tiefgreifende

Sehnsucht, die mich körperlich und geistig gefangen hält. Sehnsucht nach einem für mich maßgeschneiderten Leben, nach einem seelenverwandten Menschen, nach einer gesunden Umgebung.

In jeder akuten Phase fühle ich mich von einem übermenschlichen Signalsystem gesteuert: Die Natur spricht zu mir im Säuseln des Windes, im Zwitschern der Vögel, im Klang der Kirchenglocken. Ich bin dann so angespannt, daß ich meine, Menschen durch Wände hindurch zu spüren und ihre Gedanken lesen zu können.

Da ich glaube, daß meine Krankheit durch ein Versagen des Reizfiltersystems ausgelöst wird, mein Gehirn also nicht mehr unterscheiden kann, welche äußeren Reize von Bedeutung sind und welche nicht, suche ich eher hier nach Abhilfe. Ich entziehe mich den übermäßigen Reizen. Oft gelingt mir dies durch sofortiges Hinlegen in einem geschlossenen Raum recht gut, wobei das Nervenkostüm sich innerhalb der nächsten halben Stunde weitgehend erholt hat. Außerdem vertraue ich sehr auf die Wirkung der neuroleptischen Psychopharmaka, die ich anfangs strikt abgelehnt habe. Derzeit nehme ich 400 mg *Leponex* täglich und vertrage diese Medikation relativ gut. Auch Entspannung in jeder Form wie beispielsweise ein heißes Bad, Sauna, autogenes Training u. a. ist sehr wertvoll. Trotz alledem bin ich überzeugt, daß die Eigendynamik der Psychose so stark ist, daß man sie zwar früh erkennen und sofort gegensteuern kann, aber das Ausbrechen der Psychose entzieht sich unserer Macht. Das zwingt mich dazu, mich stets genau zu beobachten, in mich hineinzuhorchen, alles genau zu registrieren. Dies nimmt mir viel von meiner spontanen Lebenslust, schränkt meine Handlungen ein. Ein psychotischer Mensch muß sich immer zweimal fragen: Will ich das wirklich, oder hat sich mein Unterbewußtsein wieder einmal verselbständigt?

Mein letzter von bisher vier Klinik-Aufenthalten dauerte fünf Monate. Dank meines freiberuflichen Standes als Übersetzerin bin ich keinem Chef oder Vorgesetzten Rechenschaft über meine Vergangenheit schuldig, jedoch muß ich mir meine Kundschaft wieder neu gewinnen. Wie mir mal jemand sagte, nimmt die Wahrscheinlichkeit der Erkrankung an einer Psychose ab dem vierzigsten Lebensjahr deutlich ab, so habe ich also noch zehn Jahre - wie oft werde ich mich davor wohl noch in stationäre Behandlung begeben müssen?

Immer wieder stelle ich mir die Frage, ob ich mich nach dem psychotischen Zustand sehne, die akuten Phasen also herbeiwünsche. Manchmal denke ich, daß mir die durchschnittliche Realität nicht genügt und ich mich deswegen in eine Traumwelt zurückziehe. Ich will alles leben, erleben, überleben. Ich kämpfe mit mir selbst, aber auch um den Anspruch auf Wahrheit und Legitimität *meiner* Wirklichkeit. Die Psychose ist also nicht ausschließlich negativ.

In meiner Traumwelt kommt immer ein Idol vor - es ist der Abenteurer und Bergsteiger Reinhold Messner. Ich trage in meinem Inneren eine Stimme mit mir, die mir Anweisungen gibt und mich steuert. Es ist seine Stimme. Mein größter Wunsch war und ist es, ihm die Hand zu schütteln und ihn von Angesicht zu Angesicht zu sehen. Ich projiziere meine Sehnsüchte auf diesen unerreichbaren Mann. Er selbst sagte mir in einem Telefonat, daß meine Gefühle eine Art »Fernverehrung« seien. Warum schweife ich immer in die Ferne? Warum flüchte ich aus meiner Realität?

Fragen über Fragen, Hypothesen über Hypothesen. Mein Leben ist wie ein großes Fragezeichen, und ich bin auf der Suche nach dem Ausrufezeichen und dem Punkt.

Wenn die Stimmen wiederkommen, habe ich stets das Gefühl von »Déjà-vu-Erlebnissen« und daß ich mich meiner Geburt nähere und nicht dem Tod. Mir ist es, als müßte ich durch einen Tunnel, dessen Ausgang ich schon kenne.

Bei all meinen verworrenen Vorstellungen in der Psychose hilft mir immer schon mal, daß ich zunehmend mehr von dem dahinterliegenden System verstehe, Gründe und Funktionen erkenne. Dadurch lerne ich, besser durch die drei Stadien vor, während und nach der Psychose zu gelangen. In der Psychose drückt sich eine Art höhere Macht aus, die ich zwar nicht beherrschen, aber doch immerhin zu durchschauen lernen kann.

Meine Diagnose lautet »paranoide Psychose aus dem schizophrenen Formenkreis« - so griechisch wie es klingt, ich muß damit leben.

Heidrun G.

Von der Anziehung der Psychose und der Angst vor der Zwangsbehandlung

Ich bin jetzt 31 Jahre alt. Vor sechs Jahren hatte ich meine erste von bisher vier Psychosen. Sie trat ein, nachdem ich meine Doktorarbeit abbrechen mußte. Mein Professor hatte mich zum Aufhören gedrängt. Damit wurde ich nicht fertig. Ich hatte eigentlich recht positive Gefühle für den Professor und konnte wohl deshalb seinen Mangel an Unterstützung um so weniger ertragen. Ich kam in einen Zwiespalt zwischen meinen positiven Gefühlen für ihn und seinem realen Verhalten. In meiner Psychose habe ich meine Illusion und meinen Wunsch nach Unterstützung aufrechterhalten und geglaubt, mich mit ihm über Gedankenübertragung weiterhin verständigen zu können. In meiner Vorstellung hat er mich auch weiter unterstützt. Ich bin damals viel allein im Schwarzwald spazierengegangen und konnte dabei meinen Gedanken richtig nachhängen. Ich habe in der Zeit auch viel gemalt. In den Bildern hat sich die innere Spannung ausgedrückt. Häufig habe ich Spiralen gemalt. Sie sind heute für mich ein Symbol für die »Gedankenketten«, die ich in der Psychose erlebe und die sich in meinem Kopf zu drehen scheinen.

Die Psychose habe ich als recht positiv erlebt. Ich habe mich aufgefangen gefühlt und hatte den Eindruck, daß für mich gesorgt wird und mir nichts Schlimmes passieren kann. Ich fühlte mich unsterblich und glaubte, daß meine verstorbenen Großeltern wieder am Leben wären. Ich habe auch nie erlebt, daß ich durch meine Psychosen in Gefahr gerate oder mir etwas zustoßen könnte. Um so unverständlicher war für mich, daß ich bei meiner dritten Psychose wegen Eigen- und Fremdgefährdung gerichtlich untergebracht wurde. Ich bin auch heute noch der Meinung, daß zu keinem Zeitpunkt Eigen- oder Fremdgefährdung bestanden hat.

Einmal war ich in der Mensa und habe plötzlich nichts mehr gehört – keine Geräusche, keine Gespräche, nichts. Ich glaubte, in der Hölle zu sein. Ich habe mich daraufhin draußen auf eine Bank gesetzt, und nach einer Weile kam jemand vorbei, der mit mir geredet hat und mit mir gegangen ist. Er muß sehr viel Geduld aufgebracht haben. Solche positiven Erlebnisse von Kontakt zu Menschen hatte ich in den Psychosen häufiger, und ich habe den Eindruck, daß ich in der Psychose weniger gehemmt und schüchtern bin. In der Psychose habe ich meist den Eindruck, daß es ganz wichtig ist, daß ich bestimmte Dinge tue, die mir eingegeben werden, und daß etwas Schreckliches passiert, wenn ich das Falsche tue. Beispielsweise meinte ich in meiner ersten Psychose, daß eine Katze in dem Haus, in dem ich gewohnt habe, sterben müsse, weil ich mich in einem Moment falsch verhalten habe, und daß die Botschaft an die Welt, die ich zu verbreiten hätte, sei, daß wir uns mehr um die Tiere kümmern müßten. Eine Botschaft, die ja, so würde ich nach der Psychose immer noch sagen, durchaus ihre Berechtigung hat. Ich hatte also immer wieder Angst, das Falsche zu tun und nicht rechtzeitig herauszufinden, was die »Stimmen« mir eingeben wollen. Wobei ich selbst es eigentlich nie als »Stimmen« bezeichnet habe, sondern immer als »Gedankenübertragung«, weil ich ja akustisch nichts hörte.

Ich habe mich geführt gefühlt; und das war eigentlich angenehm, weil es dem Tun mehr Sinn gab als im Alltag. Überhaupt schien alles mehr Sinn zu machen. Abgesehen von dieser Angst, das Falsche zu tun, habe ich meine Psychosen auch nicht angstbesetzt erlebt. Ich würde im Gegenteil sagen, daß ich in den Psychosen mehr Mut hatte.

Nach der ersten Psychose hat mich ein Psychiater gefragt, was ich nun von meinem Erleben in der Psychose halte. Ich habe ihm geantwortet, ich fände es lustig. Aber das konnte er überhaupt nicht verstehen. Psychiater scheinen so was immer als »mangelnde Krankheitseinsicht« zu werten. Ich habe überhaupt den Eindruck, daß

29

Psychiater sehr erstaunt sind, wenn ich ihnen erzähle, daß ich meine Psychosen positiv erlebe.

Am liebsten würde ich, wenn ich wieder in eine Krise kommen sollte, diese ausleben und keine oder nur wenige Medikamente nehmen. Ich bin der Überzeugung, daß die Krise bei mir auch ohne Medikamente wieder vorbeigehen würde. Wenn ich in der Klinik zwangsmedikamentiert werde, habe ich den Eindruck, daß mir etwas weggenommen wird.

Das Unangenehme an der Psychose ist der Zustand nach der positiven Symptomatik. Ich bin dann sehr müde, und die Konzentration ist schlecht. Das liegt sicher auch an den Medikamenten, aber wohl nur zum Teil. Diese negative Phase danach dauert bei mir Monate. Wenn dieser negative Zustand danach nicht wäre und die Psychose nicht mit Medikamenten bekämpft würde, deren Nebenwirkungen ich erleiden muß, wäre ich eigentlich einer weiteren Psychose gegenüber gar nicht so abgeneigt.

Nach meinen Psychosen habe ich meistens die Medikamente abgesetzt. Zur Zeit aber nehme ich noch Medikamente, weil ich nach der Psychose immer so ausgepowert bin, daß ich Monate brauche, bis ich mich wieder erholt habe, und das nicht schon wieder erleben möchte. Meine letzte Psychose ist jetzt etwas über ein Jahr her. Was mich zusätzlich davon abhält, die Medikamente abzusetzen, ist die Angst vor den Zwangsmaßnahmen in der Klinik im akuten Schub. Ich kann mir allerdings nicht vorstellen, die Medikamente mein ganzes Leben lang zu nehmen.

Der Aufenthalt in der Psychiatrie war für mich eine traumatische Erfahrung, gerade wegen der Zwangsmedikation und des Gefühls, völlig ausgeliefert zu sein, so daß sie mit mir machen konnten, was sie wollten, und es kein Entkommen aus der geschlossenen Station gab. Das einzig Schöne an der Psychiatrie war die Beschäftigungstherapie, in der ich endlich mal die Zeit und das Material zum Malen, Basteln und Kreativsein hatte. Das hat mir Spaß gemacht.

Vor meiner letzten Psychose hatte ich gehofft, die positiven Gefühle und Gedanken der Psychose erzeugen zu können, ohne wirklich psychotisch zu werden, mich sozusagen am Rande einer Psychose bewegen zu können. Als ich merkte, daß ich wieder in die Psychose kam, habe ich zunächst nicht versucht, sie zu vermeiden. Ich hatte jedoch gehofft und geglaubt, daß ich die Psychose so weit steuern kann, daß ich nur »ein bißchen« psychotisch werde. So wollte ich das euphorische Gefühl in der Psychose erhalten, ohne jedoch so weit reinzurutschen, daß ich nicht mehr ansprechbar war und wieder in der Psychiatrie landete. Es ist mir jedoch nicht gelungen, so weit Kontrolle auszuüben.

Ich glaube, daß meine Psychosen bei immer geringer werdenden Anlässen wiederkehren, weil es eine Art erlernte Reaktion ist. Eine Fluchtreaktion von mir, die einsetzt, wenn eine Situation kommt, mit der ich nicht fertig werde. Vor allem treten die Psychosen bei mir dann auf, wenn ich mich von Leuten, die ich sehr mag, im Stich gelassen, allein gelassen, fallen gelassen fühle. In der Psychose flüchte ich dann in eine andere Welt, in der alles möglich ist und ich auch durch den Kontakt mittels Gedankenübertragung nicht allein bin. Der Aufenthalt in der Klinik verstärkt eher noch die Flucht, weil man aus allem rausgerissen wird, nichts mehr selbst erledigen kann.

Meine Einstellung gegenüber einer erneuten Psychose ist zwiespältig. Wenn ich mir vorstelle, mein ganzes Leben geht so weiter wie im letzten Jahr, dann hätte ich fast gerne wieder eine Psychose, weil ich dann rausgerissen bin aus dem Alltagstrott und wieder etwas Interessantes erlebe. Es ist immer noch eine Verlockung da und die Hoffnung, die Psychose steuern zu können – etwa durch Nichteinnahme der Medikamente einen Teil des Psychoseerlebens wieder zu bekommen, aber dann wieder gerade so viel Medikamente zu nehmen, daß ich nicht in die Klinik muß. Das wäre ein Spiel mit dem Feuer, und das Risiko übt einen gewissen Reiz auf mich aus, wie auch die Möglichkeit, daß die Psychose wieder auftritt, einen gewissen Reiz hat. Wenn es mir gut ginge und ich zufrieden mit meinem Leben wäre, dann bräuchte ich keine weiteren Krisen mehr.

Auch wenn ich Psychosen positiv erlebe, beschäftige ich mich trotzdem mit Vorsorge, denn ich möchte mehr Einfluß und Kontrolle haben – zum Beispiel darauf, was mit mir passiert, wenn ich eine Psychose habe, etwa in welche Klinik ich komme, oder wo ich die Psychose erleben kann, ohne ins Krankenhaus zu kommen. Die Frühwarnzeichen finde ich auf alle Fälle wichtig, weil ich lernen möchte, den Zeitpunkt zu finden, wo ich die Psychose selber unter Kontrolle halten kann, so daß ich nicht zwangsweise so viele Medikamente bekomme, daß alle psychotischen Gedanken unterdrückt werden.

Pirmin von Reichenstein

Von der Heilung einer angeblich unheilbaren Depression

33 Jahre lang war ich seelisch krank und wurde von Psychiatern medikamentös behandelt. Schließlich waren alle Beteiligten mit ihrem Latein am Ende im Blick auf meine »endogene Depression«. So blieb mir nichts anderes übrig, als gesund zu werden.

Alles fing mit meiner falschen Partnerwahl vor 37 Jahren an. In der Nacht meines Verlobungstages waren meine Depressionen ausgebrochen. Grauenhafte Träume wollten mir verdeutlichen, daß ich als unterordnungsbereiter Mann mit der Entscheidung für eine letztlich herrschsüchtige Frau in die Falle gegangen war, die ich mir unbewußt selber gestellt hatte. Doch diese Einsicht brachte mir erst meine Selbstanalyse. Damals rieten mir in meinen lähmenden depressiven Zuständen vier hilfsbereite Theologieprofessoren zur Psychiatrie und zum psychiatrischen Krankenhaus: »Es sind so gute Medikamente erfunden worden!« Damit begann 1959 die Chronifizierung meines Leidensweges. Wie entlastend war es für den Studenten mit seiner Antriebs- und Gedankenarmut zu hören: »Sie können nichts dafür und nichts dagegen tun, daß sie krank sind, sondern nur regelmäßig Ihre Medikamente einnehmen.« – »Nicht umsonst hat Ihr Vater sich das Leben genommen, und einen psychisch kranken Bruder haben Sie auch. Das ist halt endogen – vererbt!« Später sagte man mir irreführend noch: »Psychische Krankheiten werden durch Stoffwechselstörungen im Gehirn verursacht.« Jeder Erfolg wurde dann als »manisch« abgestempelt. So kam es schon am Anfang zu der Diagnose: »manisch-depressives Irresein«. Über die Risiken der Medikation gab es kaum Aufklärung.

Nach meinem Theologie-Studium begann eine fünfjährige Vikarszeit, in der ich zum pfarramtlichen Dienst ordiniert wurde. Oft war ich wegen meiner Depressionen nicht einsatzfähig. Als sich ein Kind ankündigte, gab ich auch die Doktorarbeit auf und wurde für 15 Jahre Hausmann. Von 1969 bis 1989 war ich einigermaßen »stabilisiert« durch Lithiumpräparate, die allerdings starke Kopf- und Rückenschmerzen mit sich brachten. Zu den Neuroleptika und Antidepressiva sowie den Schlaftabletten gesellten sich Schmerzmittel. Blasen- und Schilddrüsenbeschwerden machten weitere Medikamente erforderlich.

Meine beiden Psychoanalysen von 1964/65 und 1968/69 hatte ich während des Sommerurlaubs der Therapeuten mit Suizidversuchen beendet. Die Folgen meiner Vergiftungen waren grauenhaft. Ich ging jeweils durch wahre Höllen. Die fehlgeschlagenen Therapieversuche wurden wieder als Beweis für eine »endogene Erkrankung« betrachtet. Als ich 1990 zum dritten Mal die Vorkehrungen zum Suizid traf, stand plötzlich mein Bruder Tobias vor der Tür, der zehn Jahre älter ist und zehn Jahre vor mir den Ausstieg aus der Psychiatrie geschafft hat. Die letzte depressive Episode endete 1992. Seit Anfang 1993 bin ich gesund und glücklich wie nie zuvor.

Es war ein langer und äußerst beschwerlicher Weg. Ich erkannte nach und nach, daß ich nur als ganzer Mensch gesund werden konnte. Es dauerte lange, bis ich verstanden hatte, daß ich zur Erlangung eigener Gesundheit und eigenen Glücks alles einsetzen mußte.

Am Anfang meines neuen Lebens stand die *spirituelle Heilung*:

Ich fing in ganz neuer Weise an, mich auf Gottes Wort zu verlassen: »Ich bin der Herr, dein Arzt.« Ein neues Bitten erwachte in mir: »Heile du mich, Herr, so werde ich Heil! Hilf du mir, so ist mir geholfen!« Dieser geistliche Neubeginn tat sich mir 1986 auf in dem evangelischen Einkehrhaus Bergkirchen, wo ich den Weg der Meditation entdeckte. Dort geschah nach drei Jahren etwas sehr schwer Faßbares. Nach dem Nachtgebet überwältigte mich die Vorstellung von einem in der Dunkelheit gold-leuchtenden Angesicht Christi. Eine noch nie erlebte Erregung ergriff mich mit einem unsagbaren Glücksgefühl und einer neuen Gewißheit, daß mein Heilungsweg begonnen hatte. Felsenfest war ich nun überzeugt: Jesus wird mich heilen.

Alsbald begann ich mit der Selbstanalyse im psychotherapeutischen Sinn. Immer klarer wurden mir meine depressiven Verhaltensweisen: Ein Erlebnis konnte noch so gut gewesen sein, wenn ich mich daran erinnerte und darüber nachdachte, kamen mir Einfälle, wie ich alles hätte besser machen können. So stellte sich die alles zersetzende Überzeugung ein, ich sei halt ein totaler Versager. Ich litt furchtbar unter dieser unheimlichen Macht. Ich erkannte sie als einen sozusagen selbstgestrickten Dämon und sah keine Möglichkeit, mich davon zu befreien. Doch bald darauf hatte ich bei einer katholischen Eucharistiefeier eine weitere Vision: Plötzlich stand dieser Dämon in bedrohlicher Gestalt vor mir. Aber ich hatte einen Dolch in der Hand und tötete ihn mit drei Stichen. Ich brachte ihn also sozusagen in mir selbst um! Mit dieser Heilungsvision war ich wie neugeboren.

Aber dann mußte ich noch zwei depressive Episoden durchmachen. Meine Verwandten und Freunde waren ratlos wie ich. Beide Male begab ich mich zum Psychiater und erhielt neue Psychopharmaka, die freilich überhaupt nichts nützten, wie all das Teufelszeug, das ich mir seit 1959 hatte verabreichen lassen. Erneut durchlitt ich, wie mir in diesem seelischen Chaos aller Halt abhanden kam. Ich konnte nicht mehr meditieren, da sich dabei unerträgliche Verlassenheitsängste einstellten. Erst ganz allmählich erhielt ich auf die verzweifelte Frage, warum sich Christus mir entziehe, die Antwort: »Was du selbst tun kannst, kann ich dir nicht abnehmen.« Langsam begriff ich, daß die geistliche Heilung, daß Spiritualität eben nur *ein* Teil meines Lebens ist. Nach und nach dämmerte mir, daß ich meine Heilung *selbst* vollziehen mußte.

Großartige Erfahrungen machte ich dann mit dem autogenen Training. Über Herzschlag und Atem lernte ich neu, mich an meinem Körper zu freuen.

Wenn ich meinen Freunden von meinen Erlebnissen berichtete, fühlten sie sich meist befremdet, ja bekamen Angst um mich, rieten mir oft entschieden zu Psychopharmaka, ganz wie 1959 meine theologischen Hochschullehrer.

Immer mehr erkannte ich: Heilung ist eigentlich gar kein Thema in unserer Gesellschaft. Statt dessen: Behandlung bis zum Exzeß! Das betrifft vielfach auch die Sozialpsychiatrie! Davon gehen die Angehörigen aus, die oft froh sind, daß die Kranken mit der »chemischen Keule« in Schach gehalten werden.

Mühsam entdeckte ich, wieviel Krankmachendes in der »christlichen« Verkündigung enthalten ist, vor allem in der katholischen Amtskirche durch die Verachtung der Frau und der Sexualität – aber auch in meiner evangelischen Kirche und in meiner pietistischen Erziehung. Die Kernworte Martin Luthers »allein aus Gnade, allein durch den Glauben, allein Jesus Christus«, die ich so lange begeistert nachsprach, hatten es mir unmöglich gemacht, meine Heilung in die eigene Hand zu nehmen. Die sogenannte christliche Botschaft entmündigt Menschen oft, so daß sie ihre Krankheit fatalistisch als Gottes unerforschlichen Willen hinnehmen, dem gegenüber der Mensch halt ohnmächtig sei. Viele Gespräche mit Klinikseelsorgern, vor allem an psychiatrischen Krankenhäusern, bestätigten mir die Vermutung, daß hier ganz wesentlich das Krankheitselend verwaltet und der Herrschaftsanspruch der biologischen Psychiatrie kirchlich beweihräuchert wird. Heilung sei nicht Sache des Pfarrers, sondern des Facharztes.

Erst mein gleichfalls betroffener Bruder Tobias gab mir die richtungsweisende Devise: »Niemand kann dir helfen, auch ich nicht! Du mußt dich allein, am eigenen Schopf aus dem Sumpf der depressiven Selbstzerstörung ziehen wie Münchhausen!« Zuerst hielt ich das für absurd und grausam. Dann blieb mir nichts anderes übrig, als es nach dem ganzheitlichen Menschenbild zu tun. Ich hatte eine neue Ausschließlichkeit entdeckt in meiner Alleinverantwortlichkeit für meine eigene Gesundheit und mein persönliches Glück. Ich erwartete nichts Entscheidendes mehr von anderen, nachdem ich an ihrer Hilflosigkeit verzweifelt war.

Zuerst entstand allmählich *ein neues Körpergefühl*. Obwohl ich eigentlich eher ein unsportlicher Typ bin, hatte ich mich jahrzehntelang zu sportlichen Übungen wie Joggen gezwungen. In den beiden depressiven Phasen mußte ich mich morgens dazu regelrecht aus dem Bett zwingen. Ich sprach mir dabei vor, daß es jetzt nur auf den nächsten kleinen Schritt ankomme. Von Anfang an verordnete ich mir den täglichen Waldlauf, bei jedem Wetter. Und ich erhielt viel Zuspruch von meinem Bruder. Muskelkrämpfe und -zerrungen wollten mich abhalten. Auch Rückenschmerzen traten auf. Beim Arzt und Masseur hieß es, das sei doch abwegig, was ich da bei meiner Konstitution treibe.

Und doch: Im Laufe der Jahre erlebte ich, wie ich physisch immer fitter wurde. Ich bekam immer mehr Freude am eigenen Körper. In meiner herrlichen Waldlandschaft wurde ich Zeuge faszinierender Sonnenaufgänge. Ich entdeckte ganz neu eine überwältigende Natur. Die zeigte sich mir nicht nur als Gottes Schöpfung. Ich nahm in ihr Gott unmittelbar wahr und mich selbst als göttlichen Bestandteil: ein geradezu mystisches Erlebnis.

Ganz unbezweifelbar ist das ein Glückserleben, das sich durch die Ausschüttung der Endorphin-Hormone vollzieht. Dies Erlebnis hatte ich zwar früher auch gelegentlich gehabt, aber die daraus resultierende Euphorie galt ja als krankhaft! Dabei könnte Sporttherapie als zuverlässiges Naturheilmittel konsequent im Alltag psychiatrischer Krankenhäuser betrieben werden! Joggen ist doch *das* natürliche Antidepressivum. In der Fachliteratur wird das auch beschrieben. Ohne Zweifel ist es die allgegenwärtige, fast allmächtige Trägheit, die die meisten Menschen daran hindert, das Alleinvernünftige zu tun und den jeweils geeigneten Sport als für alle Menschen lebensnotwendige Therapie zu betreiben.

Mit diesem neuen Körpererleben veränderte sich auch meine *psychische Stabilität*. Mit meinem Wissen aus Psychoanalyse und Verhaltenstherapie betrieb ich eine Selbstanalyse. Ich lernte, meine depressiven Praktiken zu durchschauen. Bei der Versenkung in meine Vergangenheit und Kindheit half mir, daß ich oft mit meiner Mutter und meinen vier Brüdern darüber gesprochen hatte. Sehr aufschlußreich war da das kleine Tagebuch, das meine Mutter für mich geschrieben hatte. Auch meine biographischen Notizen bekamen neuen Wert.

Trotz familiärer Probleme hatte mir die pietistische Frömmigkeit viel von Liebe, Geborgenheit und Urvertrauen gegeben. Schwer verwundet allerdings hatte mich der Suizid meines depressiven Vaters, als ich fünf Jahre alt war. Mit sechs versank meine Vaterstadt in Schutt und Asche, und ich fühlte mich als Bombenflüchtling erst mal heimatlos. Als Jüngster galt ich in meiner Familie als ziemlich überflüssiges »fünftes Rad am Wagen«. Mit Abitur und Erlernen der drei Alten Sprachen war mein Leben verkopft. Ich hatte noch nicht zu mir gefunden, als die falsche Partnerwahl meine Lebenskrise auslöste. Was mir fehlte, waren Ichstärke, Selbstwert, Selbstbejahung und Selbstvertrauen. Mein Scheitern war vorprogrammiert. Aber nach den vier Jahren meiner psychotherapeutischen Selbst-Behandlung konnte ich all das zum Guten wenden.

Und so vollzog ich *meine geistige Heilung*: Mit dem Wiener Psychotherapeuten Viktor Frankl entdeckte ich die Logotherapie. So konnte ich neu meinen Lebenssinn und meine Lebensaufgabe bejahen. Durch ein neues Denken war ich in der Lage, mich mit meiner Gefühlswelt ganz anzunehmen.

Alles wäre nicht möglich geworden ohne *meine gesellschaftliche Heilung*: Ich habe viel mitmenschliche Zuwendung erfahren: finanzielle Unterstützung durch meine Kirchenleitung, eine seelsorgerische Begleitung in Bergkirchen. Meine Herkunftsfamilie hielt mir in Rat und Tat die Treue. Zu alten echten Freunden gesellten sich neue. In Obertalheim nahm mich der evangelische Pfarrer freundlich auf und ließ mich oft Gottesdienste halten. Der Dekan zeigte sich gleichfalls hilfsbereit. All das bewahrte den erneut schwer Depressiven jedoch nicht vor der Verzweiflung an allem – hatte ich doch durch die ausgefallene Idee, gesund werden zu wollen, Frau und Sohn »verloren«. In der letzten Episode erlebte ich das Wunder, daß zwei Frauen mich als ehrenamtliche Helferinnen treu begleiteten, bis ich endgültig gesund war. Eine von ihnen wurde meine Lebensgefährtin. Kürzlich ist sie ganz plötzlich gestorben. Ihr Vermächtnis an mich lautet: »Jetzt kannst du deinen Weg alleine gehen. Du bist geliebt, geheilt, versöhnt.«

Am Ende meiner letzten Krankheitsphase lernte ich einen Verein von Betroffenen kennen, in dem ich mich ehrenamtlich entfalten kann. Es ist mir gelungen, meinen Heilungsweg in ein Selbsthilfeprogramm zu übersetzen. Gern gebe ich heilende Übungen weiter, die mich selbst gesund gemacht haben. Was uns Erfahrene bewegt, muß thematisiert werden. Es gibt Wege heraus aus angeblich unheilbarer seelischer Erkrankung. Das ist eine unschätzbare Erfahrung. Zwei Buchtitel fassen meine Botschaft zusammen: »Liebe statt Valium« von dem Berliner Arzt Ellis Huber sowie »Liebe allein genügt nicht« von dem Kinder- und Jugendpsychologen Bruno Bettelheim. Es geht um die psycho-sozio-spirituelle Heilung des ganzen Menschen. Mit den Fachkräften zusammen wollen wir die psychiatrische Landschaft verbessern. Miteinander und füreinander werden wir es schaffen. Aber: Alle wahre Hilfe ist Hilfe zur Selbsthilfe.

Eva von Sinnen

Ich liebe meine Eltern, aber ich brauche meine Freunde

»Ave- Ma-ria-!« . . . Immer wenn meine Mutter am Herd steht und singt, habe ich Schuldgefühle, weil sie wegen uns Kindern ihre Karriere als Opernsängerin aufgegeben hat. Unter diesem Verlust leidet sie, und besonders ich als ihr Kind versuche, ihr möglichst viel Freude zu bereiten mit dem, was ich tue. Auf ihre Erwartungen achte ich immer ganz besonders.

Aber auch ich kann nicht verhindern, daß sie einige Jahre später zu trinken beginnt. Allmählich übernehme ich ihre Rolle in der Familie. Erst gehe ich morgens zur Schule, dann versorge ich den Haushalt, kümmere mich um meine jüngeren Brüder und reiße auch meiner Mutter noch die Rasierklinge vom Handgelenk, wenn sie mit Selbstmord droht. Meine eigenen Gefühle und Bedürfnisse kenne ich nicht.

Jahre später bin ich manisch-depressiv, ohne deshalb je bei einem Arzt oder in einer Klinik gewesen zu sein. Euphorische Hoch-Zeiten werden abgelöst von Phasen tiefster Depression. Mein Leben ist ein Tanz auf dem Vulkan: Absturz vorprogrammiert. Niemand bemerkt (oder will wahrhaben?), daß ich krank bin, auch ich selbst finde meine extremen Gefühlszustände normal. Tabletten nehme ich keine, irgendwie komme ich zurecht, laviere mich so durchs Leben – insgesamt zwanzig Jahre mit meinen manischen und depressiven Phasen. Ich schaffe das Studium, arbeite siebzehn Jahre lang als Journalistin. Über weite Strecken bin ich völlig beschwerdefrei – und zwar dann, wenn ich in einer stabilen Zweierbeziehung lebe. Ansonsten lösen sich meine Krisen im manisch-depressiven Rhythmus immer wieder auf.

Ausgelöst durch die Trennung von meiner großen Liebe 1992 tritt die erste schizoaffektive Psychose auf. Ich verstehe die Welt nicht mehr. Ich habe Todesangst, weil der Himmel über mir einzustürzen droht. Renne vor der Krankheit davon, die ich nicht kenne: Liebeswahn, Verfolgungswahn. Nach einem Selbstmordversuch lande ich in der Klinik. Zwei Jahrzehnte nach meiner ersten manischen Phase bekomme ich erstmals eine Diagnose, werde vollgedröhnt mit Tabletten, die mein ausuferndes Unterbewußtsein eindämmen sollen.

Meine Eltern kümmern sich rührend um mich. Ohne zu verstehen, was da in ihrer Tochter abläuft, sind sie einfach *da*. Die Rollen haben sich umgedreht: Ich, die ich immer die Starke, Unabhängige, aber auch Rebellische war, bin nun hilflos wie ein kleines Kind, *ihr* kleines Kind. Endlich habe ich Eltern, die meine Wäsche waschen, versuchen mit mir zu reden, die Abgründe in meinem Wesen zu verstehen. Nach vier Monaten werde ich als »geheilt« entlassen.

Zwei weitere Klinikaufenthalte folgen. Die Psychose krallt sich in mir fest, mit wahnhaften Ideen, religiösen Trugbildern, Regression in die Kindheit. Sie bricht mir fast das Rückgrat: Aus einer stolzen, unabhängigen Frau ist ein Bündel Angst geworden. Das Seltsame ist: Je schwächer ich werde, desto besser verstehe ich mich mit meinen Eltern. Der ganze Haß auf meine Mutter, die mich nie Kind sein ließ, ist verschwunden. Es gibt Phasen, da klammere ich mich an ihr fest, lese beruhigende Worte wie das Evangelium von ihren Lippen ab. Ich möchte ihr so gerne glauben, daß es Hoffnung gibt für mich, einen Weg heraus aus dieser heimtückischen Krankheit, mehr noch: daß die Krankheit einen Sinn hat, wie alle Gesunden immer wieder betonen.

Noch schlimmer wird meine Hoffnungslosigkeit, als die Psychosen in eine Dauerdepression übergehen. Sind die Medikamente schuld daran? Ich sehne mich nach früher, als ich ohne Tabletten in meinen manischen Phasen gigantische Hochgefühle erlebte. Wenn ich so etwas äußere, schreit meine Mutter auf: Aggressiv gegen sie sei ich gewesen, unberechenbar, hart. Aber war (und ist) diese Aggression nicht berechtigt? Ist die Depression denn wirklich »besser«?

Der Depressive ist mundtot gemacht und pflegeleicht; er leidet still vor sich hin, hat keine Bedürfnisse, keine Wut. Der Depressive ist das ideale Kind, das nichts fordert und zu allem ja und amen sagt. Im

41

schlimmsten Fall spürt er nicht einmal die Verletzungen, die ihm zugefügt werden. Er hat keinen Zugang mehr zu seinen Gefühlen, weder zu den alten, aus der Kindheit herrührenden, noch zu den neuen, aktuellen. So ist das »gute« Verhältnis zu meinen Eltern ein zweischneidiges Schwert: Ich bleibe durch ihre Fürsorge in der Kinderrolle, die ich längst hinter mir haben sollte.

Inzwischen lebe ich mit meiner Krankheit. Ich brauche keine Klinik, aber krank bin ich trotzdem. Ich höre keine Stimmen, aber gut geht es mir nicht. Meine Dauerkrise hält an. Was heißt da Vorsorge? Vorsorge vor was? Dazu müßte es mir ja erst mal gut gehen, doch das scheint noch ein weiter Weg zu sein. Medikamente gibt es viele für mich, doch helfen sie wenig. Und Selbsthilfe? Ich tue mir etwas Gutes durch die kleinen Dinge des Alltags: Ich erlaube es mir etwa, jeden Morgen frühstücken zu gehen. So fängt mein Tag gut an. Ich habe meine Wohnung behalten, obwohl ich in eine therapeutische Wohngemeinschaft gezogen bin. Das erhält mir den Glauben daran, daß alles wieder besser werden könnte, eines Tages. Ich halte Kontakt zu einer Selbsthilfegruppe, weil es mir allein noch beschissener gehen würde. Und dann ist da noch meine ehrenamtliche Mitarbeit bei einem Radiosender. Dadurch schaffe ich mir selbst einen Grund aufzustehen, aus dem Haus zu gehen. Mein Tag bekommt wieder eine Ordnung, er hat wieder einen Morgen, Mittag und Abend. Es gibt die Zeit vor der Arbeit und die Zeit danach.

Meine Freunde sind für mich der Fels in der Brandung, sie sorgen sich um mich – und sie fordern mich als Erwachsene. Ohne sie wäre ich schon längst wieder in der Klinik. Sie helfen mir zu überleben, verhindern, daß es noch schlimmer kommt und ich allen Lebensmut verliere. Von ihnen bekomme ich echte Hilfe: Anregungen, Ratschläge, Streicheleinheiten. Sie lassen nicht zu, daß ich mich in meinem Elend und in Selbstmitleid vergrabe. Sie fordern mich auf, mich selbst zu spüren, von ihnen lerne ich, Grenzen zu ziehen. Von ihnen lerne ich, daß es sich zu kämpfen lohnt: für meine Eigenständigkeit und Selbstverantwortung, für ein selbstbestimmtes Leben.

Ich liebe meine Eltern, aber ich brauche meine Freunde. Sie sind wichtiger als jeder Therapeut dieser Welt, weil ich mit ihnen in einem echten Lebenszusammenhang stehe und nicht in einem abgeschotteten 1-Stunden-Biotop.

Kommunikation mit Freunden kann tröstlich sein, aber auch aufrütteln und weg vom Selbstmitleid, hin zur Selbstbestimmung führen – und sind die Schritte auch noch so klein, bis ich wieder weinen, lachen und handeln kann.

Wolfgang Voelzke

Rechtzeitig vorsorgen und mit Begrenzungen leben lernen

Es hat lange gedauert, bis ich gelernt habe, daß ich meinen Psychosen – die für mich sehr belastend sind – nicht hilflos ausgeliefert bin, sondern rechtzeitig etwas dagegen unternehmen kann.

Ich will im folgenden kurz beschreiben, wie ich meine Psychosen erlebt habe und wie ich begann, mich damit zu befassen und Vorsorge zu treffen. Ich bemühe mich, mit möglichst wenig Medikamenten auszukommen, dafür aber mit immer mehr persönlicher Auseinandersetzung.

Ich begreife meine Psychosen als einen Lösungsversuch meiner Persönlichkeit und meines Körpers, mit besonderen Belastungen bzw. besonderen inneren und äußeren Widersprüchen klarzukommen. Andere Menschen bekommen Magengeschwüre oder Diabetes. Bei mir können sich besondere Belastungen in Psychosen niederschlagen. Ich bin eben auf meine Weise empfindsam und verletzbar.

Seit Geburt bin ich »dünnhäutiger« als mein vor mir geborener Zwillingsbruder. Damals wog ich deutlich weniger als er und kam gerade am Brutkasten vorbei. Ich war immer etwas empfindlicher, verletzbarer, aber auch quengeliger und ungeduldiger als er. Einerseits galt ich als Kind manchmal als »Nervensäge«, andererseits nahm ich mir wohl auch vieles mehr zu Herzen.

Der erste große Umbruch kam mit dem Beginn meiner Berufsausbildung mit 19 Jahren. Zum ersten Mal war ich auf mich allein gestellt und mußte selbständig lernen und mich in der Arbeitswelt zurechtfinden. Damit war ich in der damaligen Situation völlig überfordert. Wenige Monate nach Beginn der Ausbildung war ich zuerst Ende 1975 für drei Monate und dann ab März 1976 für fünfeinhalb Monate in psychiatrischen Kliniken.

Danach folgte ein langer, harter Weg der Ausbildung (beeinträchtigt durch Neuroleptika, Gedächtnisprobleme und Gefühle von Überforderung), bis ich 1979 die Prüfung für den gehobenen Verwaltungsdienst mit »gut« abschloß. Dies alles habe ich nur mit Unterstützung meiner Eltern, die mir in jener Zeit einen sicheren Lebensrahmen und sozialen Halt gaben, geschafft.

Danach blieb ich zehn Jahre lang trotz einer großen privaten Krise ohne weitere Psychosen. Erst 1986, als ich besonderen Belastungen im Rahmen einer Weiterbildung und im Beruf ausgesetzt war, erkrankte ich wieder an einer Psychose.

Ich merkte es erst gar nicht und hatte auch nicht mehr damit gerechnet. Dabei begann alles ganz positiv. Ich fühlte mich »geführt«, erlebte und verstand vieles symbolhaft. Ich glaubte, ich sei etwas ganz Besonderes, ein Prophet oder so etwas Ähnliches. Ich konnte bald nicht mehr schlafen, und das Denken hörte nicht auf.

Nach wenigen Tagen nahm der Prozeß an Dynamik und Dramatik zu. Zuletzt fühlte ich mich von bösen Mächten aus dem Universum verfolgt, die mich schädigten und später töten wollten. Ich war in den Kampf zwischen Gut und Böse geraten, und das Gute schien zu verlieren. Angst und Panik ergriffen mich. Zuletzt konnten meine Angehörigen mich nicht mehr begleiten. In einer bestimmten Situation wäre ich sogar beinahe aus Panik zu einer Gefahr für meine Freundin geworden.

In großer seelischer Not und körperlicher Verkrampfung kam ich in die örtliche psychiatrische Klinik. Dort habe ich persönlich auch Verletzendes und Schlimmes erlebt und besonders unter Gefühlen von Ohnmacht und Ausgeliefertsein gelitten. Nach dreieinhalb Monaten wurde ich aus der Klinik entlassen. Ungefähr ein Jahr später wiederholte sich eine solche psychotische Episode.

Schwer für mich war die Zeit nach den Klinikaufenthalten. Ich fühlte mich so erschöpft, schwach und verängstigt, daß ich nicht allein in einer Wohnung hätte leben können. Wenn ich in dieser Situation nicht meine Eltern gehabt hätte, die mich vorübergehend aufnahmen und für einen lebenswerten Rahmen gesorgt hätten, wäre ich verzweifelt. Meinen Angehörigen verdanke ich zum Überleben mehr als den Profis in der Psychiatrie. Ihre konstante vertrauensvolle Grundhaltung, in der sie mich nicht überfordert, aber auch nicht unterfordert haben, sondern zunächst für einen einfachen Tagesrhythmus sorgten, war genau das, was ich brauchte. Auch sie konnten diese Erkrankung nicht einordnen und haben ebenfalls sehr darunter gelitten.

Informationen zu Psychosen habe ich trotz Nachfragens damals nicht erhalten. Und so blieb ich mit meinen unverarbeiteten Erlebnissen allein. Viel später erfuhr ich, daß es doch Literatur gab.

Zunächst bestand meine Therapie – wie bei wohl vielen Psychiatrie-Erfahrenen – überwiegend aus der Einnahme von Neuroleptika (bei mir *Haldol* und *Melleril*). Diese wurden langsam reduziert, teilweise ganz ausgesetzt und bei Bedarf wieder eingesetzt. Außerdem nahm ich bis 1994 ein Lithiumpräparat, das auch in Abstimmung mit meinem Psychiater langsam abgesetzt wurde.

Für mich persönlich kam die Wende in meinem Bewußtsein als Psychiatrie-Erfahrener durch eine ambulante Rückfallvorbeugungsgruppe der Westfälischen Gesellschaft für Soziale Psychiatrie (heute »psychoedukative Gruppenarbeit« genannt). In diesen Gruppen werden in 14 Sitzungen mit 6–8 Patienten und Patientinnen und zwei Moderatoren Informationen über den gegenwärtigen Forschungsstand zu Psychosen, etwa über das »Verletzlichkeits-Streß-Bewältigungs-Modell«, gegeben, über Medikamente und ihre Nebenwirkungen aufgeklärt sowie individuelle Frühwarnzeichen und ein Krisenplan erarbeitet.

Es war für mich das erste Mal, daß mich Mitarbeiter aus der Psychiatrie über ihr Verständnis von Psychosen informierten und mich persönlich mit meinen Erfahrungen ernst nahmen. Sie sprachen davon, daß Patienten Experten für ihre Erkrankung sind und jeder seinen Weg, damit zu leben, finden muß. Das hat mir sehr geholfen.

Mir wurde hier zum ersten Mal deutlich, daß meine Psychose nicht über mich hereinbricht wie ein namenloses Schicksal, sondern daß ich rechtzeitig etwas tun kann. Ich achte jetzt sehr auf meine

Frühwarnzeichen. Wenn ich unter Streß und Druck stehe, können diese mich vor dem Beginn einer Psychose warnen.

Gerate ich etwa wegen Arbeitsdruck oder persönlichem Ärger unter Streß, dann steigt bei mir die innere Anspannung erheblich an, z. T. werde ich auch aggressiv. Häufig merkt dies meine Frau schneller als ich selbst. Kommt dann dazu, daß ich nachts nicht schlafen kann, meine Gedanken anfangen zu jagen oder sich besondere Eindrücke einstellen, nehme ich noch in der Nacht Neuroleptika.

Aber dabei muß ich aufpassen. Nicht jedes Nicht-einschlafen-Können ist ein Frühwarnzeichen. Ich versuche genau hinzuspüren und zu fühlen, ob ich nicht auch ohne Medikamente auskommen kann. Wenn ich aber deutlich meine Frühwarnzeichen erkenne, dann handle ich auch konsequent. Denn ich habe nur wenige Tage Zeit, um noch bewußt entscheiden und handeln zu können, bevor ich »abdrehe« und in eine andere Welt gerate.

Ich gehe am nächsten Morgen zu meinem ambulanten Psychiater und schildere ihm die Situation. Um zur Ruhe zu kommen, hilft es mir, wenn ich krankgeschrieben werde und ich die Medikamente einnehme, die mir schon früher geholfen haben. Medikamente heilen die Disposition zur Psychose nicht, aber sie können etliche Symptome stark beeinflussen.

Ob jemand Medikamente nimmt, muß jeder nach ausreichender Aufklärung und Beratung durch psychiatrische Fachleute und nach Abwägung von Nutzen und Risiken selbst entscheiden. Dazu gehören auch Informationen über Nebenwirkungen und mögliche Spätschäden.

Zu Hause müssen Patienten und Patientinnen schließlich jeden Tag entscheiden, ob sie die verordneten Medikamente wirklich einnehmen. Viele Patienten in der Psychiatrie leiden unter den individuell unterschiedlichen Nebenwirkungen von Neuroleptika.

Ich persönlich nehme diese deutlichen Beeinträchtigungen durch hohe Dosen von Neuroleptika in der frühen Phase hin, etwa Mundtrockenheit teilweise bis zu den Bronchien, Sitzunruhe, Bewegungsstörungen, Gewichtszunahme, auch die Veränderungen der Leberwerte, denn unter meiner Psychose leide ich noch viel mehr.

47

Langfristig versuche ich jedoch, immer mehr mit meinen z. T. engen Grenzen zu leben und mit möglichst wenig Chemie auszukommen. Dafür will ich alle mir zur Verfügung stehenden Hilfen nutzen.

Ich habe es auf diesem Weg geschafft, daß ich von 1987 bis 1994 zwar neunmal psychisch ambulant erkrankt bin, aber mich nicht mehr in eine Klinik begeben mußte.

1992 hatte ich dann das Glück, an einer ambulanten Psychose-erfahrungsgruppe teilnehmen zu können (5–7 Psychose-Erfahrene, 2 Psychologinnen als Moderatorinnen, mit insgesamt 14 Treffen). Darin ging es um die Auseinandersetzung mit dem Psychose-Erleben und der Bedeutung meiner Psychosen vor dem Hintergrund meiner Biographie, meiner Ängste und Wünsche. In der Klinik war leider fast nie darüber geredet worden. Gerade auch zu erfahren, was andere erlebt und gedacht haben, läßt das eigene Erleben besser annehmen, einordnen, verarbeiten und integrieren.

Die Erfahrungen in der Rückfallvorbeugungsgruppe 1990 haben mich motiviert, 1991 die Selbsthilfegruppe *Psychose-Erfahrene* in Bielefeld mit zu gründen und mich in der Selbsthilfebewegung Psychiatrie-Erfahrener zu engagieren. Ich bin auch Mitglied im Bundesverband Psychiatrie-Erfahrener in Bonn.

In Bielefeld hat eine Arbeitsgruppe aus Psychiatrie-Erfahrenen sowie der ärztlichen und pflegerischen Leitung der örtlichen psychiatrischen Klinik die *Bielefelder Behandlungsvereinbarung* erarbeitet. Darin können Patientinnen und Patienten, wenn es ihnen gut geht, Regelungen für den Fall eines möglichen weiteren Klinikaufenthalts vorbeugend treffen, um die bisherigen Erfahrungen in der Krise zu nutzen und bestimmte Negativerfahrungen zu verhindern. Eine solche Vereinbarung oder auch das sogenannte *Patiententestament* kann eine wichtige Vorsorge sein.

Ich habe im Dezember 1994 eine solche Behandlungsvereinbarung abgeschlossen. Als ich Ende März '95 merkte, daß eine Psychose »im Anzug« war und ich diese diesmal nicht zu Hause würde durchstehen können, habe ich mich schneller als früher in die Klinik begeben. Die Entwicklung meiner Psychose konnte so rechtzeitig aufgehalten werden, und ich wurde nach drei Wochen entlassen. Nach weiteren drei Wochen konnte ich wieder arbeiten. Die Neuroleptika wurden in Absprache mit meinem ambulanten Psychiater langsam reduziert und ausgeschlichen. Seit August '95 nehme ich fast keine Medikamente mehr. Lediglich im Februar '96 habe ich – als persönliche Bemühungen, zur inneren Ruhe zu kommen, nicht weiterhalfen – vorübergehend *Melleril* genommen.

Dafür fühle ich mich jetzt jedoch »dünnhäutiger«, bin leichter zu begeistern, aber auch viel schneller belastet und unter Druck. Ich will daher nun noch bewußter und klarer meine Grenzen und meine Belastungen wahrnehmen und danach verantwortungsbewußt handeln.

Seit über einem Jahr mache ich – nach psychiatrischen und psychotherapeutischen Gutachten – eine Psychotherapie bei einem Psychologen, der geschult und kompetent ist im Umgang mit psychotischen Menschen. Neben meinen Ängsten und meinen hohen Ansprüchen an mich selbst und der Neigung, mich zu überfordern, sowie dem daraus folgenden Streß ist mir in der Therapie besonders das Thema wichtig, wie ich mit meinen z. T. sehr engen Grenzen umgehen und leben kann, ohne wieder zu erkranken. Ich will lernen, mich so anzunehmen und zu lieben, wie ich bin. Meine vielen beruflichen und ehrenamtlichen Aktivitäten zeigen mir aber, daß ich immer noch meine, mich beweisen zu müssen. Die Selbstannahme ist der entscheidende Prozeß, aber sie gelingt mir vorläufig nur unvollkommen.

Zu meinem positiven Selbstwertgefühl haben auch meine sozialen Kontakte erheblich beigetragen. Die Achtung, Anerkennung und Annahme, die ich durch meine Angehörigen, nahen Bekannten, aber auch in der Selbsthilfebewegung und durch engagierte Mitarbeiter in der Psychiatrie erfahren habe, haben mir dabei geholfen. Wichtig ist zudem das verständnisvolle Verhalten meiner Arbeitskolleginnen und -kollegen, was ja keinesfalls selbstverständlich ist. Grundsätzlich meine ich, daß mein offener Umgang mit meiner sogenannten »Psychose« sehr dazu beigetragen hat, meine Angst vor meinem Erleben selbst, aber auch die meiner Umwelt vor mir ein großes Stück abgebaut zu haben.

Dies alles hat dazu beigetragen, daß ich mich mit meinen Psychosen auseinandersetzen und mich immer mehr um ein bewußtes, positives Leben mit den gegebenen Grenzen bemühen konnte. Ich bin weiterhin auf dem Weg und suche Hilfen und Möglichkeiten, mit möglichst wenig Chemie, dafür aber mit mehr persönlicher Auseinandersetzung mit meiner besonderen Empfindsamkeit und Verletzbarkeit zu leben.

Regina Bellion

Ich muß sehr früh merken, daß ich psychotisch werde – sonst werde ich es, ohne es zu merken

Wie so viele andere wurde ich mit der Maßgabe aus der Klinik entlassen, weiterhin Neuroleptika nehmen zu müssen, voraussichtlich mein Leben lang, nur so lasse sich die nächste Klinikeinweisung vermeiden.

An diesen ärztlichen Rat hielt ich mich, bis ich zu der Entscheidung kam, mich besser umzubringen – denn das Leben hinter einer undurchdringlichen neuroleptischen Mauer war nicht mehr *mein* Leben.

Aber ich beschloß, vorher auszuprobieren, ob es noch andere Möglichkeiten gäbe. Zusammen mit Freunden machte ich mich auf diesen Weg.

- Wir lernten, einander in psychotischen Krisen beizustehen.
- Wir begriffen, daß diese Krisen begründet sind.
- Wir versuchen, bei beginnenden Schwierigkeiten anders als psychotisch zu reagieren.

Allmählich lernte ich, daß es nicht immer Schicksalsschläge sind, die mich in Psychosenähe bringen; oft reichen Kleinigkeiten, denen niemand Bedeutung beimessen würde. Vor jeder Psychose sind mir andere Kleinigkeiten passiert, und sie schienen keinen gemeinsamen Nenner zu haben. Bei nachträglichem genaueren Hinsehen erwecken diese Kleinigkeiten aber immer ähnliche Gefühle in mir, Gefühle von Unsicherheit und davon, keinen Boden unter den Füßen zu haben, nicht gesehen zu werden, abgelehnt zu werden. Ich darf nicht auf der Welt sein, ich habe nicht das Recht, am Leben zu sein – das meine ich vor jeder Psychose. Ich meine es nur einen

51

Moment lang. Dann beginnt nämlich, manchmal wie eine Rettung, die Psychose.

Das schlimme Gefühl, sowieso nicht verstanden zu werden, nicht erwünscht zu sein, keine Daseinsberechtigung zu haben, könnte der rote Faden sein, der mich in die Psychose führt. Diesen roten Faden konnte ich jahrzehntelang nicht sehen, denn ich hatte wahrscheinlich keine Gefühle. Ich wußte nicht einmal, was Gefühle sind. Statt dessen wußte ich, was von mir erwartet wurde, was ich zu tun hatte und was für ein Bild ich abgeben sollte. Da ich diesen Anforderungen einigermaßen gerecht wurde, wurde ich geschätzt. Nein, das Bild, das ich abgab, wurde geschätzt. Dieses Bild aber hatte nur wenig mit mir zu tun.

Es ist eine Art von Verletzung, die zu spüren ich als Kind schon verlernt hatte. Aber die Wunde ist da, heute spüre ich, wenn sie berührt wird. Eine abwertende Äußerung kann mich in Psychosenähe bringen. Oder Verhalten, das im Widerspruch zum Gesagten steht. Wie gesagt: Es sind oft Winzigkeiten.

Ein ziemlich sicheres Zeichen, daß ich auf dem Weg in die Psychose bin, ist, wenn ich mit einem eigentlich oft belanglosen Problem beschäftigt bin und mich die Wirklichkeit draußen vor der Tür nicht mehr interessiert. Dann habe ich Schwierigkeiten, mich zu erinnern, sogar daran, wann meine letzte Mahlzeit war und wann ich zuletzt geschlafen habe.

Es ist also ratsam, daß ich jederzeit analysiere, was geschieht und wie ich mich dabei fühle, damit ich mich rechtzeitig zurückziehen kann. Das gelingt mir nur unzureichend. Ich muß sehr früh merken, daß ich psychotisch werde, sonst werde ich es, ohne es zu merken.

Wenn ich mich in Psychosenähe fühle, merke ich endlich, wie es mir geht. Dann reagiere ich erst einmal mit Rückzug. Ich drehe mich um und gehe nach Hause. Sofort und ohne Erklärung. Ich lege mich hin, bin nicht zu sprechen, für niemanden, auch nicht am Telefon. Ich bemühe mich, tief und gleichmäßig zu atmen. Manchmal lege ich mich tagelang hin, manchmal reichen ein paar Stunden. Ich liege dann einfach da, so als sei ich verletzt.

Erst mal bin ich dann bemüht, Kontakt zur Realität zu halten, zu meiner Zimmerumgebung. Ich spanne die Muskeln an, um zu spüren, daß ich einen Körper habe. Ich öffne die Augen und sehe zum Fenster. Es ist Tag. Solange ich das feststellen kann, bin ich in der Realität.

In den Zimmerecken sehe ich Schatten, sie warten darauf, größer zu werden, sich zu bewegen, mir Scherereien zu machen. Mein gleichmäßiger, tiefer Atem ist das einzige, was gilt. Ich liege und atme, schlafe nach Möglichkeit. Irgendwann werde ich wach. Es ist hell. Ich habe die ganze Nacht geschlafen. Das Zimmer sieht so aus, wie es aussehen soll. Kein Schatten bewegt sich. Kein Geräusch, das hier nicht hingehört. Glück gehabt.

So bleibe ich liegen, als wäre ich krank. Noch brauche ich Ruhe und Schlaf, noch ist die Gefahr nicht überwunden. Ich kenne das.

Um einem sogenannten »psychotischen Schub« vorzubeugen, habe ich noch andere, ganz private Vorsorgemaßnahmen.

▪ Ich sollte mich an einen halbwegs geregelten Tagesablauf halten, der an meinen Interessen ausgerichtet ist. Genügend Schlaf brauche ich und Melissebäder. Nach dem Aufwachen brauche ich einige Stunden für mich allein, damit ich mich mit dem Tag »anfreunden« kann.

▪ Den Tag-Nacht-Rhythmus einzuhalten ist für mich ganz wichtig. Ich habe einen Hang dazu, nachts zu leben und den Tag zu verschlafen. Wenn ich diesem Hang nachgebe, falle ich leichter aus der Realität.

▪ Wichtig ist für mich, daß ich immer wieder meine Atmung überprüfe. Das heißt, ich muß darauf achten, daß ich gleichmäßig atme, daß ich nicht zu flach atme oder unversehens die Luft anhalte.

▪ Streß versuche ich zu vermeiden. Ich behalte im Auge, daß Extremsituationen mir schaden können.

▪ Wenn Emotionen mich umherwirbeln, bin ich mehr gefährdet als die meisten anderen Menschen. Statt der Versuchung nachzugeben, mich mit meinen Schwierigkeiten zurückzuziehen, sollte ich gerade dann Umgang haben mit Menschen, die mich mögen und an mir interessiert sind.

53

- Wichtig ist auch der Umgang mit Menschen, zu denen ich keine ausgeprägte emotionale Beziehung habe, die mich aber ernst nehmen. Mit ihrer Hilfe kann ich feststellen, ob ich wenigstens noch mit einem Bein in der Realität stehe. Das ist ein heikler Punkt, um den ich mich immer wieder neu bemühen muß – oft fühle ich mich nämlich so verletzt, daß ich mich endgültig von Menschen zurückziehen möchte.

- Besondere Vorsicht ist geboten, falls ich mich verliebe. In einer sehr engen Beziehung besteht die Gefahr, daß ich mich auf ähnliche Weise verletzen lasse wie früher als Kind. Wenn das passiert – und sei es auch nur ansatzweise –, können leicht die Vorläufer einer Psychose auftreten.

- Wichtig im Sinne einer Vorsorge und überhaupt ist eine für mich sinnvolle Beschäftigung. Die muß ich mir selbst schaffen.

- Wichtig ist auch, daß ich nicht mehr glaube, ich müsse ein möglichst normales Bild abgeben. Statt dessen gestatte ich mir Erlebnisse, die für andere befremdlich sein mögen, die mir aber gut tun.

- Ich habe einiges ausprobiert, um in Kontakt mit meinem Körper zu bleiben bzw. diesen Kontakt überhaupt herzustellen. Die Bewegungen, die mir helfen, mich in meinem Körper zu spüren, sollte ich täglich machen, einmal am Tag reicht oft nicht.

- Dann ist es nicht falsch, wenn ich mich an relativ gesunden Tagen frage, warum ich in der letzten Psychose ausgerechnet dieses oder jenes gehört oder gesehen habe und was diese Halluzinationen mit mir und mit meinem Leben zu tun haben. Je besser ich den Sinn meiner Halluzinationen verstehe und ihre Berechtigung erkenne, desto mehr bin ich in der Lage, meine Angelegenheiten in der Realität zu behandeln, statt sie in den unbewußten Bereich verschwinden zu lassen, wo sie sich bei gegebenem Anlaß als psychotische Erlebnisse verselbständigen können.

- Aufpassen muß ich, daß ich in schwierigen Situationen nicht an Beziehungsideen stricke. Es hat sich als nützlich gezeigt, andere Menschen zu bitten, die Dinge, die mich hellhörig machen, aus ihrer Sicht zu schildern. So kann ich beginnende Wahnideen relativieren – wenn sie noch nicht weit fortgeschritten sind.

- Offenbar hatte ich nicht die Möglichkeit, ein grundlegendes Gefühl von zufriedenstellender Identität und ein entsprechendes Selbstbewußtsein zu entwickeln. Deshalb muß ich auf mich selbst viel Sorgfalt und Zeit verwenden. Es reicht nicht, irgendwelche Erfolge zu erarbeiten, die allgemein etwas gelten. Das sind Selbsttäuschungsmanöver, die mit meiner inneren Zufriedenheit wenig zu tun haben. Das Gefühl, wertvoll zu sein, mir wichtig zu sein, bekomme ich eher, wenn ich mir genug Zeit zum Träumen nehme. (Andere finden ihren Frieden beim Gitarrespielen oder wenn sie in der Badewanne liegen, bei Spaziergängen, beim Tagebuchschreiben oder beim Theaterspielen.)

- Am wichtigsten ist wohl, daß ich allzu widersprüchliches Verhalten in meiner Umgebung rechtzeitig erkenne und mich ihm entziehe. Denn Ungereimtheiten, Mißachtung u. ä. sind Verletzungen, die mich verrückt machen können.

Wenn die Schatten, die aus dem Teppich wachsen, Konturen bekommen, wenn sie nicht mehr schweigen, wenn das Zimmer erfüllt ist von ihren Bewegungen und ihrem hämischen Gelächter, wenn die Zimmerwände bröckeln, dann . . .

Weder meine psychoseerfahrenen Freunde noch ich wußten, ob sich eine Psychose zu Hause durchstehen läßt. Wir wußten nicht, wie lange eine Psychose dauert, wenn sie nicht mit Neuroleptika bekämpft wird. Wir wußten nicht einmal, ob eine Psychose überhaupt ohne Medikamente irgendwann aufhören würde.

Inzwischen wissen wir mehr, wir können einander helfen. Angst haben wir immer noch jedesmal. Wir wissen, daß unser Alleingang gefährlich werden kann.

Das Schwierige bei der Sache ist, rechtzeitig einzusehen, daß ich Hilfe brauche und dann auch deutlich um Hilfe zu bitten - möglichst, bevor ich mir Verletzungen beigebracht habe oder jemand wegen mir die Polizei alarmiert.

Um eine Psychose durchzustehen, brauche ich:

- einen Platz, an dem ich nicht behelligt werde,
- eine Matratze, eine Decke, etwas Nahrung, Wasser und
- Freunde, die abwechselnd bei mir sind, die mir meinen Zustand

nicht übelnehmen, die keine Forderungen an mich stellen, die dafür sorgen, daß ich keinen Schaden anrichte, daß ich wenigstens Wasser trinke und die die Ruhe bewahren, bis nach (erfahrungsgemäß) acht bis zehn Tagen die Welt wieder wie gewohnt aussieht.

Wenn meine Psychose bis in die Akutphase gediehen ist, dann bin ich in meine eigene Wirklichkeit eingesperrt. In diesem Zustand bin ich sehr umtriebig und begehe Handlungen, die ich später bitter bereue. Je größer meine Angst, desto aggressiver werde ich. Ich schlage z. B. die Wohnung kurz und klein. Um auch dem vorzubeugen, braucht man gute Freunde, die etwa folgendes leisten können müssen:

- Wer es nicht erträgt, sich hilflos zu fühlen, der wird es hier zuallererst. Ein geeigneter Helfer ist diejenige Person, deren Anwesenheit vom Betroffenen nicht als beunruhigend empfunden wird und die gerade selbst gut beieinander ist und längerfristig die Ruhe behält.

- Ruhe einhalten: kein dudelndes Fernsehgerät, keine Fremden, keine Ratschläge, keine Diskussionen, kein Kommen und Gehen, Ruhe!

- Helfer sollten spüren, ob es einem psychotischen Freund gut täte, umarmt zu werden, und sie sollten danach fragen – er wird die Frage schon verstehen. Wenn er gewalttätig ist oder etwas demoliert, *muß* man ihn umarmen, damit er zum Stillstand kommt.

- Fragen des Betroffenen sollten beantwortet werden, damit er sich orientieren und der Realität nähern kann. Auch diese Aussage ist hilfreich: Was du erlebst, ist Psychose, das geht vorbei, ich bleibe bei dir. Nicht hilfreich ist es, wenn psychotische Ideen bestätigt werden. Besser ist zu sagen: Ich glaube dir, daß du Giftgas riechst, aber *ich* rieche es nicht. Lügen beschwichtigen nicht, und ebenfalls hilft es nicht, wenn man so tut, als sei alles irgendwie im Lot.

- Schläge oder Tritte dürfen nicht persönlich genommen werden. Das passiert nur, solange die Betroffenen in panischer Angst sind.

- Ruhige Atmung ist wichtig. Bei regelmäßiger ruhiger Atmung läßt die Panik nach. Wer gleichmäßig und langsam atmet, kann die Psychose über lange Strecken mit weniger Angst durchleben. Während der Psychose wird gerne behauptet, man könne nicht atmen. Einigen tut es weh, tief zu atmen und in den Bauch zu atmen. Manche fangen sogar an zu weinen, wenn sie es versuchen. Das ist ein gutes Zeichen, denn sie spüren ihren Körper.

Es hilft, den psychotischen Menschen die Hände auf Bauch und Brustkorb zu legen, ihnen den Bauch zu streicheln und sie aufzufordern, gemeinsam hörbar zu atmen. Wenn man das immer wieder erreicht, ist schon viel gewonnen.

- Es kann sein, daß der Betroffene stundenlang von seinen psychotischen Erlebnissen erzählen will. Manche beruhigt es, wenn es gehört und verstanden wird. Ein anderer redet sich dann erst recht in die Psychose hinein. Ob man ihn reden läßt bzw. wieviel, das bleibt dem subjektiven Gespür überlassen.

- Auch in der schlimmsten Psychose gibt es Realitätsinseln. Das sind die Momente, in denen der Betroffene andere oder die Umgebung erkennt. Vermutlich weiß er nicht, was er von dieser Realität halten soll und welchen Stellenwert sie in seiner Wahnvorstellung hat. Realitätsinseln erkennt man etwa daran, daß der Betroffene fragt, welcher Tag heute ist, ob er etwas zu trinken haben kann oder wenn er wissen will, was überhaupt los ist. Realitätsinseln können winzig sein, man sollte deshalb sofort auf sie reagieren. Realitätsinseln kommen immer wieder. Darauf kann man sich verlassen. Man sollte sie unmittelbar verstärken. Realitätsinseln kommen von selbst, lassen sich aber auch herstellen – und zwar auch vom Helfer, etwa dadurch, daß man einfach in die Psychose hinein spricht: Sei ruhig, erzähl mir das später. Der Betroffene reagiert darauf – wenn nicht jetzt, dann später. Je wohler er sich fühlt, desto leichter fällt es ihm. Wenn die Wirklichkeit akzeptabel ist, wachsen die Realitätsinseln. Sie wachsen und werden zahlreicher.

- Das Hin und Her zwischen Ruhe- und Unruhephasen kann tage- und nächtelang andauern. Das halten Helfer nur durch, wenn sie sich zwischendurch erholen können. Nach spätestens vier bis fünf Stunden sollte man sich ablösen lassen.

- Während der Psychose sind oft die einfachsten Dinge nicht möglich. Vielleicht kommt dem psychotischen Menschen tagelang nicht in den Sinn, daß er etwas trinken sollte. Für derlei Dinge müssen die Helfer also sorgen.

• Die Psychose ist erst dann durchgestanden, wenn aus dem Unterbewußten all das nach oben gekommen ist, was nach oben wollte. Bei mir dauert das gewöhnlich acht bis zehn Tage. Erst danach kann ich wieder schlafen. Vorher, während der Psychose, ist es gut, möglichst dauernd zu liegen und ruhig zu atmen, damit man wenigstens ruht, wenn man schon nicht schlafen kann.

• Die Helfer sollten dafür sorgen, daß die Betroffenen während der kritischen Zeit nicht allein sind – eine durchgängige Begleitung kann bis zu einer guten Woche notwendig sein, und zwar rund um die Uhr. Von Stimmen getrieben, hat schon mancher etwas getan, was hinterher nicht mehr gutzumachen war.

• Die Angst, die ein Psychose-Begleiter durchmacht, wird immer wieder auch von dem psychotischen Menschen beschwichtigt. Er will nämlich plötzlich wissen, ob Joghurt eingekauft wurde. Oder er sagt: Gut, daß du hier bist. Er ist dann tatsächlich in der Realität. Auf einmal setzen wieder die Stimmen aus den Zimmerwinkeln ein. Dann ist es gut, einfach nur nah bei ihm zu sein, ganz nah, und ruhig und deutlich zu atmen. Damit verbreitet sich Ruhe und Zuversicht.

• Helfer sollten sich nur auf das einlassen, was sie verantworten können. Wenn sie den Eindruck haben, die Situation nicht länger aushalten zu können, dann sollten sie die Ambulanz oder einen Facharzt herbeirufen. Auch diese Möglichkeit sollte vorher mit dem Betroffenen besprochen werden.

Bei all meinen Erfahrungen in den letzten Jahren war es sehr hilfreich, alles mit guten Freunden besprechen zu können. Wir haben akute Psychosen gemeinsam durchgestanden – dabei hat jeder von uns Momente erlebt, in denen er die Verantwortung gern an den nächsten erreichbaren Arzt abgegeben hätte. Auch gab es zwei oder drei Einweisungen mit gerichtlichem Beschluß. Eine davon betraf mich selbst. Ich hatte meine Fenster zerschlagen und damit die gesamte Nachbarschaft auf den Plan gerufen.

Psychotische Zustände haben wir nicht mit Psychopharmaka gedämpft. Anderes haben wir ausprobiert: Bachblütentropfen, Reiki, handgewärmte Edelsteine auf den Körper. Niemand wußte, ob das hilft. Wir wissen es bis heute nicht. Geholfen hat vielleicht der liebevolle Umgang miteinander. Oder die knappe Sprache, die keine Doppeldeutungen zuließ. Vielleicht gibt es keine Hilfe bei akuter Psychose – nur die Möglichkeit, sie durchzustehen. Eine Klinik ist dafür ein schlechter Ort.

Selten brauchten wir für eine Psychose länger als eine Woche, oft nur einen Tag oder sogar nur Stunden. Heute wissen wir, daß es geht.

Wenn ich von Psychose-Begleitung erzähle, gibt es gewöhnlich zwei Einwände.

Professionelle sagen: Viele Psychosen dauern wesentlich länger als zehn Tage. Da haben sie recht. Nach einer Psychose habe ich die Möglichkeit, zu wählen, ob ich hier oder dort leben möchte – in der Realität oder in meiner eigenen Welt. Wer über längere Zeit mit einem Bein in der Psychose bleibt oder über Jahre in einer milden Chronifizierung lebt, hat eine Entscheidung getroffen, die ich respektiere. Diese Entscheidung wird vielleicht nur selten bewußt getroffen.

Viele Psychose-Betroffene sagen, sie hätten aber keine Freunde, die ihnen in einer Psychose beistehen würden. Stimmt das wirklich? Ist da wirklich niemand? Kennen sie selbst denn jemanden, für den sie selbst dasein möchten? Freundschaften zu pflegen ist nämlich eine wichtige Vorsorgemaßnahme.

Teil II: Vorsorgen – Systematische Erarbeitung mit dem Vorsorgebogen

Es besteht offensichtlich die etwas peinliche Tatsache, daß die Initiative des Patienten (ob effizient oder nicht) durchgehend außer acht gelassen wird.

J. S. Strauß, Professor für Psychiatrie

Es war für mich ein befreiendes Gefühl festzustellen, daß ich aktiv eingreifen kann und meiner Erkrankung nicht hilflos ausgeliefert bin.

W. Voelzke, Psychoseerfahrener

Einführung: Vorsorgen mit dem Vorsorgebogen

Der Vorsorgebogen ist eine Sammlung von 31 Fragen, die sich psychoseerfahrene Menschen stellen können, um ihre eigenen Einflußmöglichkeiten auf den Verlauf ihrer Erkrankung besser verstehen und nutzen zu lernen.

Wir unterscheiden drei Bereiche, auf die Betroffene in verschiedenster Form Einfluß nehmen können:

1. Entstehen einer Krise (z. B. Überforderungen oder Frühwarnzeichen erkennen)

2. Verlauf einer Krise (z. B. Medikamentendosierung)

3. Folgen einer Krise (z. B. Kontakte zu vertrauten Menschen wieder aufnehmen, Scham- und Schuldgefühle bearbeiten)

Ziel der Vorsorgearbeit und des Vorsorgebogens ist es, durch eine verbesserte Wahrnehmung sowie durch Einstellungs- und Verhaltensänderungen Krisen und ihre Folgen abzumildern bzw. sogar zu verhindern. Die Fragen des Vorsorgebogens liefern Anregungen dazu. Sie sind als Hilfe zur Selbsthilfe gedacht, d. h., sie sollen es Betroffenen ermöglichen, ohne die Unterstützung von professionellen Helfern ihre Einflußmöglichkeiten auf Krisen zu fördern. Professionelle Unterstützung ist in vielen Fällen sicherlich hilfreich, ist aber nicht Voraussetzung für eine Beschäftigung mit den Inhalten des Bogens. Diese können allein oder mit anderen durchdacht und auf die je eigene Lebenssituation übertragen werden.

Sinn und Zweck

Wer eigene Einflußmöglichkeiten erlebt, fühlt sich seinen Krisen nicht mehr so ausgeliefert. Er hat zumindest das Gefühl einer bedingten Kontrolle. Die Krankheit ist zwar weiterhin unberechenbar und oft geheimnisvoll, aber sie hat etwas von ihrer Macht und Kraft verloren. Diese Kraft wird dem Betroffenen zurückgegeben, der dadurch verstärktes Selbstbewußtsein gewinnt und aktiver mit seiner Krankheit und seinem ganzen Leben umgehen kann. Inzwischen gibt es sogar wissenschaftliche Untersuchungen, die nahelegen, daß Betroffene, die sich aktiv mit ihrer Krankheit auseinandersetzen, auch mit einem besseren Verlauf zu rechnen haben.

Die Beschäftigung mit den hier aufgeführten Themen garantiert nicht, daß keine weiteren Krisen auftreten. Ihr Zustandekommen hat viele Ursachen, auf die Betroffene nur zum Teil Einfluß nehmen können. Ziel des Vorsorgebogens ist es, Krisen und ihre negativen Folgen zu vermeiden bzw. zu reduzieren. Das gelingt sicher nicht immer. Wer aber z. B. versucht, Krankheitsphasen rechtzeitig zu erkennen, sich vor Belastungen zu schützen und Absprachen für die Behandlung zu treffen, der hat eine gute Chance, daß ihn die nächste Krise nicht überwältigt und ihre negativen Folgen abgemildert werden.

Die Beschäftigung mit den eigenen Einflußmöglichkeiten ersetzt in der Regel keine therapeutischen Maßnahmen, wie Psychotherapie oder ggf. Pharmakotherapie. Vielmehr ergänzen sich Selbst- und Fremdhilfe wechselseitig.

Entwickelt wurde der Vorsorgebogen in der Teestube *KontakTee* in München, einem offenen Café für Menschen aus der Psychiatrie»szene«. Viele Gäste dieser Einrichtung haben sich im Laufe ihrer Krankheitszeit ihr eigenes Selbsthilfe- und Vorsorgerepertoire zusammengestellt; diese Möglichkeiten wurden gesammelt, strukturiert und als Fragen formuliert. Neben den Erfahrungen Betroffener sind in den Vorsorgebogen neue wissenschaftliche Erkenntnisse über Krisenprophylaxe und Bewältigungsstrategien eingeflossen. Beeinflußt wurde der Bogen auch von der Idee der Psychoseseminare. Wir haben den Vorsorgebogen in Einzel- und Gruppenkontakten entwickelt. Die dabei gesammelten Erfahrungen bilden den Hintergrund dieser Darstellung und haben den Vorsorgebogen in seiner jetzigen Fassung maßgeblich beeinflußt.

Wen sprechen wir an?

Der Vorsorgebogen richtet sich an Menschen, die bereits ein- oder mehrmals psychotische Krisen erlebt haben. Dabei meinen wir schizophrene Menschen, Menschen mit manischen oder manisch-depressiven Psychosen sowie Betroffene mit einer sogenannten endogenen Depression.

Wir können es hier nur jedem Leser selbst überlassen, ob er sich durch die dargestellten Themen angesprochen fühlt und sich mit ihnen beschäftigen möchte oder nicht. Wer unsicher ist, findet Rat bei professionellen Helfern wie dem behandelnden Arzt, aber auch bei anderen Betroffenen, die für das Thema offen sind. Sicher werden nicht alle Leserinnen und Leser von allen Fragen des Vorsorgebogens angesprochen sein, vielmehr sind Vorsorgemöglichkeiten sehr individuell, so daß sich jeder von anderen Themen angesprochen fühlen dürfte.

Wer sich mit dem Bogen beschäftigen möchte, dem sei zur Warnung gesagt, daß er Arbeit mit sich bringt. Es ist anstrengend, über eigene Krisen, über Frühwarnzeichen und persönliche Stressoren nachzudenken. Vor allem ist es nicht damit getan, den Vorsorgebogen auszufüllen und ihn dann beiseite zu legen. Uns geht es in erster Linie um die Vermittlung einer bestimmten *Haltung* sich selbst und den psychotischen Krisen gegenüber. Erstrebenswert ist eine Einstellung, die einerseits geprägt ist von der Hoffnung, durch die eigenen Bemühungen weitere Krankheitsphasen verhindern zu können, andererseits die Krise sozusagen zu »erwarten«, indem man sich bereit hält, z. B. Frühwarnzeichen oder übermäßigen Streß zu erkennen und gemäß den überlegten Verhaltensweisen darauf zu reagieren. Damit entsteht eine recht paradoxe Situation: Um eine Krise zu vermeiden, muß man die Möglichkeit einer neuerlichen Krise ständig im Bewußtsein haben oder zumindest bereit sein, diese wieder ins Bewußtsein zu rücken. Das setzt voraus, daß man die psychotische Erkrankung als zum eigenen Leben zugehörig akzeptiert.

Die Beschäftigung mit den eigenen Vorsorgemöglichkeiten kann Spontanität behindern und im ungünstigsten Fall sogar Angst schüren. Doch auch alle anderen Hilfsmöglichkeiten wie Psychopharmaka oder Klinikaufenthalte haben einen hohen Preis. Zudem kennen wir zahlreiche Betroffene, die die beschriebene innere Haltung sich selbst gegenüber entwickelt haben und gut damit leben können.

Der Bogen richtet sich also an psychoseerfahrene Menschen, die ihre eigenen Einflußmöglichkeiten auf psychotische Krisen besser verstehen und nutzen möchten und gleichzeitig bereit sind, die damit verbundene Arbeit auf sich zu nehmen. Wer das nicht tun möchte, ist nicht »faul«, sondern hat sicher gute Gründe dafür.

Die Arbeit mit dem Vorsorgebogen

Ausgehend von unseren Erfahrungen mit dem Bogen, empfehlen wir, ihn gemeinsam mit anderen Menschen zu besprechen und zu bearbeiten. Ob dies nun professionelle Helfer, andere psychoseerfahrene Menschen oder Angehörige und Vertrauenspersonen sind, ist unserer Meinung nach zweitrangig. Wichtig ist, daß die Begleitpersonen zu den besprochenen Themen eine Beziehung haben. Einzelne Kapitel (z. B. Frühwarnzeichen) lassen sich am besten in Gruppen besprechen. Diese Gruppen müssen keineswegs professionell geleitet sein. Wir denken hier an Selbsthilfegruppen oder Psychoseseminare, wo viele Inhalte des Vorsorgebogens bereits thematisiert werden.

Natürlich kann der Vorsorgebogen auch alleine bearbeitet werden. In diesem Fall ist es besonders hilfreich, die Ausführungen zu den jeweiligen Themenbereichen aufmerksam zu lesen. Einige Selbsthilfemöglichkeiten können nur realisiert werden, wenn Vertrauenspersonen bzw. professionelle Helfer über die Wünsche und Erfahrungen der Betroffenen informiert werden (siehe »Über den Wahn-Sinn sprechen« und »Absprachen für die Krisenzeit«). Diese Gespräche können parallel zum Bearbeiten des Bogens oder nachträglich stattfinden.

Wir empfehlen, die eigenen Gedanken zu den Fragen schriftlich festzuhalten. Dadurch wird eine intensivere Auseinandersetzung mit den Themen angeregt; außerdem ist durch das schriftliche Vorliegen der Antworten ein Austausch und ein vertieftes Gespräch mit Angehörigen und Professionellen leichter möglich. Die Inhalte werden besser erinnert und sind später leichter zugänglich. Wer möchte, kann den Bogen in gewissen zeitlichen Abständen wieder durchgehen, um die Inhalte weiter zu vertiefen und seinen aktuellen Erfahrungen und Wünschen anzupassen.

Da die Erinnerung an Krisen und damit auch die Beschäftigung mit dem Vorsorgebogen anstrengend sein kann, sollten Betroffene überlegen, ob sie stabil genug sind, um sich gegenwärtig mit diesem Thema zu beschäftigen. Gegebenenfalls kann es geraten sein, den Bogen zu einem späteren Zeitpunkt zu bearbeiten oder längere Pausen einzulegen.

Aufbau dieses Kapitels

Zum Verständnis des nachfolgenden Kapitels ist es sinnvoll, sich zunächst den Vorsorgebogen anzusehen, der auf den Seiten 204 bis 212 abgedruckt ist. Wir haben der Übersichtlichkeit halber die Darstellung des Vorsorgebogens in sechs Themenbereiche aufgeteilt. Drei beziehen sich vornehmlich auf Möglichkeiten, Krisen zu vermeiden (»Was kann ich tun, damit ich mich wohl fühle?«, »Mit Belastungen angemessen umgehen«, »Krisen rechtzeitig erkennen«). Zwei haben vor allem das Ziel, negative Folgen zu reduzieren (»Absprachen für die Krisenzeit«, »Über den Wahn-Sinn sprechen«). Ein weiteres Thema beschäftigt sich mit der Zeit nach einer Krise (»Die Zeit danach«).

Alle Abschnitte haben einen relativ einheitlichen Aufbau, um sie möglichst übersichtlich zu gestalten. Nach einer ausführlichen Darstellung des jeweiligen Themas bieten wir Anregungen für die persönliche Vorsorge, die auch als Hilfestellung bei der Bearbeitung des Vorsorgebogens genutzt werden können. Betroffene, die ihre Gedanken und Antworten zu den Fragen auch schriftlich niederlegen möchten, können dies auf dem abgedruckten Vorsorgebogen tun, der ausreichend Freiraum für die eigenen Selbsthilfeideen enthält, oder sich die Seiten kopieren.

Angehörige, Vertrauenspersonen und professionell Tätige können die Texte nutzen, um einen allgemeinen Überblick über Vorsorgemöglichkeiten Betroffener zu gewinnen. Im letzten Abschnitt (»Begleitung der Vorsorgearbeit«) wenden wir uns vor allem an jene, die Psychoseerfahrene bei der Bearbeitung des Vorsorgebogens begleiten. Dort berichten wir von unseren praktischen Erfahrungen in Einzel- und Gruppenkontakten.

Um die Inhalte möglichst anschaulich darzustellen, haben wir uns bemüht, viele Beispiele von Betroffenen sowie kurze Erfahrungsberichte einzubauen. Für die Offenheit und die Bereitschaft, an unserem Projekt mitzuarbeiten, möchten wir uns an dieser Stelle bei allen Beteiligten herzlich bedanken.

Was kann ich tun,
damit ich mich wohl fühle?

Wer von sich weiß, daß er weniger belastbar ist und schnell krank wird, für den gewinnt die Frage, wie man sich gesund hält, eine besondere Bedeutung. Dieses Thema ist keineswegs psychiatrie- oder psychosespezifisch, sondern ist für alle Menschen relevant.

Zu Krankheiten und Krisen kann es kommen, wenn bestimmte belastende Faktoren (z. B. eine schwierige Lebenssituation) vorhanden sind und gleichzeitig schützende, gesunderhaltende Faktoren fehlen (sog. protektive Faktoren). So kommt es zu einer körperlichen Erkrankung – beispielsweise ein Schnupfen – in der Regel dann, wenn die Krankheitserreger in den Organismus gelangen und dieser sich nicht genügend dagegen wehren kann. Wir sind ständig Krankheitserregern ausgesetzt, diese können aber erst Krankheiten verursachen, wenn unser Immunsystem geschwächt ist und der Körper damit nicht genug Schutz vor ihnen hat. Deshalb wird für den organischen Bereich viel vom körpereigenen Immunsystem gesprochen, das wir zu stärken versuchen, indem wir uns um eine ausgewogene Ernährung bemühen und auf vitaminreiche Nahrungsmittel achten. Nun ist dieses Immunsystem auch von vielen psychischen und sozialen Faktoren abhängig: Beispielsweise wissen wir heute, daß durch belastende Lebenssituationen (sog. kritische Lebensereignisse) die körpereigene Immunabwehr negativ beeinflußt werden kann.

Ebenso wie etwa Vitamine die körpereigenen Abwehrkräfte gegen Krankheitserreger stärken, gibt es auch Faktoren, die die »Abwehrkräfte« des Menschen gegen psychische Erkrankungen fördern und damit vor weiteren Krisen schützen. Ob es zu einer neuerlichen Krise kommt oder nicht, hängt auch davon ab, wie gut unser Schutz vor der Krise ist.

In der Regel sind es Aktivitäten, die uns Spaß und Freude bereiten und nach denen wir uns in irgendeiner Hinsicht wohler fühlen, die unsere Abwehrkräfte gegen Krisen stärken.

Heute sind es in erster Linie Psychopharmaka (Neuroleptika bei der Schizophrenie, Lithiumsalze bei manisch-depresssiven Erkrankungen), die einen solchen Schutz vor weiteren Krisen gewährleisten sollen und dies bei vielen Menschen offenbar auch tun. Leider wird häufig versäumt, neben den Medikamenten andere schützende Faktoren zu nutzen, die nicht nur auf der körperlichen Ebene ansetzen. So können Psychopharmaka neben den bekannten Nebenwirkungen zusätzliche negative Auswirkungen haben, indem sie nämlich den Betroffenen ein Gefühl von Sicherheit geben und sie glauben machen, sie selbst bräuchten nichts weiter zu ihrem Schutz zu tun, als täglich einige Pillen zu schlucken. Damit bleiben wertvolle eigene Einfluß- und Handlungsmöglichkeiten ungenutzt, Selbsthilfe wird behindert.

Dieses Thema gehört zu den sehr schwierigen des Vorsorgebogens. Unser Blick (und damit meinen wir ausdrücklich professionelle Helfer *und* Betroffene *und* Angehörige) ist allzu häufig auf die kranken Anteile gerichtet, auf das, was mißlingt, was Schwierigkeiten macht, auf sogenannte »Symptome« oder Krankheitszeichen. So sind Betroffene wie auch Begleiterinnen und Begleiter bei der Bearbeitung des Vorsorgebogens schnell verleitet, die erste Frage zu überspringen oder nur oberflächlich zu bearbeiten und gleich zum Thema der belastenden und krisenauslösenden Situationen überzugehen.

Wenn wir krank werden, ist es selbstverständlich, den Arzt aufzusuchen und gegebenenfalls Medikamente zu nehmen. Solange es uns aber gut geht, sind wir meist unachtsam unserem Befinden und unserem Körper gegenüber. Wir behandeln uns wie einen Gegenstand, den wir einfach »benutzen«, ohne ihn richtig wahrzunehmen. Erst wenn er kaputt ist, wenn er nicht mehr funktioniert, fällt er uns auf. Wohlbefinden ist selbstverständlich, Krankheit und Krise erst erwecken unsere Aufmerksamkeit. Vieles im folgenden mag banal klingen, doch versäumen wir oft so manches davon.

Ein ganzheitliches Gesundheitskonzept

Heute wird viel von ganzheitlichen Krankheitskonzepten gesprochen, in denen dann nicht mehr eindeutig zwischen psychisch und körperlich verursachten Erkrankungen unterschieden werden kann. Körper, Seele und Geist bilden in diesen Konzepten eine sich wechselseitig beeinflussende Einheit. Dementsprechend kann die Behandlung einer sich im körperlichen Bereich zeigenden Erkrankung häufig auch durch psychologische Mittel beeinflußt werden (psychosomatische Medizin).

Wir versuchen hier, nicht Krankheit und Krise im Blick zu haben, sondern Gesundheit und Wohlbefinden. Analog dem ganzheitlichen *Krankheits*konzept sprechen wir deshalb von einem ganzheitlichen *Gesundheits*konzept. Die Faktoren, die vor Erkrankungen schützen, können ebenso aus sehr verschiedenen Bereichen stammen, d. h., nicht nur psychische Faktoren können vor psychischen Krisen schützen. Jede einseitige Betrachtung (es sind nur die Gene, nur die Vitamine, nur frühkindliche Erlebnisse) wird der Realität nicht gerecht. Genausowenig gibt es *den* gesunderhaltenden Faktor. Die Psychopharmaka sind keine Zaubermittel, und ebensowenig sind es eigene Einflußmöglichkeiten, bestimmte Ernährungsformen oder alternative Therapiemethoden. Vielmehr greifen viele Einflüsse ineinander und bilden *als Ganzes* eine Art Schutzweste, die vor Streß, auslösenden Ereignissen und vielleicht auch vor biologischen Veränderungen schützen können.

Zur Übersicht dieser vielen Einflüsse auf unser Wohlbefinden möchten wir hier eine kleine Unterteilung einführen, die sich an den Grundcharakteristika des Menschen orientiert:

Das körperliche Wesen

Viele Faktoren, die sich in erster Linie auf uns als Körper beziehen, können gesunderhaltend wirken. Hierzu zählen beispielsweise Bewegung, Nahrungsaufnahme und sinnliches Erleben (z. B. Hören, Sehen, Fühlen). Fragen, die sich hier stellen, sind etwa: Wieviel Bewegung, welche und wieviel Geräusche oder Berührungen tun mir gut? Welche Lebensmittel unterstützen meinen Organismus? Welche Gerüche mag ich besonders?

Das soziale Wesen

Wir haben Bedürfnisse nach sozialen Kontakten, nach An- und Aussprache, nach Freundschaften (und Feindschaften). Hier können wir fragen, welche Menschen und sozialen Situationen uns gut tun. In welchen Gruppen fühlen wir uns wohl, welche Form des Austausches und Kontaktes zu anderen Menschen stärkt uns? Wieviel sozialen Kontakt brauchen wir?

Das denkend-fühlende Wesen

Vor allem unsere Gedanken haben einen großen Einfluß auf unsere Empfindungen und Handlungen. Wir können uns fragen: Welche Gedanken bewirken bei mir Wohlbefinden (z. B. Gedanken an Gelungenes, an positive Ereignisse des Tages)? Welche negativen Gedanken kann ich stoppen (z.B ständige Selbstabwertungen oder Selbstmitleid)? Ebenso wird unser Handeln stark durch unsere Gefühle beeinflußt. Gefühle können wir uns nicht selber machen (Versuchen Sie sich einmal vorzunehmen, sich jetzt wohl zu fühlen), wir können sie aber teilweise durch unsere Gedanken und Handlungen beeinflussen. Wir können fragen: Welche Tätigkeiten bereiten mir ein positives Gefühl? Bei oder nach welchen Tätigkeiten fühle ich mich wohl?

Das sinnsuchende Wesen

Wir Menschen brauchen das Gefühl, daß unser Leben und unsere Handlungen Sinn haben, für etwas gut sind. Das ist auch das Gefühl, gebraucht zu werden und einer sinnvollen Beschäftigung nachzugehen. Die meisten Menschen erfahren dies durch ihre Arbeit (sei dies die Erziehung der Kinder, Hausarbeit, ehrenamtliche Arbeit oder eine bezahlte Berufstätigkeit). Wir können fragen: Wann habe ich das Gefühl, mein Leben hat einen Sinn? Was sind für mich sinnvolle Beschäftigungen?

Das spirituelle Wesen

Nach unseren Erfahrungen setzen sich viele psychoseerfahrene Menschen mit spirituellen Fragen und Erlebnissen auseinander. Wir können fragen: Welche Nähe zum Spirituellen tut mir gut? Welche Bedürfnisse etwa nach Gesprächen über dieses Thema, nach Gottesdienstbesuchen usw. habe ich?

Allgemeine Ratschläge

Zahlreiche Autoren psychiatrischer Fachliteratur haben sich mit der Frage beschäftigt, welche allgemeinen Ratschläge zur Lebensgestaltung psychoseerfahrenen Menschen gegeben werden können. Ursprünglich waren diese Ratschläge an professionell Tätige gerichtet, die mit psychosekranken Menschen arbeiten und sich unsicher sind, wie sie sich ihnen gegenüber verhalten bzw. wie sie den Alltag ihrer Patientinnen und Patienten beeinflussen sollen. Alle Autoren sind sich bei folgenden Empfehlungen einig:

- stabile, verläßliche Beziehungen, d. h.: die sozialen Beziehungen sollten dauerhaft und zuverlässig sein;
- klare Tagesstruktur, d. h.: der Tag sollte einen bestimmten überschaubaren Ablauf haben;
- ein angemessenes Maß an Anforderungen, d. h.: es sollte Aufgaben im Leben geben, die den Menschen ausfüllen und angemessen herausfordern, ohne ihn zu überfordern.

Solche allgemeinen Empfehlungen sind nicht nur für den größten Teil psychoseerfahrener Menschen angeraten, sondern ebenso für die »gesunden«. Vielleicht sind sie aber für Menschen mit Psychoseerfahrung von noch größerer Bedeutung. Die oben aufgeführten Empfehlungen können als Anregung dienen: Tut mir eine klare Tagesstruktur gut? Wie wichtig sind für mich dauerhafte und verläßliche Beziehungen? Welche Anforderungen tun mir gut, welche schaden mir? Was wäre/ist für mich eine Über- bzw. Unterforderung?

Eigene Wege zum Wohlbefinden

Welche Tätigkeiten und Ereignisse es sind, die unser Wohlbefinden stärken, kann nur jeder für sich selbst herausfinden. Einige Autoren haben versucht, Listen mit angenehmen Tätigkeiten zusammenzustellen, die mehrere Nennungen umfassen. Das kann der kleine Abendspaziergang sein, der Gottesdienstbesuch, das Genießen des Alleinseins, aber auch Alltagsbeschäftigungen wie entspanntes Geschirrspülen. Daß ein großer Karibikurlaub uns gut tut und neue Kraft gibt, nimmt fast jeder für selbstverständlich. Ebenso, daß Geschirrspülen und Bügeln eher eine Last als eine Lust sind. Dabei kann es auch umgekehrt sein: Der Karibikurlaub mit all den damit verbundenen Umstellungen und einem anstrengenden Sight-Seeing-Programm kann zu einer streßreichen Belastung werden, während das abendliche Bügeln entspannend und ausgleichend wirken kann. Entscheidend ist dabei, wieviel Zeit wir uns für bestimmte Dinge nehmen und ob wir sie selbst als be- oder entlastend betrachten. Vieles wird dadurch schön, daß wir es bewußt tun. Wir sind dann sehr aufmerksam und nehmen intensiv wahr, beispielsweise den Geschmack eines Apfels, die Schönheit einer Landschaft oder die Vorfreude auf ein gutes Essen.

Vieles, was uns gut tut, tun wir ganz gewohnheitsmäßig und intuitiv. So kann es für jemanden selbstverständlich sein, am Abend ein gutes Buch zu lesen oder täglich zu duschen. Manchmal gelingt diese Selbstverständlichkeit nicht mehr, beispielsweise dann, wenn wir nach einer Krise vollkommen aus dem Tritt geraten sind. Anderes macht uns Mühe, wir müssen uns dazu überwinden. Dies können z. B. Entspannungsübungen, Fahrradfahren oder das morgendliche Aufstehen sein.

Wieder anderes würde uns gut tun, wir erlauben es uns aber nicht, weil die Zeit zu knapp ist, wir andere Prioritäten setzen oder uns der Mut fehlt, soziale Konventionen zu durchbrechen. Wenn Zeit knapp ist, werden soziale Kontakte schnell vernachlässigt, ein ruhiger Abend in der Woche ist nicht mehr möglich, und anstatt mit dem Fahrrad zur Arbeit zu fahren, setzen wir uns in den Bus. Angestauten Ärger und Wut auszudrücken kann sehr befreiend und entlastend wirken, ist aber meistens nicht einfach.

Daneben gibt es auch Tätigkeiten, die uns gut tun würden, wenn wir uns genügend Zeit für sie ließen und mit einer positiven Einstellung an sie herangingen. So kann das unliebsame Putzen der Wohnung zu einer äußeren (und vielleicht sogar inneren) »Reinigung« werden. Aus dem hastigen 5-Minuten-Frühstück, das nicht viel mehr als eine notwendige und eilig erledigte Nahrungsaufnahme ist, kann mit 10 Minuten mehr Zeit eine kraftgebende Einstimmung auf den Tag werden.

Für Menschen, die häufig nicht auf sich achten und/oder häufig krank werden, ist es empfehlenswert, bewußter mit dem eigenen Befinden umzugehen. Sie sollten häufiger innehalten und »absichtlich« bestimmte Dinge tun, die ihre »Abwehrkräfte« stärken.

Wir haben im folgenden eine kleine Liste angenehmer Verhaltensweisen zusammengestellt. Sie soll in keiner Weise vollständig sein, sondern ermutigen, auch an kleine oder ungewöhnliche Verhaltensweisen zu denken:

- laut lachen
- einen Tag im Bett verbummeln
- etwas Ungewöhnliches tun, z. B. einen Nachtspaziergang
- Freunden einmal die Meinung sagen
- sich erlauben, traurig zu sein
- sich einen Teddybären kaufen
- Fotos betrachten
- sich selbst etwas schenken
- sich überlegen, was am heutigen Tag alles geklappt hat
- in eine Selbsthilfegruppe gehen
- nackt herumlaufen (vielleicht nicht gerade öffentlich)
- einen Gottesdienst besuchen
- zu jemandem fahren, den man schon lange nicht mehr gesehen hat, aber gerne wiedersehen würden

Mit Verhaltensweisen und Ereignissen verhält es sich nicht anders als mit Medikamenten, bei denen stets die Dosis darüber entscheidet, ob sie gesundheitsfördernd oder gesundheitsschädlich sind. Das Gammelwochenende ist nur zu genießen, wenn es sich abhebt von anderen aktiven Tagen, sonst wird es eher zur langweilenden Qual und stützt nicht, sondern kann eine Krise mit verursachen. Das bedeutet, es reicht nicht aus, angenehme Tätigkeiten zu sammeln. Wir müssen auch ausprobieren, in welcher »Dosierung« sie unterstützend wirken. Darüber hinaus hat die situative Stimmung natürlich auch einen hohen Einfluß darauf, ob etwas gerade wohltuend wirkt oder als Last empfunden wird.

Keineswegs sind es immer entspannende Tätigkeiten und Ereignisse, die uns schützen, oder anspannende, die uns belasten. Positiv können statt dessen auch sehr anstrengende Tätigkeiten auf uns wirken oder sogar solche, in denen wir bis an den Rand unserer Belastbarkeit gehen. Auch sie gehören zu unserem Leben, und ihr Fehlen (das wäre dann ein Leben in völliger Harmonie ohne problematische Situationen) kann ebenso Anlaß zum psychotischen Erleben geben wie belastende Situationen. Streßforscher haben die Begriffe *Distreß* und *Eustreß* geprägt. Unter Distreß fassen sie negativen, belastenden Streß, während Eustreß solchen Streß meint, der positiv auf uns wirkt. Auch hier kann nur jeder für sich selbst (bzw. im entdeckenden Gespräch mit anderen) herausfinden, was für ihn ein solcher Eustreß sein kann und auch, wo die Schwelle vom positiven zum negativen Streß liegt.

Wir haben einige Teilnehmerinnen unserer Gruppen gebeten, ihre Antworten auf die Frage »Wie kann ich mich gesund halten?« aufzuschreiben. Wir möchten vier Aussagen abdrucken, um zu zeigen, wie verschieden und vielfältig die Möglichkeiten und Bedürfnisse sind.

- »Manchmal erlebe ich es, daß ich auf eine Freundin sauer bin, obwohl sie es sicher gut mit mir meint. Dann weiß ich: Es ist an der Zeit, wieder einige Körperübungen zu machen. Damit gelingt es mir, meine unguten Gefühle loszuwerden. Ich suche mir eine ruhige Stelle im Wald oder im Park, wo ich eine Zeitlang ungestört sein kann. Dann rede ich mit mir selbst wie mit einem Freund und versuche herauszufinden, was eigentlich mit mir los ist. Dann springe ich wild herum und gebe dabei auch ganz schreckliche Laute von mir (Brummen, Stöhnen). Das mache ich, bis ich spüre, daß es genug ist. Dann achte ich auf die Atmung. Leider habe ich oft Widerstände, solche Übungen zu machen.«

- »Ich sehe einerseits zu, daß ich nicht zu lange allein, aber auch nicht zu lange mit Menschen zusammen bin.«

- »Meine Zeit plane ich nach dem Biorhythmus. In Zeiten, in denen ich seelisch gut drauf bin, versuche ich, etwas knifflige Angelegenheiten in Angriff zu nehmen, z. B. Behördengänge, Verhandlungen mit dem Vermieter usw. Wenn ich geistig in der guten Phase bin, lese ich Fachbücher oder lerne wieder Englisch. Bei guter körperlicher Verfassung putze ich die Wohnung oder gehe wandern.«

- »Ich bin Frührentnerin und habe meinen Jugendtraum verwirklicht, als Malerin und Künstlerin zu leben. Anfangs war das schwierig, weil alle wollten, daß ich einer ›anständigen‹ Arbeit nachgehe, aber ich habe im Laufe der Zeit so viel gemalt, daß ich allmählich einige Ausstellungen füllen konnte und ich Material und Platz fand, die Malerei intensiv weiterzuführen und sich so einige Interessenten zeigten, so daß die Malerei, wie schon in meinem Jugendtraum, zum Lebensinhalt wurde. In meiner Wohnung stehen alle meine Bilder, und sie sind wie meine Kinder, und sie sind mir Heimat und Zuflucht. Wenn ich wieder eine neue Ausstellung plane, habe ich auch wieder Streß und eine Aufgabe, etwas Sinnvolles zu tun und in meiner Entwicklung weiterzukommen und neue Kontakte herzustellen. Das gibt meinem Leben Sinn. Ohne Malen möchte ich nicht leben.«

Sinn stärkt uns

Vor allem der Begründer der Logotherapie, der Wiener Psychotherapeut Viktor E. Frankl, betont, wie wichtig es für uns Menschen ist, das Gefühl von Sinn für unser Leben und unsere Handlungen zu haben. Dann sind wir zu besonderen Anstrengungen fähig und vielfach auch vor Krisen geschützt.

Viele Betroffene geraten durch ihre Erkrankung in Arbeitslosigkeit oder in eine frühzeitige Berentung. Andere trennen sich von ihren Familien bzw. erkranken, bevor sie eine eigene Familie gründen konnten. Für sie ist es wichtig, ihrem Leben durch alternative Inhalte einen Sinn zu geben. Arbeit und Familie, die für die meisten Menschen in unserer Gesellschaft sinnstiftend sind und Halt geben, können für sie diese Funktion nicht übernehmen. Einige Logotherapeuten heben hervor, wie sehr wir an diese gängigen Lebensinhalte geradezu gefesselt sind. Deshalb ist es sowohl für Betroffene selbst wie auch für professionell Tätige und Angehörige schwer, andere Lebensziele zu entdecken und zu akzeptieren. Manche Reha-Bemühungen werden vor allem deshalb angestrengt, weil professionelle Helfer der Tätigkeit Arbeit eine hohe Bedeutung beimessen und schwer verstehen und akzeptieren können, daß einige Betroffene einen anderen Lebensentwurf »suchen« und vielleicht gerade deshalb bei jeder Reha-Bemühung aufs neue erkranken.

Wir kennen viele Betroffene, die auf der Suche nach neuen Inhalten den künstlerisch-kreativen Bereich für sich entdeckt haben. Für viele von ihnen stand am Anfang das Bedürfnis, ihr eigenes Erleben und Empfinden in Bildern, Gedichten oder Texten auszudrücken. Sie entdeckten, wie sehr es ihnen besser ging, wenn sie schrieben oder malten. Einige fanden so einen neuen Sinn für ihr Leben, einen Inhalt, mit dem sie sich identifizieren konnten und der ihren Fähigkeiten mehr entsprach als eine aufreibende Berufstätigkeit in unserer Konkurrenzgesellschaft. Wir möchten hier Mut machen, neue Lebens- und Sinnformen zu erkunden, wenn in dieser Hinsicht ein Mangel empfunden wird.

Anregungen (auch zur Klärung von Frage 1 des Vorsorgebogens)

▪ Überlegen Sie möglichst genau, welche Ereignisse und Verhaltensweisen Ihnen gut tun. Glauben Sie beispielsweise, daß Sie ein Urlaub stärkt, so überlegen Sie sich genau, wie dieser Urlaub aussehen sollte: Fahren Sie lieber allein oder mit anderen fort? Welche Freunde sind die geeigneten Urlaubsbegleiter? Wieviel Programm brauchen Sie, wieviel Möglichkeit zur Entspannung?

▪ Bedenken Sie, was Sie bisher schon tun und ob Sie sich zusätzlich noch weiteres für die Zukunft vornehmen möchten. Lassen Sie Ihren Gedanken dabei freien Lauf, verwerfen Sie Ihre Ideen nicht zu früh, auch dann nicht, wenn sie Ihnen »verrückt« erscheinen!

▪ Denken Sie auch darüber nach, warum Sie sich nicht so verhalten, wie es eigentlich gut für Sie wäre. Was sind Ihre Barrieren, und wie können Sie sie überwinden? Einige Tätigkeiten fallen leichter, wenn man sie nicht allein tut, z. B. Sport treiben. Fast allen Menschen fällt es schwer, ihren »inneren Schweinehund« zu überwinden. Dazu hat jeder eigene Strategien entwickelt. Fruchtbar kann ein Austausch über diese Versuche z. B. mit Bekannten oder in einer Selbsthilfegruppe sein.

- Probieren Sie aus, was Ihnen gut tut. Seien Sie dabei achtsam dafür, wie Sie sich fühlen und ob es Ihnen dabei besser oder schlechter geht.

Mit Belastungen angemessen umgehen

Viele psychoseerfahrene Menschen beschreiben sich selbst als sensibler und empfindlicher als andere Menschen. Sie merken, wie sie den Belastungen des Lebens wenig entgegensetzen können und viele Schutz- und Rückzugsmöglichkeiten brauchen. Kleine Aufregungen und Spannungen können sie aus ihrer gewohnten Bahn werfen und nahe an eine Psychose bringen. Das verbreitetste Modell zur Entstehung von Psychosen trägt diesen Erfahrungen Rechnung. Es wird als Empfindlichkeits-Streß-Modell, Diathese-Streß-Modell oder auch als Vulnerabilitäts-Streß-Modell bezeichnet und geht von einer (teilweise angeborenen) erhöhten Verletzlichkeit psychoseerfahrener Menschen aus; man kann auch sagen, sie sind sensibler gegenüber Streß und Herausforderungen als Gesunde, sind schneller überfordert und können – als letzten Ausweg – nur psychotisch darauf reagieren.

Sollten die Erfahrungen der Betroffenen und die wissenschaftlichen Erkenntnisse stimmen, so wäre eine Möglichkeit gefunden, wie Betroffene selbst Einfluß auf den Verlauf ihrer Krankheit nehmen können: Sie könnten lernen, Belastungen zu erkennen und angemessen darauf zu reagieren. Möglicherweise können sie streßreiche Situationen ganz vermeiden, vielleicht reicht es auch aus, mit ihnen anders umzugehen, um nicht psychotisch reagieren zu »müssen«.

Zunächst können sich Betroffene darüber klar werden, welche Situationen, Ereignisse, Gefühle sie wieder in Psychosenähe bringen. Dabei kennen viele von ihnen konkrete Situationen, die eine erneute Psychose auslösen, sogenannte auslösende Ereignisse. Ebenso wichtig ist es, dauerhafte Belastungen zu erkennen. Sie machen noch verletzlicher und führen dazu, daß es nur noch des berühmten letzten Tropfens bedarf, um das Faß zum Überlaufen und die betroffene Person vollkommen aus dem Tritt zu bringen.

Außergewöhnliche Belastungen und auslösende Ereignisse

Viele Menschen reagieren auf außergewöhnliche Anforderungen mit körperlichen oder psychischen Erkrankungen. So werden Menschen, die plötzlich von Arbeitslosigkeit betroffen sind, häufig niedergeschlagen und depressiv. Auch auf den Tod naher Angehöriger reagieren die meisten Menschen mit mehr oder weniger lang anhaltenden Krisen. Ähnliches gilt bei einer Ehescheidung oder der Mitteilung, eine schwere Krankheit zu haben. Solche Ereignisse sind für fast alle Menschen belastend, d. h., es ist eher die Regel als die Ausnahme, mit einer Krise darauf zu reagieren. Neben negativen Ereignissen wie Tod eines Angehörigen, Unfall, Vergewaltigung, Verschuldung usw. können durchaus auch positive Begebenheiten außergewöhnliche Belastungen mit sich bringen. Typische Situationen sind hier z. B. Geburt eines Kindes, Heirat oder ein Weihnachtsfest. Mehrere Betroffene, die wir nach besonders belastenden Situationen befragten, gaben selbst »Sich verlieben« an.

Die wissenschaftliche Psychologie hat sich viel mit solchen Streßsituationen beschäftigt, die im Fachjargon »Kritische Lebensereignisse« oder »Life-Events« genannt werden. Lange Zeit wurde die Ansicht vertreten, eine Häufung solcher kritischen Lebensereignisse würde fast zwangsläufig zu bestimmten Erkrankungen, beispielsweise einer psychischen Krise führen. Wir alle kennen Aussprüche wie: »Da *muß* man ja verrückt werden!« Aber so ist es gerade nicht! Vielmehr geht jeder Mensch mit Überforderungssituationen anders um. Während der eine an Selbstmord denkt, wenn er seine Krebsdiagnose erfährt, gerät der andere in eine kämpferische »Jetzt-erst-recht-Stimmung«. So hat jeder Mensch andere Bewältigungsstrategien, die mehr oder weniger effektiv und hilfreich sind.

Jeder Mensch hat seine »wunden Punkte«, jeder ist in bestimmten körperlichen oder psychischen Bereichen besonders empfindlich. Wer bereits mehrmals Probleme mit dem Magen oder Darm hatte, reagiert anläßlich einer sehr streßreichen Situation mit einer erhöhten Wahrscheinlichkeit wieder in diesem Bereich. Ebenso entwickeln psychoseerfahrene Menschen im Falle zu hoher Belastungen eher eine psychotische Krise als etwa Kopfschmerzen oder starke Ängste.

Häufig treten vor Rückfällen kritische Lebensereignisse auf. Aber längst nicht jeder Krise gehen solche Ereignisse voraus, und längst nicht jede kritische Lebenssituation führt zu einer neuen Krankheitsphase.

Professionell Tätige berichten immer wieder von ihrem Eindruck, daß es Übergangs-, Ablösungs- und Trennungssituationen sind, in denen Psychosen ihren Anfang nehmen oder wieder auftreten: die Geburt eines Kindes, der Beginn einer Partnerschaft, die Ablösung vom Elternhaus oder der Tod von Vater oder Mutter, Berentung, Arbeitsplatzverlust oder die Aufnahme einer neuen Tätigkeit. All diesen Situationen ist gemeinsam, daß sie uns aus der gewohnten Ordnung herausreißen und vor neue Aufgaben stellen, denen wir uns zum Teil nicht gewachsen fühlen.

Neben solchen Lebensereignissen, die für viele Menschen eine hohe Belastung darstellen, gibt es auch Ereignisse, Situationen und Veränderungen, die nur von einzelnen als beeinträchtigend erlebt werden. Sie stehen in Beziehung zu unseren ganz persönlichen Erfahrungen und unserer Lebensgeschichte. So berichtet Regina Bellion als Psychoseerfahrene im ersten Teil dieses Buches, wie sie Situationen in Psychosenähe bringen, in denen sie sich abgelehnt und unerwünscht fühlt.

Dauerhafte Belastungen

Dauerhaften Belastungen sind wir häufig, wenn nicht gar tagtäglich ausgesetzt. Sie begegnen uns am Arbeitsplatz, in der Freizeit, in Familie, Freundeskreis und Partnerschaft. Sie sind bedeutend schwerer zu erkennen als kritische Lebensereignisse, die sich ja von Alltagserlebnissen deutlich abheben. Dauerhafter Streß hingegen gehört zum Alltag dazu: der immer wiederkehrende Streit mit dem Lebenspartner, das Arbeiten unter Zeitdruck, zu viele Menschen und zu wenig Rückzugsmöglichkeiten. Auch persönliche Eigenarten, wie das nicht Neinsagen-Können und fehlende Durchsetzungsfähigkeit können dauerhaft beeinträchtigende Situationen mit sich bringen.

Wir haben im Laufe der Zeit Wege gefunden, um mit diesen Belastungen zurechtzukommen. Diese sogenannten Bewältigungsstrategien sind uns häufig nicht bewußt, obwohl wir sie täglich anwenden. Die meisten dieser Selbsthilfeversuche sind sehr hilfreich, einige wenige können Psychosen eher fördern als unterbinden. Deshalb ist es wichtig, diese Strategien zu erkennen und auf ihre Nützlichkeit hin zu überprüfen. Wer sie sich klar macht, bekommt auch eine Vorstellung davon, wie reichhaltig unsere Bewältigungsmöglichkeiten sind.

In einer neueren Untersuchung aus Mannheim (THURM-MUSSGAY u. a. 1991) gab die Mehrzahl der über 250 befragten schizophrenen Menschen vor allem soziale Situationen als besonders belastend an. Allen voran stand das »Alleinsein«, das 24,1 % der Befragten als streßreich erlebten, gefolgt von »Auseinandersetzungen/Konflikte« (14,2 %) und »Bevormundung durch andere« (13,8 %). Umstände, die nicht in erster Linie etwas mit zwischenmenschlichem Kontakt zu tun haben, wie »Unter Zeitdruck arbeiten«, wurden bedeutend seltener genannt (6,9 %).

Auch ständig wiederkehrende, nicht konstruktive Gedanken können Krisen heraufbeschwören. Negative Gedanken oder heimliche irrationale Überzeugungen sind meist wenig bewußt und schwer zu entdecken, wirken jedoch um so stärker. Hier einige Beispiele: »Ich bin nichts wert, alle anderen sind leistungsfähiger als ich.« – »Es wird nie wieder besser werden.« – »Das schaffe ich niemals.« Einige dieser negativen Gedanken lassen sich durch ihre pauschalisierenden Aussagen wie »alle anderen« oder »niemals« entlarven.

Leider sind viele Folgen einer psychotischen Erkrankung auch wieder Belastungen, die eine neue Krise heraufbeschwören können. So berichtet ein Betroffener, wie sehr er unter seiner durch die Medikamente hervorgerufenen Potenzschwäche leidet, an die er ständig denken muß und die bei ihm ein Gefühl von Minderwertigkeit und Ausgeschlossensein verursacht.

Kritische Haltung der Umgebung

Familie und Freunde sind für die meisten Psychoseerfahrenen eine wichtige Stütze bei der Bewältigung von Krisen oder dauerhaften

Beeinträchtigungen. Sie können aber unter bestimmten Bedingungen auch zu einer Last für Betroffene werden.

Es gibt viele Untersuchungen, die sich mit der Frage beschäftigen, ob das Verhalten naher Kontaktpersonen den Verlauf einer psychotischen Erkrankung beeinflussen kann. Und in der Tat ergaben diese Studien recht ähnliche Ergebnisse: Betroffene, die in ihren Familien vielen kritischen Kommentaren ausgesetzt waren, durchlebten auch häufiger psychotische Krisen als Betroffene, die selten von ihren Angehörigen kritisiert wurden. Diese Untersuchungen werden als EE-Studien bezeichnet. EE steht für die englischen Wörter Expressed-Emotion, was soviel wie »ausgedrückte Gefühle« bedeutet. Dieser Begriff ist unserer Ansicht nach verwirrend, weshalb wir lieber den von dem Psychologen Kurt Hahlweg vorgeschlagenen Begriff »Kritische Haltung« benutzen möchten.

Was ist nun eine kritische Haltung ganz genau? Angehörige begegnen ihren erkrankten Familienmitgliedern mit Ablehnung, Mißbilligung oder gar Feindseligkeit. Sie kritisieren ihr Verhalten oder die ganze Person und tun dies entweder offen und direkt oder hintergründig, etwa durch einen kritischen Ton in der Stimme. Ebenso kann eine sogenannte »Emotionale Überinvolviertheit« krisenfördernd wirken. Darunter wird vor allem überfürsorgliches oder überängstliches Verhalten verstanden, beispielsweise Einmischungen in die ganz persönlichen Angelegenheiten des Betroffenen, die dieser auch selbständig bewältigen könnte.

Wenn ein psychoseerfahrener Mensch von einem oder mehreren Familienmitgliedern häufig kritisiert wird, steigt sein statistisches Risiko einer erneuten Krise stark an. Dies gilt insbesondere dann, wenn er viel Zeit mit diesem Familienmitglied verbringt und nicht durch Medikamente geschützt ist. Eine sehr bekannte Studie aus England (VAUGHN/LEFF 1989) ergab beispielsweise, daß das Rückfallrisiko innerhalb von 9 Monaten nach einer Klinikentlassung 92 % betrug, wenn der Betroffene keine Medikamente nahm und mehr als 35 Stunden in der Woche sogenannten »Gesichtskontakt« zu einem ihm gegenüber kritisch eingestellten Familienmitglied hatte. Bei weniger als 35 Stunden »Gesichtskontakt« betrug sein Rückfallrisiko in der gleichen Zeit nur noch 42 %. Diese Studien wurden in Familien mit einem schizophrenen Mitglied durchgeführt; es gibt jedoch Anhaltspunkte dafür, daß die Ergebnisse auch auf andere psychotische Erkrankungen übertragbar sind.

Es ist schwer, aus den Ergebnissen dieser Studien konkrete Schlüsse für Betroffene zu ziehen. Schuldzuweisungen an Angehörige oder Vertrauenspersonen jedenfalls sind meistens wenig hilfreich und unsinnig, außerdem werden sie der Tatsache nicht gerecht, daß viele psychoseerfahrene Menschen ihre Angehörigen und Vertrauenspersonen als ganz wichtige Stützen in der krisenfreien wie auch in der Krisenzeit erleben. Der Text von Eva von Sinnen im ersten Teil dieses Buches macht deutlich, welche positive wie auch negative Bedeutung Angehörige und Freunde haben können. Zudem beeinflussen sich Angehörige und Betroffene wechselseitig; so kann die »Kritische Haltung« eines Vaters als Reaktion auf das »Hängenlassen« seines psychoseerfahrenen Sohnes verstanden werden. Umgekehrt läßt sich das Verhalten des Sohnes aber auch als Protest gegen das ständige Nörgeln des Vaters verstehen, dem der Sohn sowieso nicht genügen kann.

Betroffene können überlegen, ob sie der in diesem Abschnitt beschriebenen kritischen Haltung ausgesetzt sind und wie sie darauf reagieren könnten. Wer bemerkt, daß er unter einer solchen Haltung leidet, kann mit professioneller Hilfe herausfinden, wie sich das Familienklima ändern ließe. In dem System Familie gibt es weder Opfer noch Täter, weshalb in der Regel die ganze Familie mitarbeiten muß, wenn sich der Umgang und die Kommunikation untereinander ändern soll. Unter Umständen kann eine Familien- oder Paartherapie sinnvoll sein; in vielen psychiatrischen Einrichtungen gibt es inzwischen auch Angehörigengruppen, in denen Angehörige für sich herausfinden können, ob ihr Verhalten von einer kritischen Haltung geprägt ist und wie sie diese abbauen können. Es gibt jedoch auch Betroffene, die unter den »Verwicklungen« in ihren Herkunftsfamilien dermaßen leiden, daß sie räumliche Distanz suchen und letztlich eine eigene Wohnung beziehen.

Belastungen erkennen

So absurd es klingt, wir Menschen wissen oft nicht so recht, was uns eigentlich überfordert und an unseren Kräften zehrt. Dies hat unter anderem seine Ursache darin, daß wir uns manchmal in der tatsächlichen Streßsituation gar nicht belastet fühlen. Zu diesem Zeitpunkt ist unser Organismus nur darauf ausgerichtet, die Situation irgendwie zu bewältigen, das Gefühl, gestreßt zu sein, würde diesen Prozeß eher stören. Deshalb spüren viele Menschen erst nach der Belastungssituation, wie sehr ihr körperliches und seelisches Wohlbefinden darunter leidet. So hat sicher jeder schon einmal die Erfahrung gemacht, daß sich eine Grippe oder Erkältung nicht in der streßreichen Zeit, sondern erst danach einstellt.

Es gibt einige typische Anzeichen, an denen sich länger während Anspannung erkennen läßt. Diese sind z. B.:

- allgemeine Erschöpfung, Müdigkeit
- Gereiztheit
- Konzentrationsschwierigkeiten
- Verlust der gewohnten Lebensfreude
- dauerhaftes Gefühl, überfordert zu sein
- nicht mehr »abschalten« können
- Schlafstörungen, unruhiger Schlaf
- Appetitlosigkeit

Neben solchen und anderen Anzeichen gibt es auch ganz individuelle Indikatoren für dauerhaften Streß, die zu entdecken sich lohnt. Sie haben Ähnlichkeit mit einigen Frühwarnzeichen (Vorboten einer Krise), auf die im nächsten Abschnitt ausführlich eingegangen wird. Auch viele Frühwarnzeichen können als Belastungsanzeiger verstanden werden. Wer Anzeichen einer Überforderung bei sich feststellt, sollte sich überlegen, welchen Anforderungen er ausgesetzt ist oder auch ausgesetzt war. Manchmal bemerken Vertrauenspersonen eher als man selbst, daß man gerade »gestreßt« ist und Entspannung gut gebrauchen könnte. Sie können den Betroffenen darauf ansprechen und vielleicht sogar Vorschläge äußern, wie sich der momentane Streß abbauen ließe. Dazu müssen beide aber eine klare Absprache treffen, damit die Vertrauensperson weiß, welche

Wünsche und Erwartungen der Betroffene an sie richtet. Im folgenden Kapitel gehen wir ausführlich auf diese Absprachemöglichkeiten bei Frühwarnzeichen ein.

Streßsituationen vermeiden

Das Eintreten der beschriebenen kritischen Lebensereignisse können wir kaum beeinflussen, während wir viele dauerhafte Belastungen durch eine Änderung der äußeren Umstände oder des eigenen Verhaltens vermeiden können. Situationen, die für Betroffene gefährlich werden können, weil sie schon einmal Auslöser einer psychotischen Krise und damit vielleicht sogar eines Klinikaufenthaltes waren, sollten vermieden werden. Dafür muß man manchmal einen nicht geringen Preis zahlen. So mußte ein Betroffener seinen Arbeitsplatz aufgeben, weil er dort häufig allein arbeiten mußte und dadurch immer wieder in seine psychotische Wahnwelt geriet. Ziel kann es jedoch nicht sein, sämtliche belastenden Situationen zu vermeiden. Wer ihnen ständig aus dem Weg geht, verliert seine Fähigkeit, mit dem Alltag zurechtzukommen, ähnlich einem Menschen, der sich nicht mehr bewegt und so seine Muskelkraft verliert. Es geht darum, realistisch einzuschätzen, welchen Situationen man nicht mehr gewachsen ist und welche eine notwendige Anforderung darstellen. Möglicherweise schafft man es nicht mehr, 40 Stunden pro Woche zu arbeiten, ist den Menschenmassen in einem Kaufhaus nicht mehr gewachsen oder verträgt ein Wochenende bei den Eltern nur schwer. Statt dessen sollte man vielleicht nur 30 Stunden arbeiten, längere Aufenthalte in Menschenmassen vermeiden und die Eltern nur für einen Tag besuchen.

Häufig schaffen wir uns unsere Streßsituationen selbst. So erzählt ein Betroffener, daß er gerne anderen Menschen hilft. Beispielsweise verspricht er jemandem, er könne nach einem Klinikaufenthalt bei ihm wohnen. Er ist jedoch dem Zusammenleben auf engem Raum nicht gewachsen und hat sich so bereits mehrfach in für ihn sehr kritische Situationen gebracht. Obwohl er dies inzwischen für sich erkannt hat, schwankt er immer wieder, wenn er jemandem durch eine vorübergehende Wohnmöglichkeit helfen könnte.

Das Erkennen solcher Situationen ist die Voraussetzung, um sie vermeiden zu können oder anders mit ihnen umzugehen. Das ist aber leichter gesagt als getan. Jeder kennt Situationen, in die man sich wie in einem Wiederholungszwang trotz besseren Wissens immer wieder hineinbringt. Häufig bedarf es einer Psychotherapie oder der Teilnahme an einer Selbsthilfegruppe, um sich von diesen selbstschädigenden Verhaltensweisen zu befreien.

Das Gleichgewicht bewahren

Medikamente bieten vielen Betroffenen in Zeiten hoher Anforderungen eine Möglichkeit, ihr Gleichgewicht zu bewahren. Psychoseerfahrene Menschen, die keine Medikamente nehmen, reagieren in der Regel sensibler auf belastende Ereignisse und erleiden eher einen Rückfall. Die beabsichtigte »Schutzwesten-Wirkung« der Psychopharmaka hindert Betroffene aber auch daran, positive wie negative Erlebnisse intensiv zu spüren. So erzählt eine Betroffene, daß sie unter Neuroleptika beim Tod ihrer Mutter nicht weinen konnte, obwohl sie eine sehr innige Beziehung zu ihr hatte und ihren Tod zutiefst bedauerte. Sie konnte den Verlust lediglich gedanklich erleben, das dazugehörige Gefühl wollte sich bei ihr nicht einstellen. Erst nach Absetzen der Psychopharmaka spürte sie ihr starkes Trauergefühl.

Einige Betroffene versuchen deshalb, möglichst ohne Medikamente zu leben, und sind bereit, das damit verbundene erhöhte Rückfallrisiko zu tragen. Vor allem bei kritischen Lebensereignissen oder in länger währenden Belastungssituationen muß aber auch ihnen angeraten werden, über eine (erhöhte) Medikation nachzudenken. Psychoseerfahrene Menschen etwa, die gerade in Streßsituationen ihre Medikamente reduzieren oder absetzen, können leicht in eine psychotische Krise geraten. In Zeiten solcher Anforderungen fühlen sie sich zum Teil ausgesprochen gesund, spüren dann die Belastung noch nicht und empfinden die Nebenwirkungen der Medikamente als besonders beeinträchtigend und hemmend. Häufig werden die Medikamente dann zu schnell abgesetzt.

Es gibt zahlreiche weitere Möglichkeiten, wie Betroffene in Krisensituationen ihr Gleichgewicht bewahren können. Folgende Möglichkeiten werden von vielen psychoseerfahrenen Menschen als hilfreich erlebt:

▪ Sich nicht isolieren, sondern mit anderen über die Belastungen sprechen. Im Gespräch mit vertrauten Personen oder professionellen Helfern nach Auswegen suchen. Um Hilfe bitten.

▪ In der belastenden Situation den Streß reduzieren, beispielsweise durch eine vorübergehend verkürzte Arbeitszeit.

▪ Für Entspannung sorgen, beispielsweise durch Entspannungsverfahren oder durch Aktivitäten, die uns gut tun, wie Baden, Spazierengehen usw. Streß an anderen Stellen reduzieren, z. B. keine zusätzliche Hektik im Freizeitbereich.

▪ Konflikte nicht vermeiden, sondern ansprechen. Sich dafür eventuell Unterstützung von außen holen, z. B. jemand »Neutralen« hinzubitten.

▪ Das richtige Mittelmaß zwischen Kontakt und Rückzugsmöglichkeiten, zwischen Arbeit und Ruhephasen wieder herstellen. Viele Betroffene berichten, daß ihnen Extreme eher schaden.

Anregungen (auch zur Klärung der Fragen 2–8 des Vorsorgebogens)

▪ Welche kurzzeitigen und welche dauerhaften Belastungen finden Sie bei sich? Um diese zu erkennen, sollten Sie verschiedene Bereiche nacheinander betrachten. Vor allem in den emotional wichtigen Bereichen Familie, Freundschaften und Arbeitsplatz ergeben sich häufig Belastungen. Beachten Sie aber auch andere Bereiche wie etwa die Wohngemeinschaft, den Kontakt zum Arzt oder Psychotherapeuten oder Situationen in der Öffentlichkeit.

▪ Gab es bestimmte auslösende Situationen, die Krisen herbeigeführt haben? Wann und wie haben Krisen begonnen, und was ging dieser Zeit voraus? Welche Gemeinsamkeiten hatten die auslösenden Ereignisse?

▪ Streßsituationen lassen sich leichter vermeiden, wenn man genau weiß, wie sie entstehen. Wie bringe ich mich gewöhnlich in diese Situationen, was sollte ich nicht mehr tun, durch welches Verhalten kann ich beim nächsten Mal eine andere Ausgangssituation herbeiführen?

- Es ist hilfreich, von ganz konkreten Situationen auszugehen, wenn man überlegt, wie sich in belastenden Situationen das innere Gleichgewicht bewahren läßt. Welche Situationen waren in letzter Zeit überfordernd? Durch welches Verhalten ließe sich in der konkreten Situation die Belastung reduzieren? Wie will ich mich beim nächsten Mal in einer solchen Situation verhalten?

- Welche Verhaltensweisen haben an der Belastungssituation nichts geändert oder diese langfristig sogar verschärft? Einige Ablenkungsstrategien, wie Alkohol oder Drogenkonsum, ausgiebiges Fernsehen, exzessive Yogapraxis oder Abbruch der sozialen Kontakte, ändern meist wenig an der Problemsituation. Sich uneffektive Verhaltensmuster zu verdeutlichen, kann vor weiteren langfristig schädigenden Bewältigungsversuchen schützen.

Krisen rechtzeitig erkennen

Krisen kündigen sich an

Etwa zwei Drittel aller Betroffenen berichten nach einer psychotischen Phase, daß sie schon vor der eigentlichen Krise Veränderungen in ihrem Erleben, in ihrem Verhalten oder in ihrem Befinden bemerkt haben. Ähnlich wie sich ein Unwetter oder eine Grippe ankündigt, so kommt auch eine psychotische Krise selten »aus heiterem Himmel«. Vielmehr beginnen viele Krisen langsam.

Die ersten Veränderungen, die die Betroffenen erleben, sind meistens sehr allgemein und deuten nicht schon zwangsläufig auf eine neuerliche Krankheitsphase hin: schlechter Schlaf, weniger Appetit, weniger Freude an den Ereignissen des Tages, das Bedürfnis, für sich alleine zu sein und viele andere mehr. Es sind Veränderungen, die die meisten Menschen zwar bemerken, denen sie aber keine besondere Bedeutung beimessen, weil sie einfach zu unserem Leben dazugehören und gewöhnlich nichts mit Krankheit zu tun haben. Wir sind nicht immer gleich gestimmt, sind nicht jeden Tag »gut drauf«, jeder Mensch kennt Zeiten kleinerer Krisen, die aber noch lange nicht psychotisch sind. Während ein Teil der Betroffenen zunächst solche unspezifischen Veränderungen bemerkt, haben andere ganz plötzlich psychotische Gedanken wie Verfolgungsideen oder Stimmenhören. Wieder andere Psychoseerfahrene bemerken ganz spezifische Wahrnehmungs- und Verhaltensänderungen, die sie in stärkerem Ausmaß auch in ihrer vorherigen Psychose erlebt haben. Eine Betroffene berichtet beispielsweise, wie sie wieder das Gefühl bekam, ihre Arbeitskollegen hätten sich gegen sie verschworen und würden über sie reden. Ebenso wie wir Menschen unterschiedlich sind, so sind es auch die Krisen und erst recht die Anzeichen, die eine Krise ankündigen.

Frühwarnzeichen

Für einen Menschen, der schon einmal psychotische Erlebnisse hatte, können solche Abweichungen vom gewöhnlichen Empfinden Warnsignale sein, die möglicherweise eine neue Krise ankündigen. Dies gilt insbesondere, wenn sich mehrere solcher Veränderungen bemerkbar machen oder diese eine besondere Intensität bekommen. Wir nennen diese und andere Veränderungen vor einer Krise hier Frühwarnzeichen. Die klassische Psychiatrie spricht von sogenannten Prodromalsymptomen, es werden auch Begriffe wie Frühsymptome, Frühwarnsymptome, Vorbotensymptome oder Rückfallanzeichen verwendet. Wir benutzen hier bewußt den Begriff der Frühwarnzeichen und möchten damit betonen, daß es sich noch nicht um Symptome (Anzeichen einer Erkrankung) handelt. Außerdem möchten wir auf den Begriff des Rückfalls verzichten, da er die Krise als etwas Negatives bewertet und in der Regel bei Straftaten oder süchtigem Verhalten verwendet wird. Frühwarnzeichen sind Veränderungen, die früh auf eine sich eventuell anbahnende Zuspitzung aufmerksam machen. Damit können sie sogar sinnvoll sein, während Symptome unerwünscht sind und möglichst rasch behandelt werden sollten.

Nicht jede Krise wird durch frühzeitige Veränderungen angekündigt. Wenn aber Frühwarnzeichen über einen längeren Zeitraum auftreten, ohne daß darauf reagiert wird, kommt es mit hoher Wahrscheinlichkeit zu einer Krise. Dies ist der wichtigste Punkt für die Vorsorgearbeit: *Frühwarnzeichen sollten sehr ernstgenommen werden, weil häufig eine Krise folgt.* Wer sie bei sich bemerkt, sollte sie nicht ignorieren, sondern achtsam für weitere Veränderungen und eine sich eventuell anbahnende Krise sein. Dabei ist *ein* Frühwarnzeichen für sich genommen noch kein Grund zur Besorgnis; erst das Zusammentreffen mehrerer Anzeichen kündigt in der Regel eine Krise an. Wer auf eine gelbe Ampel zufährt, sollte bremsen. Wer auf eine rote Ampel zufährt, ist lebensmüde, wenn er nicht anhält. Frühwarnzeichen sind eine solche auf Gelb oder Rot geschaltete Ampel. Die Beschäftigung mit den eigenen Frühwarnzeichen hat zum Ziel, die Zeichen dieser Frühwarnampel lesen zu lernen und sich rechtzeitig sinnvolle Reaktionsweisen zu überlegen.

Einige Betroffene leben mehr oder weniger durchgehend mit ihren psychotischen Symptomen wie Stimmenhören oder wahnhaften Gedanken. Auf sie ist der Begriff Krise als abgrenzbarer Zeitraum nicht anwendbar. Trotzdem bemerken auch diese Menschen häufig Unterschiede in ihrem Erleben und Verhalten, die dann nicht auf eine Krise, sondern auf eine mögliche Verschlechterung des eigenen Befindens hindeuten. Auch in diesem Fall kann es sehr sinnvoll sein, solche Anzeichen zu erkennen und Strategien zu entwerfen, wie eine Verschlechterung vermieden werden kann.

Häufige und seltene Frühwarnzeichen

Einige Frühwarnzeichen werden von sehr vielen Betroffenen berichtet. So geben beispielsweise etwa 80 % aller Betroffenen an, vor ihrer Krise Schlafstörungen gehabt zu haben. Häufig genannt werden auch:

- innere und äußere Unruhe
- Schwierigkeiten, sich zu konzentrieren
- ein Gefühl von Angespanntsein und Nervosität
- depressives Erleben, Unlust, fehlende Motivation
- Verlust des gewohnten Interesses z. B. an Personen, Dingen und Aktivitäten

Es gibt auch sehr individuelle Veränderungen, die nur wenige Menschen kennen. So berichtet eine Betroffene, daß das einzige für sie verläßliche Frühwarnzeichen ihre veränderten Träume seien. Für andere Menschen können es spezifische Themen ihrer Lebensgeschichte sein, über die sie vermehrt nachdenken. Wieder andere bemerken ungewöhnliche Verhaltensweisen an sich, z. B. erzählt eine Betroffene, daß sie am Morgen den Wecker nicht mehr hört und ihre halbvolle Kaffeetasse nicht wiederfindet. Häufig ändert sich auch die Wahrnehmung von Farben, Gerüchen oder Emotionen, die in der Regel intensiver erlebt werden.

Einige psychoseerfahrene Menschen machen die Beobachtung, daß bei ihnen Krisen immer oder häufig nach einem ganz typischen Muster ablaufen. So erzählt eine Frau:

»Meine Krisen entstehen immer am Arbeitsplatz. Ich bin dann langsam dem psychischen Streß dort nicht mehr gewachsen. Ich kann mich nicht mehr richtig entspannen, bin am Wochenende nur noch erschöpft. Ich bin nicht mehr offen für andere Dinge, habe keine rechte Lust mehr, etwas zu unternehmen, auch die Lust am Sex läßt nach. Das sind für mich eindeutige Zeichen, daß ich vorsichtig sein muß. Genau so bin ich bereits dreimal in eine Krise gegangen.«

Andere Betroffene berichten hingegen, wie jede Krise ihren eigenen Charakter hatte und einen eigenen Weg nahm. Entsprechend waren auch die Frühwarnzeichen immer andere. »Die Psychose ist findiger als ich, sie überlistet mich«, so versuchte ein Teilnehmer einer Gruppe einmal auszudrücken, wie er sich seiner Psychose gegenüber fühlt, die ihn immer überraschte und unvorbereitet traf. Zwar kennt er inzwischen einige Frühwarnzeichen bei sich, aber er befürchtet, daß es beim nächsten Mal wieder andere sein könnten.

Innere Barrieren

Es gibt innere Barrieren, die die Wahrnehmung von Frühwarnzeichen behindern. Einige haben wir zusammengetragen. Wer sich selbst mit seinen eigenen Anzeichen für eine eventuelle Krise beschäftigen möchte, sollte zuvor klären, wie »offen« er für die Beschäftigung mit diesem Thema ist oder sein kann. Jede Barriere kann zu einer Mauer werden, durch die man nur schwer hindurchschauen kann.

▪ Wer Psychosen als Krankheiten betrachtet, die ohne erkennbare äußere Einflüsse entstehen, also von innen kommen, und von außen, durch Medikamente, behandelt werden müssen, der wird selbst eher in Passivität verharren. Er hat wenig Grund, Veränderungen zu bemerken, weil er kaum die Hoffnung haben wird, durch seine Bemühungen diesen vermeintlich »endogenen Prozeß« aufhalten zu können. Dieses zumeist von professioneller Seite vermittelte Krankheitsmodell prägt oft das Verhalten der Betroffenen.

▪ Manchmal ist eine Krise nicht ausschließlich beängstigend, sondern wirkt auch entlastend. Mit ihr kann man sich etwa aus schwierigen Situationen retten oder vor bestimmten Anforderungen schützen. Wer eine Krise in dieser Form »braucht«, wird Veränderungen nicht als Warnung begreifen, sondern »erhofft« und »sucht« eher die Psychose. Dies gilt etwa für jene psychoseerfahrenen Menschen, die ihre Krisen sehr positiv erleben und in ihrer krisenfreien Zeit einen Mangel empfinden.

- Vielen psychoseerfahrenen Personen fällt die Erinnerung an die Zeit vor ihren Krisen schwer. Gerade unspezifische Veränderungen, wie beispielsweise ein höherer Kaffeekonsum oder Schwierigkeiten beim Autofahren, entfallen dem Gedächtnis leicht. Dies gilt vor allem für jene Menschen, die mehrere Jahre oder sogar ganze Jahrzehnte ohne Krisen gelebt haben.

- Angst vor weiteren Krisen kann blind machen für Veränderungen, die auf eine Krise hindeuten. Nach dem Motto »Was ich nicht sehe, existiert nicht« versucht man, die Anzeichen nicht wahrzunehmen. Dies kann sich unbewußt vollziehen oder eine aktive Entscheidung gegen die Beschäftigung mit dem Thema sein.

- Die meisten Menschen achten wenig auf ihr persönliches Wohlergehen. Meistens gibt es »wichtigere« Ziele im Leben. Beruflicher Erfolg oder der Wunsch, vor den Mitmenschen als jemand dazustehen, der mit dem Leben gut zurechtkommt, zählt für uns mehr als das Gefühl »Mir geht es gut, ich fühle mich wohl«. Entsprechend schwer ist es dann, Anzeichen für eine mögliche Krise anzuerkennen und darauf zu reagieren, beispielsweise indem man sich schont oder andere Menschen um Hilfe bittet.

Erfahrungen aus der Gruppen- und Einzelarbeit

Wenn wir zum ersten Mal betroffenen Menschen davon erzählen, daß sie möglicherweise Krisen frühzeitig erkennen können, stoßen wir manchmal auf Unverständnis. Einige Betroffene haben bisher solche Anzeichen nicht wahrgenommen und können sich nur noch schlecht an die Zeit vor ihrer Krise erinnern. Wenn sie dann aber beispielhaft Veränderungen anderer Betroffener hören, erkennen sie häufig eigene Anzeichen wieder.

Zwei Gesichtspunkte haben sich bei der Vorsorgearbeit als besonders wichtig herausgestellt:

1. Frühwarnzeichen sind individuell

Es gibt neben den typischen Anzeichen, die von vielen Betroffenen berichtet werden, auch ganz persönliche, die nur wenige Menschen kennen. Es braucht Zeit, solche ganz eigenen Anzeichen zu entdecken. Einige psychoseerfahrene Menschen berichten, daß sie Jahre gebraucht haben, bevor sie diese Anzeichen bei sich bemerkt haben und richtig deuten konnten. Ganz individuell ist auch die zeitliche Abfolge der verschiedenen Anzeichen.

2. Frühwarnzeichen treten eben früh auf

Gerade wer sich erstmals mit den Anzeichen beschäftigt, verwechselt sie schnell mit Symptomen, wie wahnhaften Gedanken oder Stimmenhören. Obwohl der Übergang zwischen Frühwarnzeichen und Symptomen fließend ist, treten letztere erst in der Krise auf. Je früher Anzeichen bemerkt werden, desto eher kann eine Krise abgefangen werden. Gerade dann können Betroffene noch eigene Einflußmöglichkeiten nutzen und sind nicht so sehr auf Medikamente angewiesen. Wir unterscheiden deshalb zwischen ganz frühen, frühen und späten Anzeichen. Die ganz frühen Anzeichen sind in der Regel unspezifisch, so daß man sehr vorsichtig damit sein sollte, sie als Frühwarnzeichen zu dramatisieren. Je näher die Veränderungen an der eigentlichen Psychose liegen, um so typischer sind sie und um so leichter sind sie als Vorboten zu erkennen.

Bei der Psychosevorsorge ist das *rechtzeitige* Wahrnehmen einer anstehenden Krise wichtig. Der erste Schritt besteht darin, die eigenen Frühwarnzeichen zu erkennen. Nach unseren Erfahrungen hat es wenig Sinn, in ein paar Minuten einige Anzeichen zusammenzustellen. Zumeist finden sich dann die bekannten und oft vorkommenden Veränderungen wie Schlafstörungen oder Unruhe. Damit sind die Möglichkeiten der Krisenvorbeugung durch das frühzeitige Wahrnehmen von Krisenzeichen aber noch nicht ausgeschöpft. Wenn man mit viel Ruhe versucht, die Zeiten vor den Krankheitsphasen noch einmal Revue passieren zu lassen, tauchen viele kleine Veränderungen auf, die nachträglich in Zusammenhang mit der wieder aufkommenden Psychose gebracht werden können. Es kann schwierig sein, sich an die Empfindungen vor den Krisen genau zu erinnern. Die psychotischen Erlebnisse können so intensiv und ungewöhnlich gewesen sein, daß sie alle anderen Erinnerungen überlagern, gerade wenn die Krise bereits Monate oder Jahre zurück liegt.

Angemessen reagieren

Frühwarnzeichen zu erkennen und nach Möglichkeit in eine zeitliche Reihenfolge zu bringen, ist der erste Schritt, um sie zur Krisenvorbeugung zu nutzen. Anschließend kann man überlegen, auf welche Anzeichen wie reagiert werden könnte.

Wer eine kommende Erkältung spürt, wird sich zunächst vor Luftzug und Unterkühlung schützen. Hat er das Gefühl, seine Erkältung verstärkt sich, so wird er vielleicht heiße Bäder nehmen oder auf das Hausrezept seiner Großmutter vertrauen.

Mit psychotischen Krisen verhält es sich nicht anders. Auf die ersten Anzeichen sollte man anders reagieren als auf spätere Veränderungen. Da die ersten Veränderungen sehr unspezifisch sind, können sie neben Frühwarnzeichen einer psychotischen Krise auch Ausdruck gewöhnlicher Stimmungsschwankungen sein. Deshalb ist es nicht bei jeder Stimmungsschwankung ratsam und notwendig, sich Sorgen zu machen und den Arzt aufzusuchen. Übertrieben hohe Wachsamkeit für das Aufkommen einer erneuten Krise bewirkt, daß kleinste Veränderungen im Befinden und Erleben als Vorboten der Krankheit verstanden werden. Dies hat ständige Angst und Verunsicherung zur Folge und kann die Krankheit geradezu heraufbeschwören (»sich selbst erfüllende Prophezeihung«). Zeigen sich mehrere oder zeitlich länger anhaltende Veränderungen, so ist jedoch Vorsicht angebracht.

Es gibt eine ganze Reihe von Verhaltensweisen, die vor einer Krise schützen können. Betroffene haben immer die Möglichkeit, Belastungen zu reduzieren, beispielsweise eine krankmachende Umgebung zu meiden, langsamer zu arbeiten oder nicht mehr soviel allein zu sein. Daneben gibt es Möglichkeiten, die eigenen »Abwehrkräfte« gegen psychische Belastungen zu stärken, beispielweise durch Entspannungsübungen, Sport, gesunde Ernährung usw. Besonders wichtig sind hier stabile Kontakte zu vertrauten Personen sowie Medikamente, die gegebenenfalls erhöht werden können.

Auf die ersten Veränderungen kann man verschieden reagieren.

- Suchen Sie Ihren behandelnden Arzt auf, wenn Sie besorgt sind oder das Gefühl haben, einen stärkeren medikamentösen Schutz zu benötigen. Falls Sie eine Bedarfsmedikation haben, überlegen Sie, ob Sie diese nehmen wollen (zum Thema Bedarfsmedikation siehe weiter unten).
- Seien Sie achtsam für weitere Veränderungen. Nur so läßt sich abschätzen, ob die beobachteten Veränderungen Vorboten einer neuen Krise sind oder nicht.
- Es kann hilfreich sein, vertraute Menschen zu fragen, ob sie ebenfalls Veränderungen bemerkt haben. So läßt sich unnötige Verunsicherung vermeiden.
- Überlegen Sie, ob Ihre momentane Lebenslage Anlaß für eine Krise geben könnte. Hat Ihre gegenwärtige Situation Ähnlichkeit mit Situationen, die schon einmal zu einer Krise geführt haben?
- Überlegen Sie, wie Sie sich selbst schützen können, welche Möglichkeiten Sie haben, um Ihre »Abwehrkräfte« gegen Krisen zu stärken. Gibt es Belastungen oder Überforderungssituationen, die vermieden werden könnten?
- Machen Sie sich keine unnötigen Sorgen. Frühwarnzeichen *müssen* nicht zu einer Krise führen. Wer ruhig bleibt, hat eine gute Chance, eine mögliche Krise abzufangen.

Eine wichtige Frage ist, bei welchen Veränderungen man einen Arzt oder andere professionell Helfende aufsuchen sollte. Allgemeingültige Hinweise lassen sich dazu nicht geben. In einem persönlichen Gespräch mit dem behandelnden Arzt kann entschieden werden, bei welchen Anzeichen sich der oder die Psychoseerfahrene auf jeden Fall mit dem Arzt in Verbindung setzen sollte. Es ist immer eine Gratwanderung, zu entscheiden, wann Selbsthilfe nicht mehr ausreicht und professionelle Unterstützung notwendig wird. Dabei geht es nicht darum, Selbsthilfe durch Fremdhilfe zu ersetzen, sondern um eine gegenseitige Ergänzung. Selbst wenn ein Arzt hinzugezogen wird, haben Betroffene weiterhin viele Möglichkeiten, sich selbst zu helfen.

Frühwarnzeichen und Medikamente

Viele Ärztinnen und Ärzte sind inzwischen bereit, die Medikation teilweise in den Verantwortungsbereich der Betroffenen zu legen. Die sogenannte Bedarfsmedikation wird vom Betroffenen nur im Bedarfsfall eingenommen und ist in der Regel eine Ergänzung zur normalen Medikation. Mit dem Arzt wird vorher abgesprochen, welchen Spielraum der Betroffene dabei in der Dosierung hat. Wer bereits mehrere Krisen durchlebt hat, kann manchmal besser als der Arzt beurteilen, welches Medikament in welcher Dosierung für ihn hilfreich ist. Wer eine Bedarfsmedikation wünscht, sollte mit seinem Arzt besprechen, ob es auch für ihn diese Möglichkeit gibt. Im Einzelfall kann es Gründe gegen eine Bedarfsmedikation geben, aber in der Regel ist dies eine sinnvolle Möglichkeit auf dem Weg zu einem partnerschaftlicheren Umgang zwischen Ärzten und Patienten.

In der Fachliteratur wird in letzter Zeit häufiger diskutiert, ob nicht vermehrt auf eine Dauermedikation verzichtet werden kann, wenn die Betroffenen selbst in der Lage sind, eigene Frühwarnzeichen zu erkennen und angemessen darauf zu reagieren. Sie könnten dann lediglich in und nach einer Krisenzeit Medikamente nehmen, diese anschließend »ausschleichen« lassen und erst wieder bei Anzeichen für eine erneute Krise oder in belastenden Situationen ansetzen. Psychiater benutzen für dieses Behandlungsverfahren den Begriff der »Intervallbehandlung«. Im Gespräch mit dem Arzt muß abgeklärt werden, für wen eine solche Behandlung in Frage kommt. Im Interesse der Betroffenen erwarten die Ärzte in der Regel die Fähigkeit, Frühwarnzeichen zu erkennen, da ansonsten die Medikamente nicht wieder rechtzeitig angesetzt werden können. Außerdem wird die Einwilligung zur angeordneten Medikation (sog. »Compliance«) sowie eine ausreichende Krankheitseinsicht vorausgesetzt.

Nach unserem Verständnis von Eigenverantwortung und partnerschaftlicher Kooperation zwischen Arzt und Patient sollte der *Patient* im Kontakt mit seinem Arzt entscheiden, welches Risiko er einzugehen bereit ist. Wer »auf Nummer sicher« gehen möchte, ist mit einer Dauermedikation am besten beraten. Zahlreiche Studien haben belegt, daß sie den größten Schutz vor neuen Krankheitsphasen bietet. Wer hingegen zwischen Sicherheit auf der einen Seite und den durch die Medikamente hervorgerufenen Nebenwirkungen auf der anderen Seite abzuwägen versucht, für den kann eine Intervallbehandlung oder eine sehr niedrige Standarddosierung mit Bedarfsmedikation eine Alternative sein. Unserer Ansicht nach sollte der Arzt den Patienten die Entscheidung überlassen bzw. mit ihnen gemeinsam eine für beide Seiten akzeptable Lösung finden. Sonst besteht die Gefahr, daß ein psychoseerfahrener Mensch, der die verordnete Medikation als aufgezwungen erlebt, schnell versucht, die Medikamente eigenständig zu dosieren oder gar nicht zu nehmen.

Andererseits darf der Arzt vom Betroffenen einen gewissen Vertrauensvorschuß erwarten, daß er sich bemüht, zum Wohle des Patienten zu handeln. Bei fehlender Krankheitseinsicht ist der Betroffene selbst häufig nicht mehr in der Lage zu beurteilen, was für ihn gut ist.

Offen über Frühwarnzeichen sprechen!
Viele Betroffene erzählen, daß sie sich nicht trauen, ihrem behandelnden Arzt gegenüber offen über ihre Frühwarnzeichen zu berichten. Sie fürchten, sofort eine höhere Dosis Medikamente verordnet zu bekommen oder gar in eine Klinik eingewiesen zu werden. Um dies zu verhindern, versuchen sie, allein zurechtzukommen, und das gerade in einer Zeit, in der ihnen Aussprache und eine vertrauensvolle Beziehung helfen könnten. Ein allgemeines Klima von Vertrauen und die Sicherheit, daß der Arzt nur im absoluten Notfall gegen den eigenen Willen entscheidet, ist notwendig für eine fruchtbare Beziehung zwischen Arzt und Patient. Wer dieses vertrauensvolle Gefühl nicht hat, sollte mit seinem Arzt darüber sprechen. Manchmal ist es wichtig, einmal auszusprechen, was beide Seiten sich wünschen bzw. erwarten und welche Befürchtungen sie haben. Wenn sich trotz Bemühungen ein solches vertrauensvolles Verhältnis nicht einstellt, sollte man möglicherweise den Arzt wechseln. Manchmal gibt es im Umfeld der Erfahrenen-Gruppen »Geheim-

tips« von Ärzten, zu denen Betroffene leichter Vertrauen fassen können und von denen sie sich partnerschaftlich behandelt fühlen. Alles, was wir hier über den Kontakt zu Ärzten gesagt haben, gilt ebenso für alle anderen therapeutischen Fachkräfte, seien dies Psychologen, Sozialpädagogen, Ergotherapeuten oder Pflegekräfte.

Auch Bezugspersonen bemerken Frühwarnzeichen

Frühwarnzeichen werden häufig auch von der Umgebung der Betroffenen bemerkt. Es sind ja nicht nur das Erleben und Empfinden, die verändert sein können, sondern auch das Verhalten und die ganze Erscheinung (beispielsweise zieht sich die Betroffene zurück, erzählt nur noch von einem Thema oder kleidet sich auf eine für sie ungewöhnliche Art). Einige Angehörige können keine genauen Veränderungen benennen, haben aber trotzdem »das Gefühl«, der Betroffene werde vielleicht wieder psychotisch. Sie berichten von Veränderungen im Blick oder im Gesichtsausdruck des Gegenübers, die für weniger vertraute Menschen nur schwer zu erkennen sind.

In nachträglichen Befragungen geben sogar mehr Angehörige als Betroffene an, vor der Krise Veränderungen bemerkt zu haben. Damit kommt Angehörigen und Vertrauenspersonen eine wichtige Bedeutung bei der Krisenvorbeugung zu.

Viele Betroffene sind ab einem bestimmten Punkt ihrer Krise nicht mehr in der Lage, sie als solche zu erkennen. Einige fühlen sich dann sogar sehr wohl und haben nicht das Gefühl, psychotisch zu sein. Diese Betroffenen sind besonders darauf angewiesen, daß vertraute Menschen ihrer Umgebung Veränderungen bei ihnen bemerken und sie darauf hinweisen. Einige psychoseerfahrene Menschen gehen daraufhin aus freien Stücken zum Arzt. Bei anderen müssen die Menschen ihrer Umgebung viel Überredungskunst und Geduld aufwenden, um sie zum Arztbesuch zu bewegen. Dies gilt vor allem für Menschen mit manischen Krankheitsphasen, die sich ja gerade in ihrer Krise ausgesprochen wohl fühlen und schnell das Gefühl haben, ihre Umgebung mißgönne ihnen ihre positive Stimmung. Es ist eine sehr schwierige Entscheidung, wie lange Angehörige den Willen der Betroffenen akzeptieren sollten und ab wann sie für sie Verantwortung übernehmen und eventuell sogar gegen ihren momentanen Willen Entscheidungen treffen müssen.

In unseren Gruppen haben sich mehrmals Betroffene sehr kritisch über die Möglichkeit geäußert, Vertrauenspersonen um Mithilfe beim Erkennen von Frühwarnzeichen zu bitten. Eine Gruppenteilnehmerin erzählte: »Neulich stand ich nachts auf, um eine Zigarette zu rauchen. Da ich das selten tue, wurde ich gleich von meinem Freund gefragt, ob es jetzt wieder bei mir losginge. Ich traue mich schon gar nicht mehr, ungewöhnliche Dinge zu tun, weil sich gleich jemand anderes um mich Sorgen macht.«

Aus seiner ständigen Besorgnis heraus interpretiert dieser Freund jedes ungewöhnliche Verhalten als Frühwarnzeichen. Diese Besorgnis immer wieder zu äußern, verunsichert und verärgert die Betroffene oft unnötigerweise. Außerdem traut sich die Person dann kaum noch, sich spontan und ungezwungen zu zeigen. Auch hier sind klare Absprachen hilfreich. In besonderen Fällen kann sogar abgesprochen werden, daß der oder die Betroffene allein versucht, eine Krise rechtzeitig zu erkennen, und von der Umgebung nicht auf Veränderungen angesprochen werden möchte.

Anregungen (auch zur Klärung der Fragen 9–14 des Vorsorgebogens)

▪ Suchen Sie sich andere Menschen, mit denen Sie über Ihre Frühwarnzeichen sprechen können. Dies können andere Betroffene sein, professionelle Helfer oder auch Vertrauenspersonen, die vor Ihrer Krisenzeit Kontakt zu Ihnen hatten. Gerade über dieses Thema ist ein Austausch in Gruppen besonders sinnvoll, etwa in Selbsthilfegruppen. Wenn andere von ihren Krisen reden, fällt die eigene Erinnerung leichter.

▪ Versuchen Sie, die Frühwarnzeichen nach ihrem zeitlichen Auftreten zu ordnen. Fügen Sie gegebenenfalls auch zeitliche Angaben hinzu (z. B.: 4 Wochen vor der Krise: höre Geräusche intensiver).

▪ Häufig braucht unser Gedächtnis eine Anlaufphase. Es kann hilfreich sein, sich gedanklich von der Gegenwart ausgehend in die Zeit vor der Krise zurückzutasten (wie geht es mir *jetzt*, was habe ich *in der Krise* erlebt, wie ging es mir *unmittelbar vor der Krise*, wie ging es mir *einige Zeit vor der Krise*, wie ging es mir *lange vor der Krise*?).

Wenn Sie trotzdem Schwierigkeiten mit der Erinnerung haben, lassen Sie das Thema eine Zeitlang ruhen und beschäftigen sich zu einem späteren Zeitpunkt erneut damit.

• Die auf den Seiten 178 ff. abgedruckte Liste mit Frühwarnzeichen kann Ihnen bei Ihrer Erinnerungsarbeit behilflich sein, da es leichter fällt, Anzeichen wiederzuerkennen, als sie eigenständig zu erinnern. Diese umfangreiche Liste wurde von der »Arbeitsgruppe Selbst-CheckerInnen« im *Bundesverband Psychiatrie-Erfahrener* zusammengestellt. Trotz dieser Hilfestellung sollten Sie sich Zeit lassen, auch Ihre ganz individuellen Frühwarnzeichen zu finden.

• Überlegen Sie, welche Vorbeugemaßnahmen Sie bisher schon erprobt haben. Solche, die bisher für Sie hilfreich waren, sollten Sie notieren. Überlegen Sie sich möglichst konkrete Verhaltensweisen, denn je konkreter Ihre Überlegungen sind, desto leichter werden Sie sich später an diese Verhaltensweisen erinnern können. Wen werden Sie fragen, ob ihm Veränderungen aufgefallen sind? Mit wem werden Sie über Ihre Eindrücke sprechen? Welchen Arzt werden Sie aufsuchen, welche Bedarfsmedikation werden Sie einnehmen? Haben Sie diese zu Hause? Auf welche Art und Weise können Sie sich etwas Gutes tun? Welche Möglichkeiten haben Sie, Belastungen zu reduzieren?

• Überlegen Sie, welche Vorbeugemaßnahmen Sie bereits ausprobiert haben, die sich im nachhinein als nicht sinnvoll erwiesen haben. Einige Betroffene reagieren z. B. auf Frühwarnzeichen mit einem höheren Alkoholkonsum. Alkohol erweckt jedoch eher die Psychose, als daß er sie verhindern könnte. Zudem ist Alkohol unverträglich mit den meisten Psychopharmaka.

• Überlegen Sie, zu welchen Bezugspersonen Sie Vertrauen haben und mit wem Sie eventuell über Frühwarnzeichen sprechen könnten. Zumeist macht man die Erfahrung, daß Offenheit mit Offenheit honoriert wird und der andere viel guten Willen zeigt.

• Sprechen Sie mit diesen Personen genau ab, wie diese sich im

Fall einer leichten Krise oder möglicher Frühwarnzeichen verhalten sollen. Auf welche Anzeichen wollen Sie angesprochen werden? Wie lange sollen die anderen Ihnen die Verantwortung überlassen? Wann sollen Ihre Bezugspersonen von sich aus Kontakt zu einem Arzt aufnehmen?

Absprachen für die Krisenzeit

Auch wer Streß reduziert, auf Frühwarnzeichen reagiert und seine seelischen Abwehrkräfte stärkt, kann wieder in eine Krise geraten. Psychosen haben eine nicht zu unterschätzende Eigendynamik, auf die Betroffene nur bedingt Einfluß nehmen können. Hat dann die Vorsorge versagt? Ist dann wieder alles beim alten? Bleibt dann doch wieder nur die geschlossene Station und die Haldolspritze?

Vorsorge bedeutet nicht nur das Bemühen, Krisen zu verhindern, sondern auch, die negativen Folgen möglicher Krisen zu verringern. Manchmal lassen sich akute Phasen nicht vermeiden, wohl aber eine als unmenschlich erlebte Behandlung oder eine falsche Medikation. In Gesprächen erzählen Betroffene immer wieder, wie demütigend es für sie war, von der Polizei »abgeführt« und in die Klinik gebracht zu werden, wie ausgeliefert und entmündigt sie sich auf den Stationen fühlten und wie belastend für sie die Nebenwirkungen der Medikamente waren. Viele leiden unter solchen Folgen ihrer Krisen mehr als unter den psychotischen Erlebnisweisen.

Während ihrer psychotischen Zeit können viele Betroffene kaum noch über sich Auskunft geben. Sie sind nicht mehr in der Lage, ihre Personalien anzugeben, den Klinikmitarbeitern mitzuteilen, welches die gewünschte und erfahrungsgemäß einzig sinnvolle Behandlungsform ist oder welche Angehörigen verständigt werden sollen. Deshalb ist es auch hier wichtig, Absprachen zu treffen: mit der Klinik, dem ambulanten Facharzt, mit Vertrauenspersonen sowie Angehörigen, vielleicht sogar mit Arbeitskollegen und dem Arbeitgeber. Vereinbarungen im Vorfeld ermöglichen es Vertrauenspersonen und Professionellen, sich im Krisenfall an den Erwartungen der Betroffenen zu orientieren.

Wohin in der Krise?

Die Behandlung in einer psychiatrischen Klinik ist nur *eine* Möglichkeit der akuten Krisenintervention und für viele die letzte Wahl. Manchmal können Psychosen auch ambulant im häuslichen Umfeld durchlebt und durchgestanden werden, insbesondere wenn die Frühwarnzeichen rechtzeitig wahrgenommen werden. So schildert Wolfgang Voelzke in diesem Buch, wie er durch seine Vorsorgebemühungen bisher neunmal Klinikaufenthalte vermeiden konnte. Bei Früherkennung besteht immer die Möglichkeit, den ambulanten Facharzt aufzusuchen und den Versuch zu unternehmen, durch Umstellung oder Erhöhung der Medikation die Krise in den Griff zu bekommen. Einige Betroffene wollen auch einfach in Ruhe gelassen und nicht gleich in die Psychiatrie »verschleppt« werden, »nur weil sie gerade mal wieder psychotisch sind«. Andere möchten erst zu ihrem behandelnden Arzt gebracht werden, bevor eine Klinikeinweisung ins Auge gefaßt wird.

Ein Beispiel für ganz private Selbsthilfe ist eine Frau, die sich beim Anbahnen einer Psychose für einige Zeit in ein angemietetes Zimmer zurückzieht, das 10 km von ihrem Wohnort entfernt liegt. Dort habe sie Ruhe und könne sich von den Konflikten mit ihren Eltern erholen, mit denen sie in einem gemeinsamen Haushalt lebt. Regina Bellion beschreibt in diesem Buch, wie sie ihre Psychosen ohne Medikamente, aber mit Unterstützung von guten Freunden durchlebt. Diese Form der Krisenbewältigung kommt sicher nur für wenige Psychoseerfahrene in Frage, da sie mit Risiken verbunden ist, viel Erfahrung und einen großen Freundeskreis erfordert. Dennoch sind dies Beispiele für mutige und kreative Lösungen, die, sofern sie auf die individuelle Ausdrucksform der Psychose und eigene Möglichkeiten und Grenzen abgestimmt sind, erfolgreiche Bewältigungsformen darstellen. Auch Brigitte Weiß berücksichtigt in ihrem privaten Krisenkonzept die Möglichkeit einer ambulanten Behandlung (siehe Teil III). Sie hält es für wichtig, sich schon im Vorfeld zu überlegen, zu welchem Arzt Vertrauen besteht und welche Freunde auch in der schweren Zeit Kontakt halten. Ebenso sollte mit diesen Personen besprochen werden, wie sie sich optimal verhalten und unter welchen Umständen eine Klinikeinweisung doch notwendig wird. Zu diesem Thema gehören auch die Fragen, wie lange Angehörige und Vertrauenspersonen dem psychotischen Treiben zusehen können oder sollen und ab wann der Betroffene von einer notwendigen (klinischen) Behandlung überzeugt werden sollte.

Eine frühzeitige und freiwillige Aufnahme in eine psychiatrische Klinik kann die Aufenthaltsdauer und das Ausmaß einer Psychose oft verringern und Krisen gut abfangen. Zahlreiche Betroffene nehmen die Klinik als kleineres Übel in Kauf oder fühlen sich dort sogar optimal betreut. Nicht wenige Menschen lehnen jedoch stationäre Behandlung aus vielfältigen Gründen und Erfahrungen ab und zögern die Einweisung so lange wie möglich hinaus. Die Gründe für viele Zwangseinweisungen liegen nicht etwa darin, daß die Krankheitsphase zu spät erkannt wurde oder Krankheitsuneinsichtigkeit besteht, sondern im Fehlen echter Alternativen zur stationären Psychiatrie. Private Initiative und Selbsthilfe sind gut und notwendig, müssen jedoch durch ambulante Einrichtungen ergänzt werden, die *vor* der Notlösung der (geschlossenen) Station einsetzen. Besonders in ländlichen Regionen fehlen bisher Kriseninterventionszentren, die Tag und Nacht Zuflucht bieten, wenn die Krise allein nicht mehr zu bewältigen ist. Notschlafwohnungen, in denen Betroffene unbürokratisch und ohne Stigmatisierung durch Diagnosen und Patientenstatus vom Alltag verschnaufen können, sind derzeit noch Utopie. Es gilt, kreativ nach echten Alternativen oder Ergänzungen zur stationären Psychiatrie zu suchen, die Krisen im Vorfeld abfangen helfen, die mit weniger Zwang und mehr Information und Absprache arbeiten.

»Ich bin doch nicht verrückt!«

Fast alle psychoseerfahrenen Menschen werden mit zunehmender Krise ihrer Krankheit gegenüber uneinsichtig, halten sich selbst für gesund und ihre psychotische Wahnwelt für die Realität. In der Krise haben sie Wichtigeres zu tun, als zum Arzt zu gehen. Sie sind vom Geheimdienst verfolgt oder zur Errettung der Menschheit berufen.

Für Vertrauenspersonen, die versuchen, ihren krankheitsuneinsichtigen Freund oder Angehörigen zur Behandlung zu bewegen, ist guter Rat teuer. Auf Betroffene einzureden bringt zumeist keinen Meinungsumschwung. Psychoseerfahrene Menschen berichten jedoch häufig, daß sie nicht in einer hundertprozentigen Wahngewißheit leben, sondern zeitweise vom Zweifel an ihrem Erleben ergriffen sind. Viel wäre erreicht, wenn es Vertrauenspersonen und professionell Tätigen gelänge, sich mit dem zweifelnden Anteil des Betroffenen zu verbünden, um ihn so zur Behandlung zu bewegen. Psychoseerfahrene Menschen können in ihrer gesunden Zeit überlegen, wie sie in der Krise möglicherweise zur Behandlung motiviert werden könnten und dies professionellen Helfern sowie ihren Freunden und Angehörigen mitteilen. Ein Betroffener glaubt, durch eine Ohrfeige zeitweise aus seiner psychotischen Welt auftauchen zu können. Ein anderer hofft, daß eine schriftliche Abmachung mit einer Vertrauensperson ihn noch erreichen könnte. In einem »Vertrag« verpflichtet er sich, den Arzt aufzusuchen, wenn seine Vertrauensperson ihn längere Zeit für psychotisch hält und ihm den »Vertrag« zeigt. Ob Betroffene in einer Krise tatsächlich durch solche Absprachen leichter zu erreichen sind, muß sich im Einzelfall zeigen. Einen Versuch ist es sicherlich wert! Manchmal ist es ganz entscheidend, *wer* versucht, den Betroffenen in die Klinik zu bringen. Möglicherweise reagiert er sehr aggressiv, wenn die Eltern diesen Vorschlag machen, ist hingegen durchaus bereit mitzukommen, wenn ein guter Freund anbietet, mit ihm in die Klinik zu fahren. Auch hier sind Absprachen hilfreich.

Krankheitsuneinsichtigkeit und Behandlungsverweigerung sind nicht einfach als Folgen gestörter Hirnstoffwechselprozesse unbeeinflußbar gegeben, sondern werden durch eine Vielzahl psychosozialer Faktoren in ihrem Auftreten, wie auch in ihrer Intensität beeinflußt. Betroffene, die eine vertrauensvolle Beziehung zu ihrem Arzt haben, werden ihn eher aufsuchen als solche, die ihn nur aus hastigen Kurzterminen kennen. Wer geht schon gerne zu einem Arzt, den er nicht mag, oder in eine Klinik, in der er sich nicht wohl fühlt? Angenehmere Behandlungsbedingungen könnten die sogenannte Krankheitsuneinsichtigkeit beeinflussen und somit auch Zwangseinweisungen reduzieren helfen. Zudem wird die Angst vor der Behandlung vermindert, wenn Patientinnen und Patienten mitentscheiden können und wissen, was auf sie zukommt.

Die Behandlung planen

Solange Alternativen zur klassischen Psychiatrie rar sind, ist es um so wichtiger, sich Gedanken darüber zu machen, wie die stationäre Behandlung so angenehm und heilsam wie möglich gestaltet werden kann. Nur so ist eine freiwillige und frühzeitige Aufnahme wahrscheinlich. Durch Absprachen haben Betroffene die Möglichkeit, Einfluß auf ihre Behandlung in der akuten Krankheitsphase zu nehmen und so schon im Vorfeld zu Verhandlungspartnern zu werden, anstatt sich weiterhin als ohnmächtige Behandelte zu fühlen.

Seit 1989 gibt es das *Psychiatrische Testament*, das jetzt auch *Patienten-Verfügung* genannt wird. Betroffene legen in krisenfreier Zeit schriftlich fest, wie sie im Falle einer Zwangseinweisung behandelt werden möchten. Dazu kann beispielsweise die Ablehnung von Elektroschocks oder bestimmter Psychopharmaka gehören. Diese Vorausverfügung wird Psychiatern von einem beauftragten Rechtsanwalt zugeschickt oder unter Zeugen übergeben. Den behandelnden Ärzten wird mit einer Klage gedroht, sollten sie den Willen des Betroffenen nicht akzeptieren.

Während sich die antipsychiatrisch orientierten Initiatoren des *Psychiatrischen Testaments* vor einer als gewaltsam und bedrohlich erlebten Zwangsbehandlung mit Hilfe rechtlicher Mittel und der Androhung einer Klage zu schützen versuchen, bemühen sich seit einigen Jahren die Urheber des sogenannten *Behandlungsvertrags* durch eine Zusammenarbeit von Klinik und Betroffenen mehr Mitbestimmung zu bewirken. Im Rahmen dieser Abmachungen, die auch als *Behandlungsvereinbarungen* bezeichnet werden, diskutiert der Betroffene mit Mitarbeitern der Klinik, welche Behandlungsschritte im Falle einer erneuten Klinikeinweisung unternommen werden sollen. Die Absprachen werden schriftlich festgelegt, wobei die Betroffenen und die Klinik jeweils ein Exemplar erhalten. Beispielsweise kann abgesprochen werden, mit welchen Medikamenten behandelt werden soll, welche Behandlungsverfahren der Betroffene ausschließt oder wen die Klinik über den Krankenhausaufenthalt informieren soll. Es handelt sich dabei um freiwillige Selbstverpflichtungen aller beteiligten Verhandlungspartner. Weichen behandelnde Ärzte in der akuten Situation von den Vereinbarungen ab, müssen sie dies gut begründen und im nachhinein mit ihren Patienten besprechen. Inzwischen bieten einige Kliniken in Deutschland Behandlungsvereinbarungen an.

Einige Fragen des Vorsorgebogens decken sich mit Punkten der Behandlungsvereinbarung. Die Bearbeitung des Vorsorgebogens kann als Vorbereitung auf das Ausfüllen einer Behandlungsvereinbarung genutzt werden, denn nur wer sich zuvor überlegt hat, wie er sich eigentlich eine »gute« Therapie vorstellt, kann diese Erwartungen auch im Gespräch mit dem Klinikpersonal vorbringen und in die schriftliche Abmachung aufnehmen lassen.

Der Krisenpaß

Die Behandlungsvereinbarung ist *eine* Möglichkeit, auf die Behandlung in der akuten Krankheitsphase Einfluß zu nehmen. Sinnvoll ist sie vor allem für jene Betroffenen, die in der Krise nicht mehr in der Lage sind, ihre eigenen Wünsche vorzubringen. Was aber ist, wenn man in eine Klinik eingeliefert wird, mit der keine Behandlungsvereinbarung abgeschlossen wurde oder wenn Behandlungsvereinbarung und Patientenakte nicht schnell genug greifbar sind? Allzu häufig wird dann das Standardmedikament in der Standarddosierung ausprobiert, auch wenn sich bei vorhergehenden Klinikaufenthalten andere Medikamente als wirkungsvoller erwiesen haben. Diese Gefahr besteht vor allem in Kliniken, in denen der Betroffene noch nie behandelt wurde, was beispielsweise im Urlaub vorkommen kann. Aber auch in der dem Wohnort zugehörigen Klinik kann es passieren, daß die Krankenakte bei der Aufnahme nicht sofort greifbar ist oder unzureichend geführt wurde. Womöglich kennt die behandelnde Ärztin auf der Station den Patienten nicht, weil sie im Rahmen der Ausbildung regelmäßig die Stationen wechselt. Die

Folge solcher Situationen ist wiederum die Standardmedikation. Aber: Mit den quälenden und gesundheitsschädigenden Nebenwirkungen müssen allein die Betroffenen leben. Um so wichtiger ist es, die Verantwortung nicht den Ärzten allein zu überlassen und willenlos zu schlucken, sondern mitzureden, sich und auch die behandelnden Ärztinnen und Ärzte zu informieren.

Ein Baustein beim Aufbau von mehr Selbstbestimmung kann der sogenannte *Krisenpaß* sein. Dieser Paß (siehe Anhang), der auf Scheckkartenformat zusammengeklappt in jede Brieftasche paßt, enthält auf vier Seiten neben den Personalien und der Information, wo eine Behandlungsvereinbarung vorliegt, die Dokumentation der im Krisenfall bisher erfolgreichen Medikation. Einer Fehlbehandlung soll vorgebeugt werden durch die Auflistung der Psychopharmaka, mit denen bisher schlechte Erfahrungen gemacht wurden. Es folgt noch eine Sparte für Adressen von Vertrauenspersonen, die im Krisenfall benachrichtigt werden sollen, sowie die Rubrik »Besonderes«, wo spezielle Wünsche an die Behandlung oder weitere Erkrankungen eingetragen werden können. Die aktuelle Medikation inklusive Dosierung wird mit Datum und Stempel des Arztes auf der letzten Seite vermerkt. Der Paß soll vor allem gewährleisten, daß Betroffene in der akuten Phase die optimale Medikation erhalten. Dabei ist er als Hilfestellung für Ärzte gedacht, die den Patienten nicht kennen oder die Unterlagen in der akuten Situation nicht zur Hand haben. Der Krisenpaß entbindet die psychiatrischen Kliniken jedoch keinesfalls von ihrer Verpflichtung zu genauer und sofort zugänglicher Dokumentation bisheriger Behandlungen, beispielsweise in Form von übersichtlichen Medikamentenbögen mit Sparten für erwünschte und unerwünschte Wirkungen. In der Organmedizin ist es längst üblich, Gesundheitspässe beispielsweise für Diabetiker oder Epileptiker auszustellen. Auch im psychiatrischen Bereich wird in erster Linie mit Pharmaka behandelt, um so verwunderlicher ist, daß bisher noch keine vergleichbaren Formulare im Gebrauch sind.

Einige Betroffene können in ihren Krisen noch gut über sich und die gewünschte Behandlung Auskunft geben, sie haben aber schlicht vergessen, welches Medikament in welcher Dosierung ihnen beim letzten Mal geholfen hat oder welche Medikamente welche unerwünschten Wirkungen verursacht haben. Auch für sie kann es sinnvoll sein, einen Krisenpaß bei sich zu tragen. In jedem Fall fördert die Auseinandersetzung mit dem Krisenpaß und den dazugehörigen Fragen des Vorsorgebogens die bewußte Entscheidung für oder gegen bestimmte Medikamente. Man ist zudem »auf dem laufenden«, weiß, was man gerade schluckt, macht sich klarer, welches die positiven und welches die unerwünschten Wirkungen der Psychopharmaka sind.

Der Krisenpaß ist als ein Vorschlag zu verstehen. Er wurde in München in Zusammenarbeit von Professionellen und Psychiatrieerfahrenen entwickelt. Voraussetzung für seinen gewinnbringenden Einsatz ist eine weite Verbreitung sowie allgemeine Akzeptanz und Würdigung durch ambulante Ärzte und Klinikpersonal. Wichtig für eine Verwendung ist außerdem, daß die Betroffenen den Krisenpaß im Bedarfsfall auch bei sich tragen. Er verbessert die Behandlung nur, wenn die Eintragungen immer auf dem neuesten Stand gehalten werden. Dann aber kann er für Psychoseerfahrene zu einem Hilfsmittel werden, um sich bewußter und selbstbestimmter an der Behandlung zu beteiligen.

Anregungen (auch zur Klärung der Fragen 15 bis 23 des Vorsorgebogens)

▪ Um Absprachen für die Krisenzeit treffen zu können, muß man zunächst herausfinden, wen man in den persönlichen Krisenplan einbeziehen möchte. Zu welchen professionell Tätigen habe ich ein Vertrauensverhältnis, zu welchen Freunden und Angehörigen? In der Psychose ist man meist sehr sensibel für einen falschen Ton, für leichte Arroganz oder Anklänge von Ablehnung. Deshalb lautet die wichtige Frage: Zu wem habe ich nach meiner heutigen Einschätzung in der Krise Vertrauen? Wer Freunde oder Angehörige als Vertrauens- und Kontaktpersonen heranziehen möchte, sollte diese ansprechen und informieren.

▪ Es läßt sich überlegen, welche Schritte vor einer Klinikeinwei-

sung eingeleitet werden sollen, um die Einweisung eventuell doch
noch abzuwenden. So wünschen sich viele Betroffene beispielsweise,
vor einer Klinikeinweisung zunächst zu einer Ärztin oder einem
Arzt ihres Vertrauens gebracht zu werden. Angehörige müssen über
diesen Wunsch informiert sein. Es ist wichtig, sich klarzumachen,
von welchen Personen welche Art der Unterstützung erwartet wird.
Wer seine Psychose zu Hause durchleben will, muß dies sehr sorgfältig planen. In welchen Räumlichkeiten, mit welchen Begleitpersonen ist dies möglich? Kann eine Vertrauensperson einige Tage Urlaub nehmen, um einfach dazusein? Was wird unternommen, wenn
die Vertrauenspersonen nicht erreichbar sind oder an ihre Grenzen
stoßen? Welcher Arzt unterstützt mich gegebenenfalls?

- Es gibt Betroffene, denen es nichts ausmacht, mit dem Polizei-
wagen in die Klinik gebracht zu werden. Wer sich die Klinikeinweisung anders vorstellt, kann sich im Vorfeld Alternativen überlegen
und diese mit Vertrauenspersonen absprechen.

- Wer sich Gedanken über die für ihn optimale Behandlung
macht, sollte frühere Aufenthalte Revue passieren lassen. Was hat
mir damals besonders geholfen, was hat mir geschadet, was möchte
ich nie wieder erleben? Welche therapeutischen Maßnahmen waren
bisher hilfreich (beispielsweise Beschäftigungstherapie, Arbeitsthe-
rapie, Yoga, Einzelgespräche, Musiktherapie . . .)? Vielleicht wurde
die Beschäftigungstherapie als Qual erlebt, vielleicht hat die Arbeits-
therapie an der frischen Luft die Gesundung gefördert. Welchen
Besuch möchte ich empfangen, und wen will ich in der emotional
aufgewühlten Zeit nicht zu Gesicht bekommen? Wie sollten professionelle Helfer und Angehörige sich konkret verhalten? Um sie zu
einem anderen Umgang zu bewegen, ist es hilfreich, ihnen genau zu
sagen, welches Verhalten man sich wünscht. Dabei gilt es immer,
Kompromisse zu finden zwischen den Bedürfnissen und Möglichkeiten der eingebundenen Personen und Institutionen sowie den
Wünschen und Forderungen der Psychoseerfahrenen.

- Wer eine Behandlungsvereinbarung abschließen möchte, sollte
überlegen, in welcher Klinik (und auf welcher Station) er vermutlich
in der nächsten Krise behandelt wird oder behandelt werden möch-

te. Durch einen Anruf auf der Station läßt sich klären, ob es dort inzwischen die Möglichkeit gibt, eine Behandlungsvereinbarung auszufüllen. Dazu sollte ein ausführliches Gespräch mit einem Klinikmitarbeiter verabredet werden, zu dem man Vertrauen hat. Einige Selbsthilfegruppen bieten dazu eine Begleitung an. Sollte es in der Klinik bisher noch keine Behandlungsvereinbarung geben, so ist es trotzdem sinnvoll, sie einzufordern. So merkt das Klinikpersonal, daß ihre Patientinnen und Patienten an Mitbestimmung und partnerschaftlichem Umgang interessiert sind.

▪ Es ist hilfreich, sich vor Abschluß der Behandlungsvereinbarung über eigene Wünsche und Erwartungen Klarheit zu verschaffen. Nur so gelingt es, diese auch im Gespräch mit dem Klinikpersonal anzusprechen und durchzusetzen. Die Fragen 19 bis 23 des Vorsorgebogens bieten dabei Hilfestellung.

▪ Wenn die betreffende Klinik keine Behandlungsvereinbarung anbietet und Klinikleitung und -mitarbeiter nicht kooperationsbereit sind, besteht die Möglichkeit, ein Psychiatrisches Testament abzufassen, um sich vor unerwünschten Behandlungsmaßnahmen zu schützen. Diesbezügliches Informationsmaterial und Rahmenpapiere sind beim *Verein zum Schutz vor psychiatrischer Gewalt e.V.* in Berlin erhältlich (siehe »Adressen«). Im eigenen Interesse ist es jedoch empfehlenswert, sich zunächst um Kooperation mit den Klinikmitarbeitern zu bemühen.

▪ Bei der Reflexion über die Wirkungen der Psychopharmaka kann es sinnvoll sein, sich auch mit dem behandelnden Arzt über dessen Eindruck auszutauschen. Unter Umständen wird zu schnell vergessen, wie wirksam die Neuroleptika Halluzinationen, Wahngedanken oder Denkstörungen unterdrückt haben, da im Anschluß die weniger gut zu beeinflussenden Symptome wie Energie- und Schwunglosigkeit, Interessenverlust und Resignation im Vordergrund stehen. Häufig werden die negativen Wirkungen der Neuroleptika, Lithiumpräparate und Antidepressiva auch überbewertet und mit der Eigendynamik der Erkrankung verwechselt. Wer die erwünschten und unerwünschten Wirkungen der Pharmaka gegeneinander abwägt, kann sich bewußter für oder gegen bestimmte

Medikamente entscheiden. Es ist hilfreich, sich sobald wie möglich dazu Notizen zu machen, da kaum jemand die Fülle an Daten über Wirkstoffe, Dosierungen und erlebter Wirkung im Gedächtnis behalten kann.

Über den Wahn-Sinn sprechen

Blätter fallen auf meine Seele
Und es stürzen Felsen
Wie könnte ich schweigen?

Günter Neupel

Das Versteckspiel mit dem ver-rückten Erleben

Über den Wahn spricht man nicht! Das Erleben in der Psychose ist geheim, peinlich, schrill, verrückt. Man behält es lieber für sich, tut so, als wäre es nie dagewesen, und geht zur vermeintlichen Tagesordnung über. Menschen der näheren und weiteren Umgebung ziehen es vor, nicht so genau nachzufragen. Allzu verrückt sind die Inhalte.

Einige wenige sprechen offen und viel über ihre Erfahrungen und haben teilweise sogar ein unstillbares Mitteilungsbedürfnis. Dies ist eher bei angenehmen Psychoseinhalten der Fall oder bei Menschen, die dauerhaft von ihren psychotischen Inhalten überzeugt sind. Obwohl in den letzten Jahren vor allem in den vielen Psychoseseminaren vermehrt über Psychoseinhalte gesprochen wird, läßt sich immer noch eine weit verbreitete »Verschwiegenheit« hinsichtlich dieses Themas feststellen. Dabei ist eine offene Kommunikation und das, was man »Gesprächskultur« nennt, nicht nur hilfreich, sondern entsprechend gefestigte Strukturen sind geradezu Vorsorgemaßnahmen. An vielen Stellen eines psychotischen Prozesses helfen Gespräche, den Verlauf zu beeinflussen.

Wo liegen die Gründe für die Tabuisierung? Insbesondere direkt nach der akuten Phase kann das Schweigen ein Selbsthilfe- und Schutzmechanismus sein, um Abstand von dem psychotischen Erleben zu gewinnen. Das Gesprächsbedürfnis ist davon abhängig, wie lange sich die Betroffenen schon mit dem Thema »Psychose« beschäftigen. Ein Psychoseerfahrener erinnert sich zurück und kommt zu dem Schluß, daß es ihm in der Anfangsphase der Erkrankung sehr wichtig war, sich mit anderen auszutauschen. Nun, nach mehreren Jahren Erfahrung mit der Psychose, fühlt er sich durch solche Gespräche nur noch belastet.

Zum einen gibt es »salonfähige« Psychoseinhalte, zum anderen solche, die nicht einmal dem Partner anvertraut werden. Bestimmte Erlebnisse sind zu intim, scham- und schuldbesetzt, als daß sie über die Lippen gebracht werden könnten. Die meisten Betroffenen haben schon negative Reaktionen ihrer Umgebung erlebt, wenn sie versuchten, über ihre Psychose zu sprechen. Vorurteile und Ängste dieser Erkrankung gegenüber sind immer noch weit verbreitet. Wen wundert es da, wenn Betroffene lieber nicht darüber reden, um Stigmatisierung und Ausgrenzung zu vermeiden. Ein einfaches psychologisches Lerngesetz besagt, daß Menschen Verhaltensweisen, auf die unangenehme Konsequenzen oder Reaktionen folgen, in Zukunft seltener zeigen.

Gerade psychiatrische Kliniken sind Orte, an denen es besonders schwierig ist, nach der akuten Phase über die psychotischen Erlebniswelten zu sprechen. Viele Betroffene, die sich zeitweise in stationären Institutionen aufhalten, werden dort weniger offen über ihre Psychoseinhalte berichten als außerhalb. Zumindest wird ausgewählt, welcher Person welche Erlebnisse anvertraut werden. Dies ist eigentlich paradox, da doch gerade in der Psychiatrie Verständnis für psychotisches Erleben und Handeln herrschen sollte. Und doch dominiert in vielen Psychiatrien Sprachlosigkeit, wenn es um verrücktes Erleben geht.

Möglicherweise liegt der wesentlichste Grund für das Gesprächsdefizit im endogenen Krankheitsmodell. Wenn Psychosen als vornehmlich von innen kommend und biologistisch betrachtet werden, dann sind Psychoseinhalte lediglich Symptome für eine letztlich neuronale Krankheit, die bestenfalls durch Medikamente beeinflußbar ist. Die psychotischen Anzeichen sind störend und unerwünscht, die Behandlung hat ihre möglichst rasche Beseitigung zum Ziel. Warum aber über etwas reden, das unbeeinflußbar in den Tiefen unserer Gehirnwindungen entsteht und uns vom Subjekt zum Objekt deklassiert? Und wenn es durch die Behandlung mit

Neuroleptika beseitigt wurde, warum sollte man dann das Unerwünschte im Gespräch wieder hervorholen?

Erklärbar ist diese Gewohnheit des Totschweigens auch durch das autoritäre System »Klinik« mit seinen immanenten Macht- und Hierarchiestrukturen. Unsere Gesellschaft überträgt einer psychiatrischen Klinik einen Doppelauftrag. Zum einen sollen auffällige oder »störende« Menschen zeitweise aus dem Verkehr gezogen werden, um Normverletzungen zu verhindern. Zum anderen hat die Klinik einen Heilungs- und Therapieauftrag. Dementsprechend werden Entlassungen erst dann eingeleitet, wenn Patientinnen und Patienten sich auf der Station angepaßt verhalten, nicht mehr »stören« und gesund erscheinen. Fast alle Patienten sind bemüht, diese Erwartungen zu erfüllen, um baldmöglichst entlassen zu werden. Dies führt zu unauthentischen und gespielten Verhaltensweisen.

Eine Betroffene beschreibt dies so: »Die Psychiatrie provoziert schizophrenes Verhalten! Wie oft habe ich mit einem aufgesetzt lächelnden Gesicht versucht, meine frühestmögliche Entlassung zu bewirken und meine eigentliche Stimmung dahinter versteckt.«

Berichte über die Psychose bergen für Patientinnen und Patienten die Gefahr einer Erhöhung der Medikamentendosis oder einer Verlegung auf die geschlossene Station. Um dies zu vermeiden, sind sie lieber vorsichtig und erzählen eher »ungefährlichen« Personen wie Mitpatienten oder Pflegekräften Einzelheiten ihres Erlebens. Sie erspüren sehr schnell, welchen Personen sie was erzählen »dürfen« und welche Äußerungen welche Konsequenzen haben. Spätestens nach einigen Aufenthalten in derselben Klinik oder auf derselben Station werden die Betroffenen zu Fachleuten für die Auswahl von Informationen. Es liegt auf der Hand, wie paradox dieser Umstand gerade für paranoid erlebende Menschen ist, die sich in ihrer Psychose verfolgt, beobachtet oder kontrolliert fühlen. Eine gesundmachende Atmosphäre sollte demgegenüber von Offenheit und Klarheit geprägt sein. Die Verschlossenheit, die unter anderem aus der Angst vor Medikamentenerhöhung resultiert, gibt es auch im ambulanten Bereich. Frühwarnzeichen oder eine Verschlechterung des Befindens werden häufig gegenüber behandelnden Fachärzten lieber nicht erwähnt, um eine Klinikeinweisung oder Medikamentenerhöhung zu vermeiden.

Die Mauer des Schweigens durchbrechen

Psychosen sind »Alleinseinskrankheiten«. Primär sind die Betroffenen einsam in ihrer exotischen Wahnwelt, in der bleischweren Depression oder der »Einbahnstraßen-Kommunikation« der Manie. Wenn dann alles vorüber ist, stolpern sie in die nächste Einsamkeitsfalle, weil sie sich nicht trauen, über die Erlebnisse zu reden. Wenn über stattgefundene Kränkungen, Verletzungen oder Mißverständnisse keine Klärung erfolgt, wird die Isolation der Psychoseerfahrenen sekundär noch verstärkt. Sie fühlen sich fremdartig, anders, abgelehnt und unverstanden; die Außenstehenden sind gleichzeitig unsicher, hilflos, ängstlich oder verärgert. Möglicherweise entsteht ein nicht zu unterschätzender Anteil der sogenannten Minussymptomatik aus diesem Unvermögen, sich auszutauschen, und dem daraus resultierenden weiteren Rückzug.

Eine Psychoseerfahrene berichtet von ihren Erlebnissen mit der »Sprachlosigkeit« in Psychiatrien und ihrer Erleichterung, als endlich jemand zuhörte:

»Vor allem in meiner ersten Psychose hatte ich das Gefühl, ich darf über meine Erlebnisse in der Psychose nicht sprechen. Ich weiß nicht, wie dieses Tabu entstanden ist, es war einfach da. Ich wollte nicht darüber reden, es war ein Geheimnis, etwas zutiefst Intimes. Sechs Wochen später, als ich aus meiner Psychose schon aufgetaucht war, wollte ich dann darüber sprechen und fand niemanden, mit dem ich hätte reden können. Eine Psychologin sagte mir: ›Psychosen therapiert man nicht.‹ Sie erklärte mir, ich hätte eine Stoffwechselstörung. Ich hatte das Gefühl, sie weiß überhaupt nichts und kann mein Erleben nicht nachempfinden. Ich hatte vier Krisen und war viermal in verschiedenen Kliniken, ohne daß irgend jemand mit mir dort über meine Erlebnisse gesprochen hätte. Das war so enttäuschend für mich. Ich hätte gern darüber geredet, weil ich das Gefühl hatte, daß diese Erlebnisse eine Botschaft für mich enthalten, die ich verstehen lernen sollte.

Erst nach der fünften Krise unterhielt sich ein Arzt im Bezirks-
krankenhaus Haar mit mir über meine Erfahrungen. Er spürte meine
Angst und fragte, was mich in der Psychiatrie am meisten beängstige.
Ich sagte: ›Das Eingesperrtsein.‹ – ›Gut‹, sagte er, ›dann kriegen Sie
Ausgang. Sie müssen mir allerdings versprechen, daß Sie abends um
6 Uhr zurück sind.‹ Ich war damals hoch psychotisch, aber ich kam
um 6 Uhr zurück! Ich war dankbar, daß endlich jemand fragte, was
ich brauchte, was mir Angst machte, wie er mir helfen könnte.

Später hatte ich dann Gespräche mit einer Psychologin. Sie half
mir, den Sinn und die Bedeutungen, die ich in der Psychose verloren
hatte, wieder in die Worte zu bringen. Sie tat das, indem sie mir
immer so treffende Fragen stellte, daß ich mich angesprochen fühlte
und mit ihr darüber reden wollte. Von mir aus wollte ich auch reden,
konnte das aber nicht.«

Der Teufelskreis des sozialen Rückzugs und der erneuten Isolation nach der akuten Phase kann durch offene Gespräche über das
Vorgefallene unterbrochen werden. Die Schweigemauern zwischen
den Welten innerhalb und außerhalb der Psychose können durch-
brochen werden, um die Gesundung und den Kontakt zu den Mitmenschen zu fördern oder wiederherzustellen. Durch das Gespräch
über die Psychose können die zurückliegenden Erlebnisse und Gefühle nach und nach mehr akzeptiert werden. Sie müssen nicht abge-
spalten, als fremd abgelehnt werden, sondern können vielleicht sogar
als wertvolle und sinnhafte Erfahrungen ins Selbstbild integriert
werden.

Der Austausch über den Wahn ist nicht nur sinnvoll mit außenstehenden Begleitpersonen, sondern ebenso mit anderen »Leidens-«
und »Erlebensgenossen«. In unseren Gruppen erleben wir eine
große Anteilnahme an den Erfahrungen anderer Betroffener. Man
erfährt dort, daß man nicht der einzige Jesus in der Stadt war. Man
erfährt, daß auch andere diese quälende Lustlosigkeit, dieses Gefühl,
beeinflußt zu werden, oder diese unerträglichen Angstzustände erlebt haben. Erzählen und Zuhören sind Schritte aus der Isolation hin
zu anderen Menschen und gegenseitigem Verständnis. Damit ist es
auch ein Weg heraus aus dem psychotischen Gefängnis, aus den

Gefühlen von Scham und Schuld. Das Unaussprechbare anzusprechen befreit.

Undenkbar erscheint es vielen Betroffenen, über Verhalten in der Psychose zu sprechen, das als »verboten« oder »moralisch anrüchig« gilt. Dabei entlastet gerade ein Gespräch über solche Themen. Dies wird deutlich am Beispiel eines Betroffenen, der erst nach Jahren davon erzählen konnte, daß er in der Psychose 50 Autoscheiben einschlug. Fast ein Jahrzehnt lang schleppte er dieses Geheimnis mit sich herum, befürchtete, von der Polizei überführt zu werden und auf die »Burg« zu kommen. Scham- und Schuldgefühle, die über lange Zeiträume im Innern verschlossen »schmoren«, tragen sicherlich nicht zur Gesundung bei, sondern können die nächste Krankheitsphase heraufbeschwören. Ohne die Entlastungsmöglichkeiten eines Gesprächs kann die Psychose noch lange nachwirken und erneut einsam machen.

Gespräche über Verhalten und Erleben in der Psychose können unter Umständen sogar lebensrettend sein. So schildert ein Betroffener, wie er während eines depressiven Tiefs nicht mehr in der Lage war, über seine akuten Selbstmordgedanken zu sprechen. Er stieg nach der Verabschiedung am Bahnhof in den Zug, ohne seine Freundin um Hilfe bitten zu können. Viele lebensgefährliche Situationen ließen sich mildern, wenn die Vertrauenspersonen es verständen, die nichtverbalen Signale zu deuten und darauf zu reagieren. Das geht aber nur, wenn Betroffene und Vertrauenspersonen nach Abklingen einer Krise miteinander über die Gedanken- und Gefühlswelten sprechen, wenn die Vertrauenspersonen in nichtverbale Signale eingeweiht werden.

Vertrauenspersonen stehen der Psychose häufig sehr hilflos, ohnmächtig und ängstlich gegenüber. Sie verstehen zunächst nicht, was bestimmte Ideen, Handlungen und Gefühle zu bedeuten haben, und brauchen sozusagen nachträglich eine Übersetzung in ihre Sprache oder eine Einführung in die Symbol- und Gefühlswelt der Psychose. Insbesondere nach erstmaliger Erkrankung besteht bei Außenstehenden und Betroffenen großer Erklärungs- und Redebedarf. Die Psychose wird unter Umständen als fremd und unheimlich erlebt.

121

Gerade nahe Verwandte und Freunde wollen es oft nicht wahrhaben, daß bei den Betroffenen Veränderungen geschehen, die etwas mit den schlimmen Wörtern »Psychose« oder »Schizophrenie« zu tun haben. Die Erkrankung wird häufig von allen Seiten lange nicht erkannt oder sogar verleugnet. Nachträgliche Gespräche und rückblickendes Verstehen und Einordnen des Geschehens können erleichternd wirken und im Falle einer erneuten akuten Phase bei allen Beteiligten zu schnellerem Reagieren führen.

Mitteilen, was hilft

Nicht nur über die Inhalte der Psychose kann man reden, sondern auch darüber, welche Unterstützung Betroffene in ihrer Krise wünschen. Nur wer weiß, wie der Betroffene in der Krise behandelt werden möchte, kann sich entsprechend verhalten. Ansonsten handeln Vertrauenspersonen wie Professionelle so, wie *sie selbst* es für richtig halten. Dies mag manchmal, aber längst nicht immer den Erwartungen der Betroffenen entsprechen.

Die Begleitpersonen brauchen von den Psychoseerfahrenen Hinweise über stimmige Unterstützungsmaßnahmen. Wie sollen Vertrauenspersonen und professionell Tätige sich im Krisenfall verhalten, damit die Psychose besser/leichter durchlebt werden kann? Was ist hilfreich, wenn das Erleben durch paranoide Ideen oder Angst bestimmt ist? Was ist wohltuend bei depressiver Verstimmung und Antriebslosigkeit? Welche Reaktionen der Umgebung belasten noch zusätzlich oder verschlechtern das Befinden? Sicherlich sind die diesbezüglichen Wünsche, Anliegen und Forderungen individuell verschieden, eventuell auch von Psychose zu Psychose unterschiedlich, um so wichtiger ist es, den Außenstehenden Rückmeldungen über ihr Verhalten und die eigenen Bedürfnisse zu geben.

Eine Zusammenstellung verschiedenster Aussagen *nach* einer Psychose über Bedürfnisse *in* der psychotischen Phase zeigt, wie vielfältig die Wünsche sein können. Nur durch offene Gespräche kann hier vorgesorgt werden.

- »Ich will, daß man mit mir spricht. Wenn ich in der Klinik bin, reden alle immer nur mit meiner Frau, ich werde übergangen und übersehen, als wenn ich gar nicht da wäre. Alle reden sie nur mit den Angehörigen.«

▪ »Stellt doch mal Fragen, Warum-Fragen, überhaupt mal nachfragen! Als ich in der Klinik durch die Zimmer gerannt bin und Nachtschränke durchwühlt habe, hat mich niemand gefragt, warum ich das mache. Ich habe einfach dreißig Pfennig gebraucht, weil ich dringend telefonieren mußte.«

▪ »Ich wünsche mir dann einen Menschen, der sich Zeit nimmt, der sich einfach neben mein Bett setzt.«

▪ »Es ist furchtbar entwürdigend, wenn man betteln muß, um eine Zigarette rauchen zu dürfen. Ich will einfach rausgehen können und eine Zigarette rauchen, wann ich will. Die Macht der anderen ist dann so erniedrigend. Meine Menschenwürde soll geachtet werden.«

▪ »Sprecht in Bildern und steigt in die Themen der Psychose ein. Spinnt einfach mit und fragt nach: Wann wollen sie denn die Symphonie aufführen? Fragt nach, als wenn ein kleines Kind seine Puppe vorzeigt. Klinkt euch für kurze Zeit ein, dann fühle ich mich verstanden und ernstgenommen.«

▪ »Die Massage von einer Freundin hat mir total gut getan.«

▪ »Ich möchte, daß man dann meine Bedürfnisse akzeptiert. Ich will z. B. in der Bewegungstherapie nicht zu Aktivität gezwungen werden. Es war gut für mich, mit dem Ball den Rücken massiert zu bekommen, aber die Therapeutin wollte immer, daß ich den Ball werfe.«

▪ »Für mich war es total wichtig, daß mein Therapeut mich auf den Boden der Realität zurückgeholt hat, als ich am Abdriften war. Ich habe dann mit ihm ganz konkret meinen Alltag geplant.«

▪ »Reagiert *natürlich*! Als ich Tassen an die Wand geworfen habe, hat meine Freundin einfach gesagt: ›Laß das, das stört mich.‹ Genau das habe ich in dem Moment gebraucht. Auch in der akuten Zeit ist dann ein Gespräch über meine Bedürfnisse möglich. Ich mußte weinen und konnte anschließend sagen, daß ich in den Arm genommen werden wollte.«

▪ »Ich finde es wichtig, daß meine Umgebung authentisch ist. Sagt ruhig: ›Du nimmst eventuell mehr wahr als ich, wenn du diese

Stimmen hörst.‹ – ›Du fühlst dich sicher sehr allein.‹ Aber sagt nicht: ›Ja, ich spüre die Strahlung auch.‹«

▪ »Das Abspritzen, die Handschellen und die Fixierung habe ich nicht unbedingt als unangenehm erlebt. Ich habe mich in der Psychose sehr machtvoll, als Held gefühlt. Dem Helden macht das alles nichts aus. Im hochpsychotischen Zustand nehme ich diese Gewaltmaßnahmen einfach als Stop-Schild zum Innehalten wahr. Es ist weniger schlimm als die soziale Stigmatisierung, wenn ich mich danach als *Würstchen* fühle.«

▪ »Laßt eure Phantasie spielen und überlegt, was die Symbole zu bedeuten haben. Die Stimmen sind ein Zeichen für dahinterliegende Probleme.«

▪ »Als ich völlig in Angst und Aufruhr war, hat es mir so gut getan, wie eine Krankenschwester meine Füße ganz festgehalten hat. Sie hat gesagt: ›Ich gebe dir von meiner Kraft.‹ Das war schön.«

▪ »In der Psychose hatte ich immer ein ungeheures Bedürfnis nach Berührung. Ich hatte das Gefühl, ich verhungere. Professionelle hätten mir helfen können, wenn sie mich auch mal berührt hätten. Aber sie haben nie gefragt, was mir helfen würde, und ich habe es ihnen nicht gesagt.«

Der Wahnsinn macht Sinn

Was von außen betrachtet häufig befremdlich wirkt, macht für psychoseerfahrene Menschen in ihrer Erfahrungswelt durchaus einen Sinn. Eine Betroffene meint dazu, sie steige keinesfalls aus der Kommunikation aus, sondern kommuniziere lediglich auf einer anderen Ebene – auf einer symbolischen. Wenn sie beispielsweise in der Psychose eine Puppe verbrennt, will sie damit auf ihre Weise etwas Bestimmtes ausdrücken, was eventuell schon während der akuten Phase durch Nachfragen verständlich werden kann.

Das symbolische Erleben und Kommunizieren in der Psychose könnte für die Umgebung größtenteils verständlich sein, wenn sie bereit wäre, sich in diese Welt einzufühlen. Ein sehr eindrucksvolles Beispiel hierfür liefert der australische Kinofilm *Angel Baby* von Michael Rymer (1995). Kate und Harry, die Hauptpersonen dieses

Films, sind beide psychoseerfahren und lernen sich in einer psychiatrischen Einrichtung kennen. Sie verlieben sich ineinander. Es entwickelt sich ein sehr enger Kontakt und ein intensiver Austausch, der auch die gegenseitigen Wahnwelten einbezieht. Kate ist durch einen Zwischenfall an der Kasse eines Supermarktes sehr aufgeregt und wird in diesem Gemütszustand von einem Inline-Skater angefahren. Sie wird verletzt, aus ihrer Wunde tropft Blut auf den Boden. Der Inline-Skater wischt das Blut mit einem Taschentuch auf. Als sie dies bemerkt, gerät sie in völlige Panik und schreit: »Sie haben mein Blut, sie haben mein Blut! Wenn sie mein Blut haben, haben sie mich!« Ihr Freund Harry verfolgt den Sportler und entreißt ihm das Taschentuch. Er will Kate ihr gestohlenes Blut zurückbringen, diese irrt jedoch von Todesangst getrieben umher. Harry gelingt es schließlich, sie zu finden und durch körperliche Nähe und Umarmungen zu beruhigen. Ihre Angst legt sich erst vollständig, als beide gemeinsam das blutige Taschentuch in der Badewanne verbrennen, damit keine böse Macht mehr Zugriff auf das Blut nehmen kann.

Harry läßt sich vollkommen auf Kates psychotische Welt ein. Es gelingt ihm, seine Freundin zu beruhigen, indem er die körperliche Ebene und die Symbolsprache nutzt. Hier wird sehr einfühlsam dargestellt, wie Verständigung und Unterstützung in der Psychose möglich sind, wenn Vertrauenspersonen über Psychoseinhalte informiert und bereit sind, auf anderen Ebenen als der verbal-kognitiven auf die Betroffenen einzugehen.

Eine andere Psychoseerfahrene verursacht regelmäßig große Aufregung, wenn sie in der Psychose nackt durch die Fußgängerzone marschiert und Flugblätter verteilt. Aus ihrer Sicht ist dies das Natürlichste der Welt; sie fühlt sich nämlich berufen, für die Partei der Liebe zu werben. Und zu einer Gesellschaft, die von Liebe und Toleranz geprägt ist, gehört natürlich die Freiheit, nackt in der Stadt herumzulaufen. Innerhalb ihrer Vorstellungswelt ist ihr Verhalten schlüssig, logisch und sinnhaft. Sie wird jedoch jedesmal wieder mit Handschellen abgeführt, weil sie sich weigert, unsere gesellschaftlichen Spielregeln zu akzeptieren.

Ein weiterer Betroffener kommunizierte in seinem psychotischen

Erleben nur noch »telepathisch« mit seinen Eltern. Da das für sie nicht wahrnehmbar war, bemerkten sie nur, wie er immer stiller wurde und schließlich ganz verstummte. Was die Eltern als Rückzug erlebten, stellte für ihren Sohn nur eine andere Form der Kommunikation dar. Ein strahlendes Blau in den Augen der Mutter war für ihn der Beweis, daß sie die Gottesmutter war. Durch eine Geste konnte sie für ihn den Himmel erhellen und die Sonne am Himmel erstrahlen lassen. Wozu sollte er diese Dinge aussprechen, da Maria und Josef, seine Eltern, doch telepathisch mit ihm in Kontakt standen? Nachträgliche Gespräche über seine Erlebnisse erleichterten es schließlich den Eltern, den vermeintlichen Rückzug besser zu verstehen.

Anregungen (auch zur Klärung der Fragen 24 und 25 des Vorsorgebogens)

Der Anspruch des Vorsorgebogens ist von ganz pragmatischer und bescheidener Art. Er soll helfen, Äußerungen und Handlungen während der akuten Phase im nachhinein auch für diejenigen verstehbar zu machen, die zu der psychotischen Welt zunächst keinen Zugang haben. Durch ein vermehrtes Verständnis wird es für Vertrauenspersonen, Angehörige und professionelle Helfer leichter, in der Krise angemessen auf den Betroffenen einzugehen und der psychotischen Vereinsamung entgegenzuwirken.

Die psychodynamische Aufarbeitung und Interpretation der Psychoseinhalte und deren Bezug zur Lebensgeschichte sind mit den Fragen des Vorsorgebogens nicht angesprochen. Für viele Betroffene ist es wichtig, sich intensiv mit Sinn und Botschaften der Psychoseinhalte zu beschäftigen. Warum habe ich gerade diese Erlebnisse und Gefühle in der Psychose? Welche verschlüsselten Bedeutungen haben die Symbolwelten für meinen Lebenszusammenhang? Welche Wünsche lebe ich in der Psychose, die ich im Alltag nicht lebe? Dies alles sind Formen der persönlichen Auseinandersetzung mit der Psychose, die durch den Vorsorgebogen ins Rollen gebracht werden können, aber zunächst nicht im Vordergrund stehen.

▪ Wer die Inhalte der eigenen Psychose psychodynamisch aufarbeiten will, kann dies gemeinsam mit einer Therapeutin oder einem Therapeuten tun, die Erfahrung in diesem Bereich haben.

▪ Die pragmatische Art der Vorsorge bei Psychoseinhalten betrifft alle Personen, die in irgendeiner Form mit der Psychose konfrontiert wurden. Wer hat die Psychose miterlebt und sollte aufgeklärt werden über Sinn und Zweck der psychotischen Handlungen und Äußerungen, um Mißverständnisse auszuräumen oder Kränkungen zu erklären?

▪ Welche Gedanken, Ideen, Gefühle und Handlungen traten während der akuten Phase auf? Welche Erfahrungen könnten für Vertrauenspersonen von Bedeutung sein?

Manche Betroffenen erzählen ihre psychotischen Erlebnisse wie witzige Begebenheiten. Diese Darstellung, die die eigenen Erlebnisse ins Lächerliche zieht, zeigt, wie schwierig ein offenes Gespräch über die eigenen Erfahrungen ist. Je ernster die Betroffenen jedoch ihre eigenen Erfahrungen nehmen, um so gewinnbringender kann der Austausch mit den Vertrauenspersonen sein. Weiterführende Fragen an die Vertrauensperson könnten lauten: Was war damals an meinen Handlungen unverständlich oder merkwürdig für dich? Welche Fragen hast du?

Es ist keine leichte Aufgabe, die subjektive Welt mit den jeweiligen Gedanken, Gefühlen und Bedürfnissen anschaulich darzustellen. Dazu ist viel Zeit, Geduld und gegenseitiges Nachfragen erforderlich.

▪ Welches Verhalten welcher Personen wäre nach der gegenwärtigen Einschätzung hilfreich? Welches Verhalten war bei vorhergehenden Krisen unterstützend, welches hat sich eher negativ ausgewirkt? Wünsche und Erwartungen sollten möglichst konkret formuliert werden, z. B.: Wenn du spürst, daß ich Angst habe, halte mich ganz fest, bis ich sage, es ist genug.

Die Zeit danach

Die Krise nach der Krise

Nach Abklingen der akuten Phase einer Psychose aus dem schizophrenen Formenkreis ist »der Spuk« meist noch nicht vorüber, sondern es folgt häufig ein länger anhaltender und depressiv gefärbter Erschöpfungszustand, der auch »postschizophrene Depression« genannt wird. Studien zeigen, daß weit mehr als die Hälfte der schizophrenen Menschen depressive Phasen kennt, seien diese nun während der eigentlichen Krise, davor (»Prodromalphase«) oder danach (»postpsychotische Phase«).

Betroffene mit einer sogenannten affektiven Psychose, die extreme Stimmungsschwankungen kennen, erleben die akuten manischen oder hypomanischen (leicht manischen) Gefühlszustände in der Regel als angenehm. Als das eigentlich Quälende, als die eigentliche Erkrankung werden die depressiven Episoden erlebt, die meist auf die Manie folgen. Verläufe mit ausschließlich manischen Phasen sind ausgesprochen selten. Etwa ein Drittel der Betroffenen erlebt manische und depressive Phasen; die Mehrheit von etwa zwei Dritteln kennt ausschließlich depressive Zeiten. Das bedeutet, auch die meisten Menschen mit affektiven Psychosen müssen sich mit Depressionen herumschlagen.

Viele fühlen sich in dieser Zeit mutlos, ausgelaugt, niedergeschlagen und wenig leistungsfähig. Dieser quälende Zustand kann mehrere Wochen, Monate oder sogar ein Jahr andauern. Eine Betroffene beschreibt ihre schizophrene Psychose als heftiges Erdbeben, das innerhalb kurzer Zeit viel zerstört, wobei der Wiederaufbau sehr, sehr lange dauert. Führt man sich vor Augen, wie extrem kräftezehrend eine akute Psychose für Körper, Seele und Geist ist, wird verständlich, daß die Energiereserven hinterher aufgebraucht sind und eine »Regenerationsphase« folgen muß.

Es lassen sich keine eindeutigen Aussagen darüber machen, ob das depressive Befinden nach einer akuten manischen oder schizophrenen Phase durch unerwünschte Wirkungen der Medikamente, durch die Eigendynamik der Erkrankung oder durch ein Zusammenwirken beider Faktoren bedingt ist. So können Neuroleptika stark dämpfen, den Antrieb vermindern und Depressionen verursachen. Andererseits zeigen Verlaufsbeobachtungen, daß auch schizophren erkrankte Menschen, die nicht medikamentös behandelt wurden, nach ihrer akuten Krise häufig ebenfalls depressive Phasen durchmachten.

Möglicherweise ist der lähmende Gemütszustand auch mitbedingt durch die Konfrontation mit der Erkrankung und der Wirklichkeit nach dem psychotischen »Höhenflug«. Für viele war die Situation vor der Krise so belastend, daß sie darauf nur psychotisch reagieren konnten. Danach hat sich die Situation keineswegs immer entspannt, sondern unter Umständen noch weiter verschärft. Psychiatriekritiker betonen, daß die postpsychotische Depression auch eine Reaktion auf die Erlebnisse in der Psychiatrie sein könnte.

Wahrscheinlich greifen all diese Faktoren ineinander und haben im Einzelfall unterschiedlich großen Einfluß.

Erfahrungen mit der »Krise nach der Krise« können folgendermaßen klingen: »Vor allem nach den ersten Krankheitsphasen kam die absolute Resignation, absolutes Totgefühl, absolute Unlust. Ich wollte morgens nicht mehr aufstehen. Es war oft die Hölle, noch am Leben zu sein. Zu Selbstmordversuchen war ich zu feige, auch zu kaputt und müde.

Als die Wahnideen vorbei waren und ich die Wirklichkeit wieder wahrnehmen konnte, kam bei mir die Enttäuschung und die Entmutigung darüber, wieviel Arbeit mir noch blieb, um die Probleme zu bewältigen, die mich in die Psychose geworfen hatten. Nach der akuten Phase kam das Abschlaffen, der Rückfall in die Enttäuschung, die Rebellion gegen die Krankheit. Ich kenne den Zustand des Schocks nach der Psychose: du bist immer noch arbeitslos, es hat sich nichts geändert in deinem Leben. Es kam dann die Trauer darüber, daß ich zwar nicht mehr psychotisch, aber immer noch in der Psychiatrie war und immer noch Medikamente nehmen mußte, wieder nicht studieren konnte.«

Die durch Neuroleptika verursachte Depression läßt sich am leichtesten behandeln. Sie klingt in der Regel ab, wenn die Dosierung verändert bzw. das Medikament durch ein anderes ausgetauscht wird. Deshalb sollte bei einer depressiven Verstimmung, die während einer neuroleptischen Behandlung auftritt, immer vom Arzt abgeklärt werden, ob sie möglicherweise als unerwünschte Wirkung der Medikamente zu verstehen ist. Auch melancholische Zustände, die eher als »Nachwehen« der psychotischen Krise aufzufassen sind, können natürlich durch antidepressiv wirkende Medikamente behandelt werden. Besonders große Bedeutung kommt hier jedoch der Psychotherapie zu. Mit therapeutischer Begleitung können zugrundeliegende Probleme Schritt für Schritt bewältigt und das Leben neu geordnet werden. Neben psychotherapeutischer und medikamentöser Behandlung haben die Betroffenen außerdem selbst große Einflußmöglichkeiten auf den Gesundungsprozeß.

Kleine Schritte

Nach der Krise ist erst mal alles anders: vielleicht hat sich eine depressive Erschöpfung breit gemacht, die Probleme aus der Zeit vor der Psychose erscheinen nun noch größer, all das, was vorher leicht von der Hand ging, scheint nun kaum zu bewältigen. Ganz wichtig ist es jetzt, geduldig, liebevoll und verständnisvoll mit sich selbst umzugehen. Viele Psychoseerfahrene berichten, daß der meiste Druck, unter dem sie leiden, nicht von außen kommt, sondern daß sie selbst ihn produzieren. Es ist gar nicht leicht, die kleinen und kleinsten Schritte positiver Veränderung zu registrieren und damit erst einmal zufrieden zu sein. Zermürbend und wenig hilfreich jedenfalls sind dauernde Vergleiche mit anderen Menschen oder mit der eigenen Leistungsfähigkeit vor der Krise.

Ein Betroffener, der die depressive Trümmerstimmung sehr gut kennt, verrät im folgenden sein »Wiederaufbaurezept«: »Manchmal hat mir Viktor Frankl geholfen, mit seiner Idee, die Krise als Chance zu nutzen, aber in vielen Phasen kam mir das Leben wirklich sinnlos vor. Trotzdem wollte ich nicht aufgeben! Geholfen hat mir dann, die kleinen Dinge zu sehen, die noch da sind, und sich an diesen Dingen aufrichten. Und im Jetzt leben. Das ist kein Schlagwort, sondern meint: dem heutigen Tag etwas Sinn und Freude abgewinnen, mehr nicht. Gedanken an die Zukunft kommen ganz von allein. Es ist auch legitim, sich mal fallen zu lassen, sich zu gönnen, daß es einem dreckig geht, ohne Schuldgefühle. Wenn man es sich wieder zutraut, kann man vorsichtig Bilanz ziehen, die Wirklichkeit wahrnehmen: Was ist kaputt? Was ist nicht mehr zu retten? Was ist erhalten? Was gibt Sinn? Wichtig ist es, Fäden zu suchen, die nach vorne führen, und das zu suchen, was geblieben ist, was ein bißchen Freude macht.«

Wieviel Zeit man sich gönnen darf oder muß, um dem Alltag wieder gewachsen zu sein, dafür gibt es keine allgemeine Regel. Aber wenn die Stimmung auch noch so hoffnungslos und niedergedrückt sein sollte, die Erholung und Besserung der Gemütslage kommt, davon kann man getrost ausgehen.

Das Selbstwertgefühl ist unter Umständen stark angeknackst und will langsam wieder aufgebaut werden. Dabei helfen in jedem Fall Aktivitäten: Vielleicht gibt es Interessen oder Hobbys, die in letzter Zeit brachlagen und wieder aufgenommen werden könnten. Es kann hilfreich sein, darüber nachzudenken, was nach früheren Krisen gut getan hat. Eine Betroffene berichtet beispielsweise, daß sie während der Psychose ihr Körpergefühl verliere. In der Zeit danach sei ihr intensive Körperpflege, wie ausgiebiges Eincremen oder Haarkuren, sehr wichtig, um sich wieder spüren zu können. Eine andere Frau erinnert sich, daß ihr das Musizieren schon oft geholfen habe, ihr Gleichgewicht nach der Krise wiederzufinden. Zumeist decken sich die Tätigkeiten mit dem, was grundsätzlich wohltuend und gesunderhaltend wirkt (vgl. das Kapitel »Was kann ich tun, damit ich mich wohl fühle?«).

Es lohnt sich zu überlegen, was sich erfahrungsgemäß nach Krisen negativ auswirkte, um frühere Fehler nicht zu wiederholen. So berichtet eine Psychoseerfahrene, daß sie nach ihrer letzten Krise erst sehr spät wieder ihre Arbeit aufnahm, weil sie sich noch erholen wollte. Dies führte jedoch dazu, daß sie viel allein zu Hause war und wieder psychotische Ideen entwickelte.

Häufig werden während der akuten Krise Kontakte zu Freunden, Bekannten, Verwandten und professionellen Helfern abgebrochen. Sicher kann der eine oder andere Kontakt wieder aufgenommen werden. Regelmäßiger Austausch mit guten Freunden und Bekannten trägt wesentlich zur Gesundung bei und stellt wieder einen Alltag her.

Zusammenfassend ist es wichtig, in der Alltagsgestaltung einen individuellen Mittelweg zwischen überhöhten Leistungsansprüchen und Überforderungssituationen einerseits (z. B. gleich wieder hundertprozentig arbeiten zu wollen) und Unterforderung, Rückzug und Resignation auf der anderen Seite zu finden (z. B. gar nicht mehr zur Arbeit zu gehen). Im Gespräch mit professionellen Helfern oder Freunden läßt sich herausfinden, welche Anforderungen nötig sind und aufbauend wirken und welche Aufgaben gegenwärtig noch zu belastend sind.

Die meisten Betroffenen gewinnen nach einem längeren oder kürzeren Übergangszeitraum ihre ursprüngliche Leistungsfähigkeit zurück. Einige müssen sich jedoch an vorübergehende oder dauerhafte Beeinträchtigungen gewöhnen. So hören manche Psychoseerfahrene auch nach ihrer akuten Phase weiterhin Stimmen, sind weniger konzentriert oder schneller ermüdet. Sich mit derartigen Einbußen abzufinden ist nicht leicht, gelingt aber eher, wenn man sich Unterstützung sucht.

Unterstützung von außen

Nach der Krise sieht man oft wieder nach außen hin »ganz normal« aus, ist aber innerlich doch noch ziemlich angeschlagen. Bei einem Beinbruch trägt man über Wochen hinweg einen Gipsverband, an dem andere die Erkrankung und die damit einhergehende geringere Belastbarkeit erkennen können. Die meisten psychoseerfahrenen Menschen hingegen erscheinen nach ihrer Krise wieder gesund und voll belastbar. Gerade weil äußerlich alles so unauffällig ist, sehen sie sich oft ungeduldigen Forderungen ausgesetzt. »Jetzt streng dich mal an!« ist ein Ausspruch, den viele Betroffene nicht mehr hören können. Angehörige können den Druck nehmen, indem sie Leistungseinbußen als krankheitsbedingt erkennen und verständnisvoll nachfragen, wo gerade die Schwierigkeiten liegen. Vorwürfe machen sich die meisten Betroffenen schon selbst genug. Zutrauen und Glaube an die Fähigkeiten des Gegenübers, möglichst ohne negative Kritik und Bevormundung, machen ein Klima aus, das die Erholung nach der Krise fördert. Das bedeutet nicht, daß die Betroffenen nicht gefordert und motiviert werden sollten oder daß man ihnen alle Aufgaben abnehmen sollte. Nach der Devise: »Soviel Selbsthilfe wie möglich, soviel Fremdhilfe wie nötig« sollten Vertrauenspersonen erst dann Verantwortung übernehmen, wenn Betroffene diese nicht mehr tragen können.

Menschen aus der Umgebung des Betroffenen – dies können nahe Angehörige, Vertrauenspersonen, aber auch Arbeitskollegen und Nachbarn sein – sind nach der Krise oft verunsichert und wissen nicht, wie sie mit den Betroffenen umgehen sollen. Vorurteile und Unsicherheit mischen sich und führen manchmal zum Rückzug der Mitmenschen. Welchen Belastungen der Betroffene gewachsen ist, das muß er selbst herausfinden und anderen mitteilen, damit sie sich darauf einstellen können. Manchmal müssen auch Kompromisse zwischen den berechtigten Erwartungen der Angehörigen und denen der Psychoseerfahrenen gefunden werden.

Eine Betroffene antwortete auf die Frage, wie Freunde und Angehörige sich ihr gegenüber nach der Krise verhalten sollen: »Na, ganz normal natürlich, was denn sonst!« Sie erlebte es als sehr kränkend, daß ihre Eltern ihr nach der ersten Krise lange nicht zutrauten, im Anschluß an den Klinikaufenthalt wieder in ihre eigene Wohnung zurückzukehren.

Wie sag ich es den anderen?

»Als ich das letzte Mal aus der Psychiatrie zurückkam, hat mich meine Nachbarin nicht mehr gegrüßt.«

»Als ich das Wort ›Schizophrenie‹ ausgesprochen hatte, ist er einfach rausgegangen.«

Soll man sich angesichts solcher Reaktionen der Umgebung als schizophren, manisch-depressiv oder depressiv erkrankt zu erkennen geben? Viele Menschen reagieren auf diese Begriffe immer noch wie bei einer ansteckenden Krankheit und distanzieren sich, auf jeden Fall läuten bei ihnen die Alarmglocken. Daß Psychoseerfahrene ihre Krankheit überwinden können, daß sie kreativ und leistungsfähig sein können, das wissen die wenigsten. Wie also mit solchen Reaktionen umgehen? Wem davon erzählen?

Ganz gleich, weshalb jemand in der Psychiatrie war, allein die Tatsache, in der »Klapse«, im »Irrenhaus« gewesen zu sein, wirkt bereits als Stigma. Insbesondere in ländlichen Regionen, wo sich Klinikaufenthalte schwer verbergen lassen, werden ehemalige Patientinnen und Patienten mit Vorurteilen konfrontiert und spüren den Rückzug ihrer Umgebung. Wegen der bestehenden Vorbehalte ist es sicherlich ratsam, mit Informationen an Dritte vorsichtig zu sein, zumindest zu überdenken, welchen Mitmenschen man wieviel anvertrauen möchte. Andererseits können die Vorurteile nur aufgeweicht werden, wenn Psychoseerfahrene in der Öffentlichkeit und im privaten Umfeld selbstbewußt zu ihrer Erkrankung stehen und anderen Menschen vorleben, daß auch mit oder nach einer Psychoseerkrankung ein erfülltes und selbständiges Leben möglich ist, daß nicht zwangsläufig berufliches und familiäres Scheitern und Chronifizierung die Folge sind.

Wenn man sich einmal entschieden hat, über seine psychische Erkrankung und die damit verbundene Behandlung zu sprechen, muß man die richtigen Worte finden, um der Umgebung ein realistisches Bild von psychischen Erkrankungen zu vermitteln. Dazu ist es notwendig, sich in den Gesprächspartner hineinzuversetzen: Welche Informationen braucht er von mir? Welche Begriffe sollte ich vermeiden, weil sie ihm Angst machen? Welche Vorurteile hat er, die ich entkräften kann? Manchmal bedarf es nur einer ausführlichen Erklärung, um Voreingenommenheit abzubauen. So wissen die meisten Menschen nicht, wie es heute in psychiatrischen Krankenhäusern ausschaut. Wer solche Einrichtungen jedoch von innen kennt, kann von den inzwischen sehr vielfältigen Therapieangeboten in psychiatrischen Kliniken berichten, wo »Irre« längst nicht mehr angekettet und in kalte Wasserbecken getaucht werden.

Die eigenen Psychosen zu schildern stellt eine weitere Hürde dar. Problematisch für die Kommunikation mit Außenstehenden ist häufig das eigene Selbstbild. Wer von sich selbst glaubt, minderwertig zu sein, weil er eine oder mehrere psychotische Phasen durchlebt hat, kann sich nach außen auch nur als »psychisch behindert« darstellen. Hier sind zusätzliche Informationen über Krankheitsverläufe und Behandlungsmöglichkeiten sowie gegebenenfalls Unterstützung durch andere Betroffene oder Psychotherapie notwendig, um das Selbstwertgefühl wieder aufzubauen.

In Gruppen können Erfahrungen ausgetauscht werden, wie sich am besten über Psychosen und Behandlungsformen erzählen läßt. Es kann in Rollenspielen geübt werden, welche Worte »wenig abschreckend« auf Dritte wirken und welche Informationen zum Verständnis notwendig sind. So ist es ganz wesentlich, Laien mitzuteilen, daß eine Psychose phasisch verläuft, also keine anhaltende Unzurechnungsfähigkeit impliziert, und daß die Krise inzwischen vorüber ist. Wenn eine gute Beziehung zum Gesprächspartner besteht, können ohne weiteres auch die ehemaligen oder zum Teil noch vorhandenen Beschwerden wie beispielsweise Angst oder Schlafstörungen beschrieben werden. So wird übersteigerten Phantasien über Gewaltbereitschaft, Unberechenbarkeit, Gefährlichkeit, aber auch Irrationalität psychisch kranker Menschen vorgebeugt und entgegengewirkt.

Wie geht man mit dem Thema Psychoseerfahrung am Arbeitsplatz oder bei Vorstellungsgesprächen um? Wenn die Erkrankung sicher überstanden ist und keine Restbeschwerden verblieben sind, besteht bei Vorstellungsgesprächen kein Grund, von sich aus das Gespräch auf dieses Thema zu bringen. Man würde sich damit nur Nachteile einhandeln und die eigenen Chancen verschlechtern. Bringt der Arbeitgeber selbst das Gespräch auf Ausfallzeiten oder Krankheiten, ist es hilfreich, so allgemein wie möglich in das Thema einzusteigen. Etwa: »Ich war krank und mußte deswegen für drei Monate in die Klinik.« Formulierungen wie »psychische Krise aufgrund schwieriger Lebensumstände« sind empfehlenswert, weil sie hervorheben, daß die Erkrankung vorübergehend und auch situativ abhängig war. Außerdem kann jeder davon betroffen sein. Negativ konnotierte Begriffe wie »Psychiatrie« oder gar »Irrenhaus«, »Gespaltensein« oder »chronische Krankheit« sind besser zu vermeiden.

Bei deutlich verminderter Leistungsfähigkeit ist es empfehlenswert, mit offenen Karten zu spielen. Durch verkrampftes Vertuschen oder eine innere Einstellung wie »Hoffentlich sehen die anderen nichts« handelt man sich leicht Mißerfolge ein. Andererseits ist es ebensowenig empfehlenswert, mit der psychischen Erkrankung hausieren zu gehen und dem potentiellen Arbeitgeber zu vermitteln, daß er sich eine psychisch kranke Person in den Betrieb holt. Idealerweise hat man die Krankheitsgeschichte gut verarbeitet und akzeptiert. Auf dieser Grundlage können Fähigkeiten und Stärken überzeugend vermittelt werden, genauso auch die Bereiche, die Rücksichtnahme erfordern.

Kehren Betroffene nach längeren Krankheitsphasen an den alten Arbeitsplatz zurück, gilt das gleiche. Arbeitskollegen und Vorgesetzte können sich nur auf eine veränderte Belastbarkeit einstellen, wenn relativ offen darüber gesprochen wird. Arbeitgeber haben die Möglichkeit der Kündigung, wenn die Erkrankung verschwiegen wurde und gleichzeitig die Arbeitsschutzbestimmungen nicht mehr gewährleistet sind. Das ist beispielsweise der Fall, wenn ein Betroffener in den Bereichen Motorik, Konzentration und Reaktionsvermögen stark eingeschränkt ist und an einer schnellen Maschine arbeitet, somit Unfallgefahr besteht. Jeder Arbeitnehmer kann sich selbst fragen, ob er die geforderten Aufgaben selbständig, ohne größere Ausfallzeiten und ohne eigenes Gesundheitsrisiko erledigen kann. Für psychoseerfahrene Arbeitnehmer oder Arbeitsuchende entsteht so die Dilemmasituation, daß sie bei Stillschweigen ebenso wie bei Offenlegung der Erkrankung ihren Arbeitsplatz verlieren können bzw. gar nicht erst bekommen. Wer sich in einer solchen Situation befindet, sollte individuellen Rat bei Fachleuten einholen, etwa bei einem Sozialpsychiatrischen Dienst. Diese oder ähnliche Einrichtungen gibt es inzwischen in vielen Städten.

Bei starken, überdauernden Einbußen bezüglich der beruflichen Leistungsfähigkeit ist es unerläßlich, über die Schwierigkeiten offen zu sprechen. Nur so erhält man Zugang zur Reha-Abteilung des Arbeitsamtes, zu spezialisierten Arbeitsvermittlern und beschützten Arbeitsplätzen.

Begleitung der Vorsorgearbeit

Wer kann die Arbeit mit dem Vorsorgebogen begleiten?
Dieses Kapitel wendet sich an diejenigen, die psychoseerfahrene Menschen bei der Bearbeitung des Vorsorgebogens unterstützen. Eine solche Aufgabe ist nicht an bestimmte Berufsgruppen gebunden, sondern kann von Professionellen, Vertrauenspersonen und Psychoseerfahrenen gleichermaßen übernommen werden.

Psychoseerfahrene Menschen können sich gegenseitig zum Thema Rückfallprophylaxe beraten und wechselseitig als Modell dienen, wobei der Vorsorgebogen eine Strukturierungshilfe darstellt. Denkbar sind auch Gruppenangebote unter der Leitung von psychoseerfahrenen Menschen in ambulanten und stationären psychiatrischen Einrichtungen. Betroffene, die Kompetenzen in Gruppen- und Gesprächsführung mitbringen und gut über ihr Krankheitsbild informiert sind, könnten auf Honorarbasis arbeiten und ihre Erfahrungen einbringen. Besonders geeignet sind Personen mit sogenannter Doppelerfahrung, die also sowohl eine Qualifikation in einem helfenden Beruf als auch selbst schon eine Psychose durchlebt haben. Dies ist keine Zukunftsvision, sondern wird z. B. im Atriumhaus, einem Kriseninterventionszentrum in München, bereits in die Tat umgesetzt. Dort bieten seit Frühjahr 1996 drei Psychoseerfahrene eine Gruppe zum Thema »Was macht mich gesund/gesünder?« an. Unter ähnlichen Rahmenbedingungen wäre auch ein Gruppenangebot »Rückfallprophylaxe« mit dem Vorsorgebogen denkbar.

In den Einzel- und Gruppengesprächen geht es nicht in erster Linie um Wissensvermittlung (hierzu gibt es in vielen Einrichtungen inzwischen die sogenannten psychoedukativen Angebote). Vielmehr stehen Erfahrungsaustausch, Selbstbeobachtung und Selbstreflexion im Mittelpunkt. Hier sind die Psychoseerfahrenen, die von persönli-

chen Erlebnissen, geglückten oder weniger geglückten Bewältigungsstrategien und auch eigenen Bedürfnissen berichten, absolute
Fachleute. Sie kennen sich in ihrem »Fach« aus und haben
den »offiziellen Profis« gegenüber einen immensen praktischen
Erfahrungsvorsprung, der idealerweise noch um theoretisches Wissen über die Erkrankung ergänzt wird. Professionell Tätige sollten
sich nicht als Lehrende oder Dozenten verstehen, sondern vielmehr
als »Schatzsucher«, die dazu beitragen, den Wissens- und Erfah-
rungsschatz gemeinsam mit den Betroffenen aufzuspüren und ans
Tageslicht zu heben. Neben einer Grundausrüstung an fachlichem
Basiswissen und Erfahrungen in psychiatrischen Arbeitsfeldern
halten wir diese innere Einstellung zum Gelingen der Expedition
»Vorsorge« für mindestens ebenso wichtig.

Für wen ist die Bearbeitung des Vorsorgebogens hilfreich?

Es versteht sich von selbst, daß die Beschäftigung mit dem Vorsorgebogen wie mit Vorsorge generell erst nach Abklingen einer akuten
Phase sinnvoll ist. Es gibt Psychoseerfahrene, die sich schon nach
der ersten akuten Phase mit Vorsorge- und Einflußmöglichkeiten
beschäftigen möchten, um dem Gefühl des Ausgeliefertseins entgegenzuwirken. Andere ziehen es vor, den weiteren Verlauf der Psychose erst einmal abzuwarten, weil es sie zu diesem frühen Zeitpunkt überfordern würde, sich mit der Möglichkeit erneuter Krisen
auseinanderzusetzen. Zudem besteht eine nicht geringe Wahrscheinlichkeit dafür, daß sie nie wieder eine psychotische Krise erleben
werden.

Oberstes Prinzip für die Beschäftigung mit dem Vorsorgebogen,
ob im Einzelgespräch oder in der Gruppe, sollte Freiwilligkeit und
persönliches Interesse sein. Es wäre paradox, wenn ein Angebot zu
verstärkter Selbsthilfe und Vorsorge durch »fürsorgliche Belage-
rung« von seiten des Fachpersonals in Kliniken eingeleitet würde.
Sofern sich die Betroffenen zur Bearbeitung des Vorsorgebogens
entschieden haben, kann allerdings tägliche Motivationsarbeit von
außen im Sinne von Unterstützung beim Durchhalten und Anregen
zur Aktivität sehr hilfreich sein.

Neben einem Mindestmaß an Motivation und Interesse sowie ausreichender Stabilität im Anschluß an eine akute Phase setzt die Beschäftigung mit den eigenen Einflußmöglichkeiten zumindest ansatzweise Krankheitseinsicht und ein hinreichendes Maß an Introspektions- und Reflexionsfähigkeit voraus. Der Vorsorgebogen ist somit nur für eine Teilgruppe psychoseerfahrener Menschen sinnvoll. In stationären Gruppen haben wir dennoch die Erfahrung gemacht, daß auch mäßig interessierte und eher wenig instrospektionsfähige Betroffene Gewinn aus den Gruppen ziehen konnten. Einige Teilnehmer können von der Gruppe »mitgetragen« werden, auch wenn sie sich nur wenig oder gar nicht zu den besprochenen Themen äußern. Ein Ausschluß aus der Gruppe war nur bei absolutem Desinteresse oder Stören des Austausches notwendig.

Gerade für ersterkrankte Betroffene ist es sinnvoll, wenn sie im Vorfeld oder begleitend an einer psychoedukativen Gruppe teilnehmen. Der Vorsorgebogen versteht sich ausdrücklich als Ergänzung, nicht als Ersatz psychoedukativer Gruppenangebote, in denen grundlegendes Wissen über Psychosen vermittelt wird und häufig eine erste Auseinandersetzung mit der Erkrankung erfolgt. Im klinisch-stationären Rahmen lassen sich solche aufeinander aufbauenden oder parallel laufenden Angebote gut realisieren.

Konkretes Vorgehen

Die Fragen des Vorsorgebogens dienen der Orientierung und Strukturierung und müssen keinesfalls rigide nacheinander durchgegangen werden. Jederzeit ist es möglich, einzelne Fragen zu übergehen und andere zu vertiefen. Da Psychosen sehr vielgestaltig sind und keine Krise der anderen gleicht, können individuelle Schwerpunkte gesetzt werden.

Es hat sich bewährt, wenn die psychoseerfahrenen Menschen jeweils im Vorfeld der folgenden Einzel- oder Gruppensitzung alleine oder mit anderen Gruppenteilnehmern eine oder mehrere Fragen des Bogens schriftlich ausfüllen. In der jeweiligen Einzel- oder Gruppensitzung kann das Ergebnis dann im Gespräch geprüft, verglichen und schriftlich ergänzt werden. Das schriftliche Festhalten der Überlegungen ist insofern von Bedeutung, als schon während des Schreibprozesses die Gedanken besser wahrgenommen und strukturiert werden, ihre Bedeutsamkeit erhöht wird und der Vorsorgebogen später als Erinnerungsstütze, als persönliches »Nachschlagewerk zum Umgang mit Krisen« genutzt werden kann.

Der Verbesserung der Wahrnehmung von Frühwarnzeichen wird von unserer Seite aus große Bedeutung beigemessen. Das Erkennen von ganz frühen, frühen und späten Vorboten von akuten Krisen ist Voraussetzung für die Einleitung von Gegenmaßnahmen und zur Beeinflussung des Verlaufs. Von daher planen wir für die Bearbeitung der Frage 9, die das Wahrnehmen der Frühwarnzeichen zum Ziel hat, und der Frage 10, die spezifische Vorbeugemaßnahmen zu den einzelnen Veränderungen thematisiert, jeweils eine eigene Sitzung ein. Die meisten Betroffenen brauchen viel Zeit, um sich die Verhaltens-, Erlebens- und Wahrnehmungsveränderungen vor Ausbruch vergangener Krisen ins Gedächtnis zu rufen. Häufig fallen den Psychoseerfahrenen bei der Bearbeitung anderer Fragen im nachhinein noch Frühwarnzeichen ein. Dies verdeutlicht, daß das Thema erst ein wenig »reifen« muß und die Erinnerung nicht erzwungen werden kann.

Ähnlich bedeutsam für die Begleitung ist die Frage 24, die sich mit Gedanken, Gefühlen und Handlungen in der Psychose beschäftigt. Die Psychoseerfahrenen werden ermutigt, die Psychoseinhalte zunächst auf ihren subjektiven Sinngehalt zu prüfen, um sie anschließend eventuell Menschen ihrer Umgebung verständlich zu machen. Dies ermöglicht nachträglich einen Schritt heraus aus dem Kommunikationsbruch zwischen den Betroffenen und ihrer Umgebung. Im Gegensatz zu den Frühwarnzeichen werden die Inhalte der Psychose in der Regel gut erinnert. Bei letztgenanntem Thema besteht eher eine gewisse Scheu, über diese sehr intimen Erlebnisse zu sprechen. Es braucht also eine Anwärmzeit und eine vertrauensvolle Atmosphäre, um in das Thema einzusteigen. Im Einzelgespräch kann man für die beiden Fragen zwei Stunden veranschlagen, in der Gruppe bei bestehendem Interesse weitaus mehr.

Ein wichtiges Anliegen des Vorsorgebogens besteht in der Förderung des Gesprächs zwischen Psychoseerfahrenen, Angehörigen und Profis (»Trialog«). Nachdem die Betroffenen sich eigene Bedürfnisse und Erwartungen hinsichtlich erwarteter Unterstützung vor, während und in der Psychose bewußt gemacht und diese ausformuliert haben, ist ein Austausch mit Vertrauenspersonen und Professionellen wünschenswert. Dieser kann schon nach der Bearbeitung einzelner Fragen zwischen den Gesprächsterminen erfolgen oder nach Beendigung der »offiziellen« Arbeit mit dem Vorsorgebogen. Im Einzelsetting ist es möglich, wichtige Vertrauenspersonen direkt zu den Gesprächen mit der Anleiterin oder dem Anleiter einzuladen, um Unterstützungsmöglichkeiten gemeinsam zu erarbeiten.

Besonderheiten im Einzelgespräch

Das Einzelgespräch hat den großen Vorteil, daß ein Eingehen auf die individuellen Bedürfnisse der Betroffenen möglich ist. Es können je nach subjektiver Bedeutsamkeit einzelne Fragen des Vorsorgebogens vertieft oder andere nur oberflächlich bearbeitet werden, ohne auf die Interessenlage anderer Psychoseerfahrener Rücksicht nehmen zu müssen. Das Ziel des Vorsorgebogens, Wahrnehmungs- und Verhaltensänderungen anzuregen und so differenziert und konkret wie möglich schriftlich festzuhalten, kann hier optimal realisiert werden. Um ausreichend Zeit für die Beschäftigung mit der individuellen Lebenssituation und der Einzigartigkeit der Psychose der jeweiligen Person zu gewährleisten, können zehn und mehr Gesprächstermine veranschlagt werden.

Eine therapeutische Aufarbeitung des Bezugs der Psychoseinhalte zur eigenen Lebensgeschichte bietet sich, sofern erwünscht, in Einzelgesprächen an. Sagen die Psychoseinhalte etwas über versteckte Wünsche und Sehnsüchte, über ungelebte Persönlichkeitsanteile aus? Worauf können die Themen der Psychose hinweisen? Inwiefern gab oder gibt es Mangelerfahrungen in der eigenen Lebenssituation, in der eigenen Lebensgeschichte? Wie kann Abhilfe geschaffen werden? Neben der eingehenden Betrachtung der Inhalte der Psychose kann es auch aufschlußreich sein, nach etwaigen Gesetzmäßigkeiten zu suchen, die das zeitliche Auftreten der Krisen bestimmen. Möglicherweise treten psychotische Krisen regelmäßig bei familiären Konflikten auf, in Zeiten von Arbeitslosigkeit oder in Lebensphasen, in denen eine Erprobung der eigenen Fähigkeiten bevorsteht. Diese oder ähnliche Themen können sich aus der Bearbeitung der Fragen des Vorsorgebogens ergeben, sie sind aber keinesfalls zwingend und auch nicht für alle Psychoseerfahrenen von Relevanz und Interesse. Ausschlaggebend für diese eher aufdeckende Arbeit an der persönlichen Lebensgeschichte sollten die Wünsche der Betroffenen und die therapeutische Kompetenz und Erfahrung der Begleiterin oder des Begleiters sein.

Ein ausdrücklicher Vorteil des Einzelgesprächs gegenüber der Gruppensituation liegt in der Möglichkeit, Vertrauenspersonen direkt einzubeziehen. Im »Trialog« kann das Erleben in der Psychose verstehbarer gemacht werden, und es können konkrete Absprachen für den Krisenfall getroffen werden. Die Begleitperson erhält in diesem Fall die Aufgabe der vermittelnden Gesprächsleitung oder der therapeutischen Unterstützung bei vorliegenden Konflikten.

Besonderheiten in der Gruppe

Wir haben gute Erfahrungen mit zweimal wöchentlich stattfindenden Treffen von je einer Stunde Dauer gemacht. So ist intensives Arbeiten ohne überhöhte Anforderungen hinsichtlich Konzentration und Ausdauer der Gruppenteilnehmer möglich. In ambulanten Einrichtungen ist es realistischer, sich einmal pro Woche zu treffen. Um alle Fragen des Vorsorgebogens zu bearbeiten, sind mindestens zehn Gruppensitzungen notwendig. Empfehlenswert ist eine Gruppengröße von acht oder weniger Teilnehmerinnen und Teilnehmern. Optimal gestaltet sich eine von Beginn an geschlossene Gruppe. Dieser Rahmen begünstigt die Entwicklung einer vertrauensvollen Atmosphäre und kontinuierliches Arbeiten an den inhaltlich aneinander anschließenden Fragen.

Wir haben in unseren Gruppen die erste Sitzung ganz offen gestaltet. Die Frage, wie Krisen bisher erlebt wurden, bietet einen guten Einstieg ins Thema; ebenso eine Diskussion über bisher wahrge-

143

nommene und genutzte Einflußmöglichkeiten auf den Verlauf der Psychose. Eher provokant sind Fragen danach, ob überhaupt ein Interesse an Rückfallprophylaxe besteht oder ob die Teilnehmer überhaupt auf ihre Krisen verzichten wollen. Eine offene Diskussion über die vorgeschlagenen Themen ermöglicht ein erstes Kennenlernen und ein gemeinsames Herantasten an das Thema. In einer Gruppe in der Klinik führte beispielsweise die Frage, wie Krisen bisher erlebt wurden, zu einer spontanen »Meckerstunde« über Erfahrungen auf der geschlossenen Aufnahmestation. Die Betroffenen konnten sich aussprechen, solidarisieren und Verbesserungsvorschläge anbringen. So wurde ganz ungeplant der Fragenkomplex »Wie wünsche ich mir eine Behandlung im Krisenfall?« entsprechend der aktuellen Situation der Psychoseerfahrenen diskutiert.

Ab der zweiten Sitzung gehen wir strukturierter vor und bearbeiten die Fragen des Vorsorgebogens in vorgegebener Reihenfolge.

Die Gruppensituation hat den großen Vorteil, daß die Betroffenen von Anregungen, Vorschlägen, Rückmeldungen und Erfahrungen anderer Teilnehmer profitieren können. So wird es erleichtert, kreative Ideen für die Vorsorge zu entwickeln. Die einzelnen Teilnehmerinnen und Teilnehmer fühlen sich verstanden, mit ihren Schwierigkeiten nicht allein und lernen immer selbstbewußter, auch in einer großen Runde über die eigene Psychose zu sprechen.

Gottfried Wörishofer

Von der Wiege bis zur Bahre – nichts als Formulare?

Gedanken eines Psychoseerfahrenen zum »Vorsorgebogen«

Ohne Zweifel: Es kann wohl nicht schaden, wenn sich Betroffene zur Vorsorge Fragen stellen und sich die Mühe machen, diese auch noch schriftlich zu beantworten, wie es der Vorsorgebogen in diesem Band vorsieht. Das ist etwas anderes, als sich so nebenbei ein paar Gedanken zu machen. In Schriftform über mich nachzudenken, zwingt zu einer genaueren Analyse der Krankheitsbedingungen und führt daher zu einem besseren Verstehen der Vorgänge.

Jeder Mensch, der Tagebuch schreibt oder von Zeit zu Zeit ähnliche Reflexionen anstellt, weiß von der heilsamen, mindestens aber lindernden Wirkung des Schreibens. Nicht umsonst gibt es den Ausspruch: »Sich etwas von der Seele schreiben«. Neben den analytischen Möglichkeiten birgt Schreiben die Chance, belastende Ereignisse »loszuwerden«, ohne sie deshalb zu verdrängen. Der schriftlich fixierte Gedanke kann die zermürbende Wiederkehr ersparen.

Ein Patient, der für unabsehbare Zeit erkrankt ist oder unter dem Damoklesschwert ständig drohender Krankheitsphasen lebt, muß anfangen, sich für das zu interessieren, was ihn prägt, was ihn angeht oder kalt läßt, was ihn ängstigt oder euphorisch macht, kurz: Er sollte beginnen, sich *für sich* und seinen Bezug zur Welt zu interessieren. Wir empfinden ja unseren Lebensweg häufig als auf eine schreckliche Weise »gebrochen«. Der normale Lebensvollzug mit seinen durchschnittlichen 2.-Klasse-Abteilen, den guten bis leidlichen Aussichten und netten Kontakten ist für einen Psychoseerkrankten jäh entgleist. Sein Lebensweg muß sich notwendigerweise zu einer Forschungsreise wandeln, wenn das Leben nicht auf irgendeinem Abstellgleis enden soll. Lust an der Selbsterforschung zu

145

wecken und zu fördern, ist vielleicht die Hauptaufgabe aller Therapie in der Psychiatrie.

Daran muß sich meines Erachtens auch der Vorsorgebogen messen lassen. Als Fragebogen bzw. Fragenkatalog macht der Vorsorgebogen ganz bestimmte Vorschläge und Vorgaben, die von einem Betroffenen als Anregung empfunden werden können. Mithin eröffnet er eine Reihe von Fragen und Hinsichten auf die Ich- und Weltbezüge. Das ist so lange in Ordnung, als meine Lebenssituation, oder wenigstens große Teile von ihr, in den Fragen angesprochen und »abgefragt« werden. Jeder kennt vermutlich die Situation, wo man einen Fragebogen als »borniert«, eben beschränkt empfindet – immer dann, wenn die eigene konkrete Lebenssituation darin gar nicht vorgesehen ist. Ein Psychosegeschehen – und jene Prozesse, die es hervorrufen – dürfte zwar nur in Grenzen formalisierbar sein, ist – in diesen Grenzen – aber dennoch durch den Fragebogen erfaßbar. Mehr zu erwarten hieße, einen Vorsorgebogen zu überfordern.

Der Begriff »Vorsorgebogen« steht in einer Assoziationskette etwa mit Krebsvorsorge, Altersvorsorge oder »Vorbeugen ist besser als Heilen« usw. Jeder dieser Fälle von Vorsorge meint, daß ich für einen bestimmten Schadensfall jetzt, da er noch nicht eingetroffen ist, Maßnahmen ergreifen und Sicherungen vornehmen kann. Dann habe ich das vertretbare Gefühl, alles Menschenmögliche gegen das befürchtete Unheil unternommen zu haben und . . . kann mich entspannt zurücklehnen. – Aller Erfahrung nach kann man sich in der Psychosenvorsorge leider *nie* entspannt zurücklehnen. Wer – wenn auch nur unbewußt – glaubt, er könne einen Vorsorgebogen ausfüllen und habe allein damit schon »vorgesorgt«, der mißversteht ihn als Versicherungspolice. Die wird auch ausgefüllt, in einem Ordner abgeheftet und dann . . . vergessen. Bei einer Glasversicherung mag das angehen, in der Psychosenvorsorge wäre dieses Verhalten ein Irrtum mit katastrophalen Folgen. Es bleibt uns, denke ich, keine andere Wahl, als die Psychosenvorbeugung in Form einer *gelassenen Wachsamkeit* in unseren Alltag hereinzunehmen. Es macht keinen Sinn, »frühe« und »ganz frühe« Warnzeichen zu notieren, wenn ich sie im täglichen Leben übersehe.

Die große Chance des (ausgefüllten) Vorsorgebogens liegt meines Erachtens darin, daß er mir ein vielleicht durchschnittliches, aber gewissermaßen »objektives« und glaubwürdiges Bild meiner selbst zeigt, und zwar ein »stehendes« Bild, das quasi unbeeinflußbar von meinen Stimmungen und Befindlichkeiten bleibt. Gerade am Beginn dessen, was ich eine psychotische »Drift« nenne, ist aufgrund dieses »Normalbildes« eine Abweichung feststell- und eventuell korrigierbar. Freilich muß auch diese Methode »ohne Gewähr« bleiben, denn in der (anhebenden) Psychose ändert sich eben radikal *alles*, auch die Wahrnehmung des veräußerten Selbstbildes, welches evtl. seinen Maßstabscharakter verliert und deshalb ignoriert wird.

Teil III: Selbsthilfe und Vorsorge – Vorschläge, Erfahrungen, Hintergründe

Hier in der Anstalt hat unsere Sprache versagt,
dennoch brechen wir auf
zum Gestade der Sehnsucht.

Günter Neupel

Brigitte Weiß

Das persönliche Krisenkonzept

Als »persönliches Krisenkonzept« bezeichne ich die Möglichkeit, die jeder selbst hat, sich das soziale Umfeld so zu strukturieren, daß im Krisenfall Notwendigkeiten und Bedürfnisse abgesichert sind. Im Mittelpunkt stehen dabei die Fragen: Zu wem habe ich Vertrauen? Wie werden im Krisenfall meine Bedürfnisse und die Notwendigkeiten meines Alltags am sichersten in meinem Sinne erfüllt?

Zu diesen Überlegungen kam ich, als ich merkte, daß oft in Krisen irgend jemand irgend etwas über mich und meine Angelegenheiten verfügte – meist ohne dabei auf meine Wünsche Rücksicht zu nehmen. Vieles, was *mir* wichtig erschien, blieb unberücksichtigt. Anderes wurde ganz anders geregelt, als es mir lieb gewesen wäre. Man ging mit mir um wie mit einem Gegenstand, hielt Freunde von mir fern und versteckte mich.

Über viele Jahre hinweg arbeitete ich an diesem meinem Strukturierungsprozeß. Er ist bis heute nicht abgeschlossen. Eigentlich wird er nie abgeschlossen sein. Er bleibt eine dauernde Aufgabe für mich. Daher auch »Konzept«, also »schriftlicher Entwurf, vorläufige Fassung«. So wie das ganze Leben ein Fortschreiten ist, so schreiten auch die Bedürfnisse eines Menschen fort; somit kann eine Absicherung der Bedürfnisse auch nie als abgeschlossen gelten.

Nachdem ich mich eingehender mit meiner Krisenvorsorge beschäftigte und auch andere Psychiatrieerfahrene Interesse daran bekundeten, gab ich dem Ganzen einen Namen und brachte meine Überlegungen zu Papier: als Gedächtnisstütze, als Nachschlagemöglichkeit.

Dieses »persönliche Krisenkonzept« hat nichts mit dem Behandlungsvertrag (Behandlungsvereinbarung) oder dem psychiatrischen Testament zu tun. Es geht um Selbsthilfe in Reinform. »Die eigene

Sache in die Hand zu nehmen«, war meine Grundidee, als ich anfing
darüber nachzudenken, wie sich etwas ändern kann an der totalen
Hilflosigkeit, Entmündigung und Unsicherheit, in die mich Krisen
immer wieder brachten.

Alle nachfolgenden Punkte verstehen sich als Anstöße. Sie müssen
für jeden individuell abgeändert, ergänzt, gekürzt oder anderweitig
modifiziert werden. Auf keinen Fall bedeutet die hier angegebene
Reihenfolge eine Prioritätenliste.

Und ganz wichtig ist: *Wer anfängt, in diese Richtung zu denken,
sollte sich viel Zeit und Geduld gönnen.* Es handelt sich hierbei nicht
um einen Arbeitskatalog, den man möglichst rasch als erledigt abha-
ken muß.

Strukturierungsvorschläge

1. Ein Psychiatrieerfahrener könnte sich überlegen und aufschrei-
ben:

Wer lebt in meinem Umfeld, zu dem ich Vertrauen habe?

Was kann ich wem anvertrauen (Geld, Kinder, Tiere)?

Wer geht in Krisen wie mit mir um? Wie hätte ich es gerne?

Wer soll informiert werden, sollte ich in eine Klinik eingewiesen
werden? Wer nicht?

Welcher Arzt soll hinzugezogen werden, bevor über eine Klinikeinweisung entschieden wird?

Möchte ich zunächst eher zu (m)einem Arzt oder in eine bestimmte Klinik gebracht werden?

2. Wenn man sich über diese Punkte klar geworden ist, kann man
daran gehen, mit diesen Menschen ins Gespräch darüber zu kommen, inwieweit sie bereit sind, diese Rollen zu übernehmen.

Wer sich um Wohnung, Geld, Kinder, Tiere usw. kümmern soll,
muß in krisenfreien Zeiten entsprechend informiert, eingeführt und
eingeübt werden, damit auch wirklich meine Wünsche erfüllt werden.

3. Jeder von uns sollte sich ernsthaft mit der Möglichkeit befassen,
daß eine »Betreuung« ausgesprochen wird (siehe zu diesem Thema
auch den Beitrag von Karl-Ernst Brill in diesem Buch). Ein Verdrän-

gen dieser Möglichkeit hat im Ernstfall zur Folge, daß über jemanden verfügt wird. Besser ist es, im Vorfeld, in guten Tagen, beim Vormundschaftsgericht eine *Betreuungsverfügung* zu hinterlegen, in der steht, wer im Falle des Falles Betreuer werden soll.

Die entsprechenden Fragen lauten: Wer hätte mein Vertrauen

für eine Betreuung in Vermögensfragen?

für Personensorge?

für Aufenthaltsbestimmungsrecht?

für Zuführung zur Heilbehandlung?

Und:

Wen möchte ich auf keinen Fall als Betreuer?

Im Falle der Vermögensangelegenheiten besteht die Möglichkeit, eine Betreuung ganz zu vermeiden, indem ich jemanden bevollmächtige, ggf. meine finanziellen Angelegenheiten in meinem Sinne zu regeln, und dies beim Vormundschaftsgericht als Vorsorgemaßnahme bekannt gebe. Das Verfahren ist ganz einfach: Man füllt bei der Bank das Formular für Bevollmächtigungen aus. Bei Gericht gibt man eine Betreuungsverfügung ab, in der nach der Benennung der gewünschten betreuenden Person steht, daß eine Betreuung für Vermögensangelegenheiten unterbleiben kann, weil Vorsorge getroffen ist (unbedingt angeben, welche). Derzeit ist in der BRD allerdings *nur* in Bayern die Hinterlegung einer Betreuungsverfügung beim zuständigen Amtsgericht gesetzlich geregelt. Man hat sich den sinnigen Namen *Patientenschutzbrief* dafür ausgedacht.

Nach der neuen Gesetzeslage ist es zudem möglich, eine Vertrauensperson zu einer richterlichen Anhörung hinzuzuziehen, die vor dem Aussprechen einer Betreuung stattfindet. Wenn man erst dann über diese Person nachzudenken beginnt, wenn der Gerichtstermin schon angesetzt ist, die Krise schon zugeschlagen hat, ist es zu spät.

Hilfreich ist hier bei allen Unterpunkten, sich mit dem Betreuungsrecht näher zu befassen.

4. Psychiatrieerfahrene Frauen, die Kinder haben, sollten regeln, wer sich um die Kinder künmmern kann, und auch die Kinder auf diese Möglichkeit vorbereiten (das kann ggf. verhindern, daß die

Kinder in Heime kommen bzw. der Mutter dauerhaft weggenommen werden).

5. Auf jeden Fall sollten Alleinlebende einen Wohnungsschlüssel bei einer Vertrauensperson hinterlegen. Das ist nicht nur praktisch, wenn man sich mal ausgesperrt hat oder verreist ist, sondern ganz besonders hilfreich in Krisenfällen. So kann jemand in die Wohnung, um zu helfen. Während Klinikaufenthalten ist sichergestellt, daß die Blumen gegossen, die Tiere versorgt, das Fenster geschlossen ist, daß der Briefkasten geleert wird usw.

6. Ein weiterer Überlegungsansatz ist:

Welche Erfahrungen aus früheren Krisen müssen berücksichtigt werden, wenn die nächste Krise ambulant behandelt werden soll?

Welcher Arzt hilft mir?

Welche Freunde halten Kontakt?

Wo liegen die Grenzen, die andere in diesem Rahmen nicht überschreiten können, wollen, sollen?

7. Hilfreich ist es, eine Liste anzufertigen mit Namen, Adressen, Telefonnummern all der Menschen, die in dieses Konzept eingebunden sind. Dazu gehören Ärzte, Sozialpsychiatrischer Dienst, Kontaktläden, sonstige Professionelle des Vertrauens usw. Diese Liste sollten alle Beteiligten haben, damit sie sich im Ernstfall in Verbindung setzen können.

8. Diejenigen, die an ihrem Arbeitsplatz nicht verheimlichen müssen, daß sie Psychiatrieerfahrene sind, sollten sich überlegen, ob sie solch eine Liste dem Vorgesetzten überlassen. Das nimmt in der Firma die Angst vor der Krankheit, weil Ansprechpartner bekannt sind. Mein Vorgesetzter äußerte beispielsweise Erleichterung, als er so eine Liste bekam, denn er hatte sich bereits Gedanken darüber gemacht, was zu tun sei, wenn ich am Arbeitsplatz in eine Krise käme. Ein andermal, als ich mehrere Tage unentschuldigt fehlte, wandte er sich an eine der aufgeführten Vertrauenspersonen. Diese konnte ihm mitteilen, daß ich, weit weg von München, in einer Klinik war. So galt ich als entschuldigt, was arbeitsrechtlich wichtig ist. Außerdem rief man mich regelmäßig an, was mir gut tat, da ich dort natürlich keinen Besuch bekam.

9. Die Anschrift einer Vertrauensperson sollte immer in der Brieftasche o. ä. sein, z. B. auf der Rückseite des Organspendeausweises oder in einem Krisenpaß, wie er in diesem Buch abgedruckt ist, vor allem, wenn es sich nicht um die engsten Familienangehörigen handelt, da diese in der Regel zuerst verständigt werden. Mir persönlich hat das schon zweimal geholfen, als ich weit weg von zu Hause in eine Klinik eingewiesen wurde. Das medizinische Personal hat sich an die genannte Person gewandt, nicht an meine Verwandtschaft. So wurde ein umgehender Rücktransport veranlaßt, ohne längeren Klinikaufenthalt.

Diese Punkte zeigen, was ich mit »Strukturierung des persönlichen Umfeldes« und damit, seine Sache selbst in die Hand zu nehmen, meine.

Das Wichtigste, so habe ich all die Jahre festgestellt, ist die Pflege des Kontakts zu den Menschen, die man in seinen Plan eingebaut hat. Es ist nicht nur unerläßlich, Absprachen zu treffen, Wünsche, Bedürfnisse, Krisenerfahrungen und Ängste zu vermitteln, sondern auch die alltägliche Freundschaftspflege muß Grundlage dieser Vertrauensbasis bleiben.

Immer wieder sollte man auch überdenken, ob nicht Änderungen, Ergänzungen, Umstrukturierungen nötig sind. Damit ist gemeint, was ich eingangs über den andauernden Prozeß geschrieben habe.

Erfahrungen mit dieser Art von Vorsorge

In München habe ich einmal gemeinsam mit einer Frau ein derartiges Konzept erarbeitet. Sie stand zu dem Zeitpunkt unter Betreuung. Ein großes Anliegen war ihr, diese Betreuung aufzuheben, wofür sie bereits einen Termin beim Richter hatte. Während des Termins fragte dieser sie, wie sie denn ihr Leben künftig gestalten wolle, woraufhin sie das Blatt herauszog und den Sinn der Aufstellung erläuterte. Den Richter hat diese Arbeit so beeindruckt, daß er die Betreuung mit sofortiger Wirkung aufhob.

Eine interessante Idee hatte eine manisch-depressive Frau: In manischen Phasen war sie oft verleitet, zuviel Geld auszugeben oder Gegenstände zu verschenken. Sie schützte sich schließlich dadurch,

155

daß sie sich keine Kreditkarten mehr aushändigen ließ, Schecks nur
noch gemeinsam mit einer Vertrauensperson unterschreiben (so etwas kann man mit jeder Bank vereinbaren) und auch größere Geldbeträge nur in Gemeinschaft mit dieser Person abheben konnte –
was sie heute noch so macht. Außerdem bat sie eine Freundin, sie
regelmäßig zu besuchen und darauf zu achten, ob Dinge in ihrer
Wohnung fehlen, die sie wieder verschenkt haben könnte.

Mir persönlich hat diese Strukturierung meiner Umgebung zum
einen sehr viel mehr Sicherheit gegeben. Mir ist die Angst vor der
Krise genommen. Ich weiß nun, daß in jedem Fall Menschen da sind,
die in meinem Sinne handeln werden. Ich weiß, daß in meiner Wohnung alles in Ordnung ist, daß meine Angelegenheiten in meinem
Sinne geregelt werden usw. Vor allem aber weiß ich auch, daß im Fall
einer neu auftretenden Krise Menschen um mich sind, die mit mir
auch menschlich umgehen. All das sind beruhigende Faktoren.

Der wichtigste Teil jedoch ist ein ganz anderer, der mit dem Konzept als solchem nur am Rande zu tun hat. Durch die Suche nach
Vertrauten und die dazugehörigen Gespräche haben sich Menschen
aus meinem Umfeld als echte Freunde entpuppt. Nicht nur als Vertraute in Sachen psychischer Erkrankung wurden sie für mich un-
entbehrlich, sondern auch als Freunde in allen Lebensbereichen.

Ein anderer wichtiger Punkt ist für mich Wirklichkeit geworden:
Verwandtschaft und frühere Nachbarschaft halten sich inzwischen
total aus dem gesamten Umfeld meiner Krankheit heraus. Mein
allererster Schritt hin zur Umgestaltung meines sozialen Umfeldes
war damals, daß ich zu Hause ausgezogen bin und mir in meinem
neuen Wohnumfeld neue Kontakte aufbaute. Das muß nicht für
jeden der richtige Anfang sein, für mich aber war das wichtig. Menschen, die mich früher in Krisenzeiten so behandelten, wie ich es
gerade nicht wollte, haben durch meine konsequente Eigeninitiative
gelernt, sich nicht mehr einzumischen, meine Entscheidungen zu
akzeptieren und mich mit ihren Vorstellungen über meine Erkrankung zu verschonen.

Ausblick

Seit ich mein Konzept schriftlich verbreite, mache ich immer wieder die gleiche Erfahrung mit denen, die es lesen. Die erste Reaktion ist: Ich habe keine Freunde, ich kenne niemanden, mir hilft keiner usw. Viele sind dann schnell bei der Hand, sich damit gar nicht mehr weiter zu beschäftigen. Ein anderer Punkt ist, daß mancher sich überfordert fühlt von der Fülle der verschiedenen Anregungen. Nur selten gelingt es mir, deutlich zu machen, daß auch ich nicht in wenigen Tagen das alles geschafft habe, daß das eine oder andere sogar noch gar nicht verwirklicht ist. Wenn ich erzähle, daß 8-10 Jahre Kleinarbeit und schrittweises Vorgehen hinter dem stehen, was ich heute »mein Krisenkonzept« nenne, dann ernte ich zwar oft Bewunderung, aber die Tendenz zur Resignation bleibt. Hier könnte professionelle Unterstützung zu mehr Eigeninitiative und Ausdauer bei Erfahrenen führen.

Mehr Selbstbestimmung auf dem Weg zu mehr Selbstbewußtsein und selbstverantwortetem Umgang mit psychischen Störungen können meiner Meinung nach ein wichtiger Schritt sein zu psychischer Stabilisierung. Aber auch zum Abbau von Vorurteilen gegen psychisch Kranke können die Psychiatrieerfahrenen selbst viel beitragen, wenn sie beweisen, daß sie verantwortungsvoll mit ihren eigenen Angelegenheiten umgehen. Dazu gehört auch die realistische Vorsorge für Krisenzeiten. Zumindest die engere Umgebung (Nachbarn, Freunde, Verwandte) sieht, daß wir durchaus in der Lage sind, für uns selbst zu sorgen; ihr Vorurteil, man müsse uns alles abnehmen und uns bevormunden, wird durch die Realität entkräftet.

Viele der angesprochenen Punkte der Vorsorge wären auch wichtig für Menschen ohne psychische Probleme. Wie schnell ist ein Mensch nach einem Unfall oder durch Altern nicht mehr in der Lage, seine Angelegenheiten selbst zu regeln!

Karl-Ernst Brill

Juristische Vorsorge

Zwei Beispiele

Petra Stein wird hochpsychotisch in die Psychiatrie eingeliefert. Da die Ärzte ihren Aufenthalt für dringend notwendig halten, sie selbst aber sofort wieder entlassen werden möchte, wird von der Klinik ein Betreuungsverfahren eingeleitet, um die aus ärztlicher Sicht notwendige Behandlung durchführen zu können. Da sie keinerlei Auskünfte geben kann, wen sie sich als Betreuer wünscht, wird ihre Mutter benannt. Trotz des gespannten Verhältnisses, das beide zueinander haben, ist die Mutter bereit, die Betreuung zu übernehmen. Sie hofft, dadurch wieder mehr Kontakt zur Tochter zu bekommen. Petra fühlt sich ihr gegenüber jedoch wieder als unmündiges Kind, das keine eigenen Entscheidungen treffen darf. Sie reagiert aggressiv und will keine ihrer Entscheidungen akzeptieren. Als die Betreuung in einer längeren Gesundheitsphase schließlich aufgehoben wird, entschließt sich Petra, eine Betreuungsverfügung zu hinterlegen. In ihr schlägt sie ihre Schwester Sabine als Betreuerin vor, zu der sie ein gutes Verhältnis hat.

Stefan Burg ist seit einigen Wochen in der Psychiatrie. Er wurde eingeliefert, nachdem er in manischem Zustand in einen Kaufrausch geraten war und innerhalb von drei Tagen 20 000 DM von seinem Konto abgehoben hatte. Das Klinikpersonal überlegt, ob eine Vermögensbetreuung eingerichtet werden sollte, um Stefan in Zukunft vor solchen Folgen seines manischen Verhaltens zu schützen. Es stellt sich jedoch heraus, daß Stefan sich bereits eigene Gedanken dazu gemacht hat. Er möchte seinen Vater bevollmächtigen, sein Sparguthaben zu verwalten. Außerdem will er mit der Bank eine Abmachung treffen, daß er größere Geldbeträge ausschließlich mit Gegenzeichnung seines Vaters abheben kann. So hat er sich selbst vor negativen Folgen seiner Manie geschützt und braucht keinen Betreuer.

Wer in eine schwere psychische Krise gerät, befindet sich in einer Situation, die Kontrolle über eigene Handlungen zu verlieren und damit letztlich nicht mehr die volle Verantwortung für sich übernehmen zu können. Damit trotz einer solchen Lebenslage eigene Wünsche und Vorstellungen berücksichtigt werden, gibt es unterschiedliche rechtliche Möglichkeiten der Vorsorge.

Ist man über einen längeren Zeitraum nicht in der Lage, die eigenen Angelegenheiten zu besorgen, kann ein gesetzlicher Betreuer bestellt werden, der dann in einzelnen oder mehreren vom Gericht bestimmten Aufgabenbereichen (z. B. Geldangelegenheiten, Inanspruchnahme von Hilfen, Zustimmung zu Behandlungsmaßnahmen) tätig wird. Damit nun in einer solchen, meist recht unerwartet eintretenden Lebenslage eigene Wünsche berücksichtigt werden können, sollte durch eine sogenannte Vorausverfügung Vorsorge getroffen werden. Die Bedeutung der Vorsorge wurde unter anderen mit der Reform des Vormundschafts- und Pflegschaftsrechts für Volljährige und dem Inkrafttreten des Betreuungsrechts zum 1. Januar 1992 hervorgehoben. Mit dieser Gesetzesreform wurden die Rechte der Betroffenen gestärkt und beispielsweise betont, daß ein Betreuer durch das Gericht nur dann bestellt werden darf, wenn die Aufgaben nicht durch einen Bevollmächtigten wahrgenommen werden können.

Das Verfahren zur Einrichtung einer Betreuung

Die Einrichtung einer Betreuung kann von der betroffenen Person selbst beim Vormundschaftsgericht des örtlichen Amtsgerichts beantragt werden. Sie kann dabei auf die Erstellung eines ärztlichen Gutachtens verzichten und selbst ein ärztliches Zeugnis (Attest) vorlegen, aus dem die Notwendigkeit einer Betreuung hervorgeht. Das Gericht hat dann zu prüfen, ob die Voraussetzungen für die Einrichtung einer Betreuung vorliegen.

Dieses Verfahren hat für die Betroffenen zwei Vorteile: Erstens können sie selbst den medizinischen Sachverständigen (z. B. Hausarzt) bestimmen, der das ärztliche Zeugnis erstellt; zweitens ist die Betreuung auf Antrag der betroffenen Person wieder aufzuheben – es sei denn, daß zwischenzeitlich eine Betreuung »von Amts wegen« erforderlich geworden ist.

Eine Betreuung kann auch von anderen Personen (Angehörige) und Institutionen (psychiatrische Einrichtungen) beim Vormundschaftsgericht angeregt werden. Daher sollten Betroffene frühzeitig Einfluß auf ihr Umfeld nehmen und auf eine Beteiligung an solchen Gesprächen bestehen, zumal es sich um einen Antrag handelt, der nicht wieder zurückgezogen werden kann!

Zur Prüfung, ob eine Betreuung notwendig ist, muß das Gericht
- sich einen persönlichen Eindruck von der betroffenen Person verschaffen (z. B. durch einen Hausbesuch),
- ein ärztliches Gutachten einholen sowie
- den Betroffenen persönlich anhören.

Außerdem soll das Gericht Angehörigen Gelegenheit zur Äußerung geben. Weiterhin ist die örtliche Betreuungsbehörde (bei der Stadt- oder Kreisverwaltung) verpflichtet, auf Wunsch der Betroffenen oder aufgrund der Anordnung des Gerichts bei der Klärung der Frage mitzuwirken, ob eine Betreuung notwendig ist. Hierzu wird von der Betreuungsbehörde ein Sozialbericht erstellt, in dem unter anderem
- die soziale und gesundheitliche Situation,
- die konkreten Probleme in der Bewältigung der persönlichen Angelegenheiten,
- die derzeitigen Hilfen sowie
- notwendige weitere Hilfen

darzustellen sind. Ebenso sind evtl. existierende Verfügungen (etwa Betreuungsverfügung, Vollmacht, Patiententestament, Behandlungsverfügung) zu berücksichtigen. Sofern der Betroffene selbst zur Vertretung seiner Interessen im Betreuungsverfahren keinen Rechtsanwalt oder einen anderen Verfahrensbevollmächtigten beauftragt hat, kann das Gericht hierzu einen Verfahrenspfleger einsetzen. Das Gericht ist sogar verpflichtet, einen Verfahrenspfleger einzusetzen, wenn von der persönlichen Anhörung abgesehen oder ein Betreuer für alle Aufgabenkreise bestellt werden soll. Hierbei ist zu beachten, daß Betroffene mit entsprechendem Einkommen oder Vermögen nicht nur einen selbst beauftragten Rechtsanwalt, sondern auch den vom Gericht bestellten Verfahrenspfleger zu bezahlen haben. Bei geringem Einkommen werden die Kosten vom Land übernommen.

Entsprechend den Vorgaben des Betreuungsrechts ist es notwendig, die Aufgabenkreise einer betreuenden Person entsprechend den Erfordernissen im jeweiligen Einzelfall möglichst präzise zu fassen. Dieser Anforderung müssen sowohl die gerichtlichen Entscheidungen über die Anordnung einer Betreuung genügen wie auch die Sachverständigengutachten, die vom Gericht zur Klärung der Notwendigkeit einer Betreuung angefordert werden. Es muß also jeweils *im Einzelfall* eine strenge Erforderlichkeitsprüfung erfolgen.

Aufgaben und Pflichten der betreuenden Person

Die Aufgaben und Pflichten einer betreuenden Person sind im Gesetz nur allgemein umrissen. Im Rahmen der ihr übertragenen Aufgabenkreise handelt sie weitgehend selbständig und in eigener Verantwortung, entsprechend den Vorgaben des Betreuungsrechts. Oberster Maßstab ist dabei das Gebot, die Betreuung zum Wohle des Betroffenen zu führen. Dabei hat sie den Wünschen des Betroffenen zu entsprechen, sofern diese nicht dessen Wohl zuwiderlaufen und der betreuenden Person zuzumuten sind. Auch dann, wenn sie gegen den Willen des Betreuten handeln muß, hat sie als Maßstab für ihr Handeln das Recht des Betreuten auf ein Leben in Würde, Freiheit und Selbstbestimmung zu achten.

Aus diesen Vorgaben ergibt sich, daß bei der Betreuung die individuellen Vorstellungen und Wünsche der Betroffenen zu respektieren sind. Hierzu gehören auch Entscheidungen oder Handlungsweisen, die dem Betreuer als »unvernünftig« erscheinen mögen. Ein Recht für Betreuende, gegen den Willen der Betroffenen zu handeln, ergibt sich erst, wenn höhere Güter (Leben und Gesundheit des Betroffenen) konkret gefährdet sind.

Bei weitreichenden Eingriffen in die Persönlichkeitsrechte des Betreuten kann der Betreuer allerdings nicht in eigener Verantwortung entscheiden, sondern muß dazu die Zustimmung des Gerichts einholen.

Daneben gehört es zu den Pflichten eines Betreuers, dem Gericht jede eingetretene Veränderung mitzuteilen, die eine Aufhebung oder Einschränkung der Betreuung ermöglicht bzw. die eine Einschränkung oder Erweiterung von Aufgabenkreisen oder die Anordnung eines Einwilligungsvorbehalts erfordert.

Bei Anornung einer Betreuung hat das Gericht auch den Zeitraum festzulegen, nach dessen Ablauf zu prüfen ist, ob die Voraussetzungen für eine Betreuung noch vorliegen. Soll nach Ablauf die Betreuung fortgeführt werden oder wird ein Antrag auf Erweiterung des Aufgabenkreises oder auf Anordnung eines Einwilligungsvorbehalts gestellt, gelten in der Regel die bereits beschriebenen Vorschriften für das Verfahren zur Bestellung eines Betreuers.

Demgegenüber gelten für die Aufhebung und Einschränkung von Betreuungsmaßnahmen Verfahrenserleichterungen: Das Gericht kann hier grundsätzlich von der erneuten Begutachtung des Betroffenen bzw. der Einreichung eines ärztlichen Zeugnisses und der Anhörung des Betroffenen absehen.

Achtung: Ein Betreuer hat immer Anspruch auf Erstattung seiner Auslagen (Fahrtkosten, Telefon, Porto). Wird ein Berufsbetreuer bestellt, hat er auch Anspruch auf Vergütung. Auslagenerstattung und Vergütung hat der Betroffene zu zahlen, wenn er über entsprechendes Einkommen oder Vermögen verfügt. Daher sollte, wenn möglich, eine Betreuungsverfügung erstellt werden, in der Personen benannt sind, die die Betreuung ehrenamtlich führen.

Vorausverfügungen
Die Vollmacht
Einer geeigneten Vertrauensperson eine Vollmacht zu erteilen gehört zu den wichtigsten Möglichkeiten, unter bestimmten Voraussetzungen die Bestellung eines Betreuers durch das Gericht zu vermeiden.

Bei der Erteilung einer Vollmacht sind diese Punkte zu beachten:
- Die Erteilung einer Vollmacht bedarf zwar grundsätzlich keiner

bestimmten Form, und auch eine mündlich erteilte Vollmacht ist wirksam. Da eine mündlich erteilte Vollmacht nicht ohne weiteres für Außenstehende (z. B. Banken, soziale Dienste) überprüfbar ist, verlangen diese in der Regel eine schriftliche Vollmacht, die nach Möglichkeit durch einen Dritten (z. B. einen Notar) beurkundet sein sollte. Wird eine umfassende Vollmacht erteilt, sollte diese in jedem Fall notariell beurkundet sein.

• Neben der Vertrauenswürdigkeit der bevollmächtigten Person ist zu beachten, daß sie auch für die ihr übertragenen Aufgaben geeignet sein sollte (z. B. wenn Fachkenntnisse erforderlich sind). Für den Fall, daß die bevollmächtigte Person nicht mehr erreichbar oder in der Lage ist, die Aufgaben zu übernehmen, sollten weitere Personen benannt werden.

• Zum Zeitpunkt, an dem die Vollmacht wirksam werden soll: Wird die Vollmacht z. B. für den Fall erteilt, daß in Folge einer psychischen Erkrankung bestimmte Aufgaben nicht selbst wahrgenommen werden können, sollte die bevollmächtigte Person hierüber informiert sein. Das Original der Vollmacht sollte aber bei einem Notar hinterlegt werden, der es unter zuvor vereinbarten Bedingungen an den Bevollmächtigten aushändigt.

• Bei der Erteilung der Vollmacht ist sorgfältig abzuwägen, für welche Aufgabenbereiche sie gelten soll (z. B. Geld-, Vermögensangelegenheiten, Organisation von Hilfen und Abschluß von Verträgen, Geltendmachung von Leistungsansprüchen, Wohnungsangelegenheiten, medizinische Untersuchung).

• Es ist umstritten, ob bei höchstpersönlichen Entscheidungen die Erteilung einer Vollmacht rechtlich zulässig ist. Dies betrifft insbesondere die Erteilung von Vollmachten bezüglich der Zustimmung zu oder Ablehnung von medizinischen Untersuchungs-, Behandlungs- sowie freiheitsentziehenden Maßnahmen. Es bietet sich deshalb an, Vorausverfügungen wie das Patiententestament oder die Behandlungsvereinbarung zusätzlich niederzulegen.

Im Rahmen eines Betreuungsverfahrens hat das Gericht zu prüfen, ob der Betroffene Vollmachten erteilt hat und ob diese die Bestellung eines Betreuers entbehrlich machen. Dabei kann das Gericht zu dem

Ergebnis gelangen, daß die Bestellung eines Betreuers trotz der Bevollmächtigung von Vertrauenspersonen notwendig ist. Je nach Situation des Einzelfalles sowie der Erreichbarkeit und Eignung der bevollmächtigten Person kann das Gericht beispielsweise einen Betreuer mit dem Aufgabenkreis der Kontrolle der bevollmächtigten Person oder auch mit weiteren Aufgabenkreisen (z. B. Zustimmung zur Heilbehandlung) bestellen.

Eine Vollmacht kann in etwa so formuliert sein:
Ich bevollmächtige hiermit Frau Annegret Müller und Herrn Ulrich Winkler je einzeln, mich in allen Rechtsgeschäften zu vertreten. Über meine Wohnung und das Auto hingegen können beide nur gemeinsam entscheiden.
Datum, Ort, Unterschrift

Eine solche Vollmacht tritt mit sofortiger Wirkung in Kraft. Jede Vollmacht kann aber auch zeitlich eingegrenzt werden. Weiterhin kann es wichtig sein, die Vollmacht durch eine Erklärung eines Zeugen zu ergänzen. Etwa:
Ich bestätige hiermit, daß . . . diese Verfügung im Vollbesitz ihrer/seiner geistigen Kräfte und aus freien Stücken in meinem Beisein unterzeichnet hat.
Name des Zeugen, Anschrift, Ort, Datum

Wichtig bei der Hinzuziehung eines Zeugen ist, daß dieser keine eigenen Interessen mit der Vollmacht verbindet. Es würde die Glaubwürdigkeit in Frage stellen.

Die Betreuungsverfügung

Im Betreuungsverfahren hat der Betroffene das Recht, eine Person vorzuschlagen, die als Betreuer bestellt werden kann. Diesem Vorschlag soll das Gericht entsprechen (sofern er nicht dem Wohl des Betroffenen zuwiderläuft). Weiterhin soll das Gericht Vorschläge des Betroffenen berücksichtigen, bestimmte Personen nicht als Betreuer zu bestellen. Diese Vorschläge sind vom Gericht auch zu berücksichtigen, wenn sie in einer im voraus getroffenen Betreuungsverfügung enthalten sind. Die Betreuungsverfügung beinhaltet damit eine wichtige Möglichkeit, auf Entscheidungen des Gerichts auch dann Einfluß zu nehmen, wenn man beim Betreuungsverfahren aufgrund einer Krankheit oder Behinderung nicht in der Lage ist, selbst Vorschläge zu machen.

Um sicherzustellen, daß eine Betreuungsverfügung auch beachtet wird, sollte sie schriftlich abgefaßt und persönlich unterschrieben sein. Außerdem ist dafür Sorge zu tragen, daß im Falle eines Betreuungsverfahrens das Gericht von der Existenz einer Betreuungsverfügung Kenntnis erhält. Eine Verfügung nützt gar nichts, wenn sie in irgendeiner Schublade schlummert. In Bayern gibt es die Möglichkeit, eine Betreuungsverfügung bei dem für den Wohnort zuständigen Amtsgericht zu hinterlegen. In den anderen Bundesländern bleibt dies der Initiative des einzelnen überlassen, indem beispielsweise ein Hinweiszettel auf die Betreuungsverfügung (oder auch weitere Verfügungen mit Angabe der Person oder des Ortes, wo sie hinterlegt sind) zusammen mit dem Personalausweis aufbewahrt und bei sich getragen wird.

Eine Betreuungsverfügung sollte in etwa so aussehen:

Betreuungsverfügung (mit Datum)

Name, Geburtstag, Adresse

Für den Fall, daß für mich ein Betreuer bestellt werden muß, habe ich folgende Wünsche:

Zur betreuenden Person soll . . . (Name, Geburtsdatum, Adresse) oder . . . (Name, Geburtsdatum, Adresse) bestellt werden. Auf gar keinen Fall soll . . . (Name, Geburtsdatum, Adresse) zur Betreuung bestellt werden.

In bezug auf mein Vermögen möchte ich, daß meine Familie hinreichend versorgt wird und daß die Kosten für das Auto auch weiterhin übernommen werden. Die Kinder sollen zusätzlich folgende Sonderzahlungen erhalten: . . . (Geschenke, Unternehmungen etc.).

In einer sehr schlechten gesundheitlichen Lage soll das von mir bei . . . (Name, Adresse) hinterlegte Patiententestament (oder die mit der XY-Klinik abgeschlossene Behandlungsvereinbarung) berücksichtigt werden. Für den Fall, daß ich längerfristig auf Hilfe angewiesen sein sollte, möchte ich, daß eine ambulante Hilfe organisiert wird, die mir ein Verbleiben in der Wohnung ermöglicht.

Ein Heimplatz soll nur dann gesucht werden, wenn ich dauerhaft und rund um die Uhr auf Hilfe angewiesen sein sollte und diese nicht durch ambulante Dienste gewährleistet werden kann.

Ort, Name, Unterschrift

Evtl. kann auch hier sicherheitshalber ein Zeuge eingesetzt werden (siehe Muster der Vollmacht).

Diese Hinweise können nur einen ersten Einblick in die juristische Vorsorge geben. Als weiterführende Literatur eignen sich der im Literaturverzeichnis genannte Titel *Zwang* von R. Winzen und das Buch *Betreuungsrecht – Ein Leitfaden*, das im Bundesanzeiger erschienen und von J. Thar und W. Raack herausgegeben ist. Für die eigene juristische Vorsorge ist es sehr hilfreich, sich mit erfahrenen Selbsthilfegruppen o. ä. auszutauschen. Wichtige Hinweise enthält die Broschüre *Die Rechte psychisch kranker Menschen*, die beim Dachverband psychosozialer Hilfsvereinigungen e. V., Bonn (siehe Adressenliste), erhältlich ist.

Ulrich Seibert

Psychose-Begleitung und ihre Schwierigkeiten

In unserer Familie wurde das Geheimnis der verrückten Großmutter vorwiegend verschwiegen. Ihren Aufenthalt in Hamburg-Ochsenzoll habe ich nicht miterlebt. Ihre erstaunlichen Ansichten hingegen über die Mieter in der Wohnung über ihr, die durch die Zimmerdecke versuchten, auf sie einen negativen Einfluß zu nehmen, sind mir noch in lebhafter Erinnerung. Sie war eine sehr originelle Frau, die mir noch andere ungewöhnliche Dinge nahebrachte, zum Beispiel den damals modernen Mystiker Swedenborg.

Das Psychologiestudium in den fünfziger Jahren machte mir später ein Praktikum in der Psychiatrie möglich. Es war die »Heil- und Pflegeanstalt« Günzburg – so der damalige, freundlich gemeinte Titel. Sehr beeindruckt hat mich dort die folgende Erfahrung: Ein junger Mann (von Beruf Arzt) war in einem Einzelzimmer im Bett fixiert. Nennenswerte Psychopharmaka gab es noch nicht. Man warnte mich, zu ihm hineinzugehen, er sei sehr aggressiv und nicht ansprechbar. Schon vor der Tür hörte man ihn sehr heftig reden, laute Verwünschungen schreien. Als ich in den Raum trat, schaute er mich verdutzt an und fragte: »Was wollen sie denn hier?« Ich sagte irgend etwas ganz Normales, vielleicht: »Mich mit ihnen unterhalten; fragen, wie es ihnen geht.« Daraufhin entstand eine kurze Pause, in der ich einen Stuhl an sein Bett rückte. Seine Bitte, wenigstens die Riemenbefestigung von seinen Händen zu lösen, mußte ich mit dem bedauernden Hinweis auf meinen Praktikantenstatus leider ablehnen. Trotzdem kam es zu einem etwa zwanzigminütigen Gespräch, in dem er viel über die Probleme mit seinem Vater erzählte. Er war in dieser Zeit weder aggressiv noch laut – nur heiser vom vorher vergeblichen Schreien.

Mein bereits vorhandenes Vorurteil, daß man mit psychotischen

Menschen reden kann, wenn man sie ernst nimmt, wurde bestätigt. Es wurde mir damals klar, daß die psychotischen Inhalte sehr wohl interessante Gesprächsthemen sein können. Inzwischen haben Jahrzehnte wissenschaftlicher Auseinandersetzung, gesellschaftlicher Entwicklungen und schließlich der Durchbruch mit autobiographischen Berichten psychoseerfahrener Menschen in den letzten Jahren die Entwicklung der Psychoseminare möglich gemacht. Sie sind institutionalisierte Orte des Gesprächs über Psychosen. Meine Möglichkeiten, am Rande meines Berufs (ich bin nicht hauptberuflich in der Psychiatrie tätig) und im Privatleben »ganz normal« mit Menschen in einer Psychose – oder danach und davor – umzugehen, zu reden, zusammen zu sein, nahmen damit sehr zu.

Und wie geht es mir heute damit? Es ist nicht so einfach. Ein Beispiel:

Renate ist zu Besuch, in einem leicht psychotischen Zustand, könnte ich sagen. Sie ist sehr unruhig, läuft herum, ißt und schläft wenig, versucht ihre Unruhe mit alternativen Methoden zu behandeln. Auf Fragen und Hinweise reagiert sie sehr empfindlich. Morgens um fünf Uhr höre ich die Haustür zuschlagen. Ich schaue aus dem Fenster, rufe ihr nach, wohin sie wolle. »Zum Bahnhof«, ist ihre Antwort. In unserem Ort fährt so früh kein Zug, und ich weiß auch, daß sie nicht genügend Geld für die Fahrkarte nach Hause hat. Außerdem: Man kennt uns hier im Dorf, und es ist mir peinlich, wenn sich herumspricht, was wir für einen komischen Besuch haben, der in aller Herrgottsfrüh am Bahnhof steht und dann nicht genügend Geld für die Fahrkarte hat. Leute dort werden sich wundern, Fragen stellen. Falls sie keine passenden Antworten hat und nicht sagt, daß sie unser Besuch ist, dann werden sie vielleicht die Polizei rufen. Und dann? Unterbringung? Soll ich im Lauf des Vormittags nach ihr fahnden, herumtelefonieren? All das geht mir in Sekunden durch den Kopf, während ich sie weggehen sehe. Ich will ihr eigentlich sagen, daß ich es ihr ersparen möchte, mit der Polizei zu tun zu haben, aber ich kann nur noch weniges hinterherrufen; das Stichwort *Polizei* kommt darin vor. Sie ruft nur kurz zurück: »Das kannst du dir sparen!«

Ich habe ein saudummes Gefühl. Habe ich ihr vielleicht mit dem Hinweis auf die Polizei gedroht? So etwas darf doch mir aufgeklärtem Menschen nicht passieren! Das würde sie mir vielleicht auf ewig übelnehmen. Und mit Recht. Nachdem sie gegangen ist, überlege ich aufgeregt: Was tun? Schließlich ziehe ich mich an, sage meiner Frau Bescheid, fahre mit dem Auto Richtung Bahnhof. Es geht alles gut. Sie ist bereit, mit mir zurückzufahren, allerdings nur unter dem Versprechen, daß ich sie nach dem Frühstück mit dem Auto nach Hause bringe.

Eine frühere Episode mit ihr verlief ähnlich: Handwerker richteten gerade unser Schuppendach. Renate stieg die Leiter hinauf und kletterte auf dem Dach herum, nahm in einer sportlichen Anwandlung Anlauf und sprang über den Zaun auf das Dach des nachbarlichen Schuppens, der etwas baufällig war. Ich reagierte entsetzt. Heftig forderte ich sie auf, herunter zu kommen, und war auch schon dabei, die Leiter zu holen. Ich kam mir vor, als wenn ich ein unartiges Kind zurechtweisen würde. Geht man so mit seinen erwachsenen Freunden um? Ob die Nachbarn das gesehen haben, weiß ich bis heute nicht. Sie haben jedenfalls nichts gesagt; ich auch nicht. Und mit Renate habe ich auch nie darüber gesprochen. Insgeheim hoffe ich, daß sie sich nicht daran erinnern kann.

Peinliches Schweigen

In unserem ersten Psychoseseminar habe ich nachgefragt, warum es so schwierig ist, sich nachträglich über die Psychose zu unterhalten. Die Antwort von Psychoseerfahrenen war: »Das ist mir natürlich hinterher peinlich, was ich gesagt oder getan habe.« Hier liegt für mich ein schwieriger Punkt. Einerseits ist das ja richtig, völlig verständlich – über Peinliches redet man nicht gern. Das setzt viel Vertrauen voraus, Vertrauen, wie es vielleicht in psychotherapeutischen Gesprächen besteht. Aber in Alltagsbeziehungen ist es auch sonst nicht üblich, über Peinliches zu reden; ich tue es ja auch nicht gern. Andererseits ist da dieses Bedürfnis, zu verstehen, was in der Psychose gewesen ist. Darf ich nachfragen? Darf ich sagen, daß mir das zum Verstehen wichtig wäre? Ich weiß es nicht. Nach etwas

Unangenehmem möchte ich nicht fragen. Und doch: Die Peinlichkeit würde sich wahrscheinlich auflösen, wenn wir darüber reden könnten, am Ende herzhaft darüber lachten. So wie bei Kindheitsstreichen: »Weißt du noch, wie ich da auf das Schuppendach rübergesprungen bin und wie blöd du geschaut hast? Du hast mir wohl nicht zugetraut, daß ich so sportlich bin?«

Ich mache mir Hoffnungen, daß wir immer besser über solche kleinen oder auch großen Ereignisse reden können. Es hat sich schon sehr viel entwickelt in den letzten Jahren. Wir sind auf dem Weg, das große Tabu von (sogenannter?) psychischer Krankheit zu überwinden. Es ist heute schon viel möglich an offenen Gesprächen. Meine Hoffnung begründet sich auch auf parallele Entwicklungen bei körperlichen Krankheiten und Behinderungen. Frühere Tabu-Themen, wie Einzelheiten der Geburt oder bei Prostata-Leiden, sind heute öffentliche Diskussionsthemen. Mein Ziel ist, daß ein bißchen Spinnerei nichts Anrüchiges mehr sein sollte, daß wir darüber reden können, ehrlich traurig sein können (wenn es etwas Schlimmes war) oder ehrlich lachen können. Das Verrückte sollte etwas sein, über das es interessant und gut ist zu reden.

Ich möchte noch auf einen anderen Aspekt des Beispiels kommen. Mir ist es unangenehm, wenn »die Nachbarn« befremdet sind. »Die Nachbarn« steht hier für andere Menschen, zu denen ich eine Beziehung habe, an deren Meinung mir etwas liegt. Ich merke, daß ich in bezug auf psychotisches Verhalten dann intoleranter werde, ungeduldiger, ängstlicher, wenn relativ Außenstehende das Ungewöhnliche wahrnehmen (könnten). Ich sitze zwischen den Stühlen meiner Wünsche nach Anerkennung und gutem Einvernehmen mit den Nachbarn einerseits und der Solidarität mit den Psychoseerfahrenen andererseits . . . In einer Gruppe von Vertrauenspersonen im Psychoseseminar habe ich kürzlich freundliches Gelächter geerntet, als ich zur Lösung dieses Zwiespalts sagte: »Na ja, die Leute im Dorf wissen ja, daß ich Psychologe bin, da werden sie's verstehen, wenn etwas besondere Leute zu Besuch bei uns sind.« Mit Abstand betrachtet, kann ich jetzt sagen: Wir Bezugspersonen haben hier die

Aufgabe, gesellschaftliche Toleranz und Wissen zu vermitteln. Dazu sind solche Ereignisse gerade gut geeignet.

Ein anderes Beispiel: Ilse ist in der psychiatrischen Klinik. Ich besuche sie regelmäßig. Es ist ein moderner Bau, von außen sieht man nichts von der traditionellen »Klapse«. Große Glasfronten, die Sonne scheint in die offene Eingangshalle. Der Flur zur Station wird schon enger, ist schon lange nicht mehr gestrichen worden, kein Wandschmuck, kahl. Vor der Station ist Schluß mit der Offenheit, trotz einer Glastür, durch die ich eine Menge Patienten auf engem Raum sehen kann. Die Glastür ist zugeschlossen. Ich muß klingeln. Ich werde nicht in die Station gelassen. Ilse wird gerufen, und wir können uns in den etwas schmuddeligen Vorraum setzen. Mir wird klar, daß die Glasfronten eine Psychiatriemethode bedeuten: alle Räume sind einsehbar. So hat wenig Personal stets den Überblick. Nur die Isolierräume haben undurchsichtige Türen. Dort liegen die Fixierten. Das wenige Pflegepersonal ist sachlich, kühl, nicht gesprächsbereit. Ein Gespräch mit einem der zuständigen Ärzte zu bekommen, ist selbst für mich als Psychologe schwierig, langwierig. Ich bin erschrocken über die Atmosphäre: die Unruhe, Enge und trotzdem wenig Kommunikation, die fehlende Privatsphäre. Wenn man an Kliniken etwas Positives sehen will, zum Beispiel die Möglichkeit, in Klausur zu gehen, abzuschalten, Ruhe zu finden, vom Alltagsstreß befreit zu werden – hier finde ich nichts davon. Ilse sollte möglichst schnell wieder raus. Ich bin ziemlich wütend über solche Zustände. Und jetzt fängt das Problem an: Ich muß diplomatisch sein, Ilse Hoffnungen machen, daß sie bald wieder raus kann, ihr aber auch vorsichtig ein kluges Taktieren nahelegen. Sie hat eine andere Vorstellung: Ich soll sagen, ich sei ihr Psychotherapeut und wolle mit ihr einen Spaziergang machen; dann gingen wir nicht mehr zurück, und ihre Eltern würden später ihre Sachen abholen.

Wieder sitze ich zwischen den Stühlen: Ilse hat noch eine richterliche Einweisung; ich möchte meine Reputation als Fachkollege nicht einbüßen – es könnte ja sein, daß ich auch sonst noch mit der Klinik zu tun haben werde. Also möchte ich ein Minimum an Kooperation mit dem Personal aufrecht erhalten, einen guten Eindruck machen,

Vertrauen erwecken, um dadurch als Berater akzeptiert zu werden. Ist das gegen Ilses Interesse an einem sofortigen Verlassen der Klinik gerichtet? Ich sehe es genau wie sie: je schneller, desto besser. Aber wie soll es sein – kämpferisch, die Konflikte direkt angehend? Oder diplomatisch, auch an spätere Kooperation denkend? Auch hier läßt sich das Sitzen (oder Schweben?) zwischen den Stühlen nicht vermeiden.

Eine gute Beziehung zur Klinik aufzubauen, ist eine wichtige Vorsorge für künftige eventuelle Klinikaufenthalte. Das ist problemlos, wenn nach unserer Meinung die Klinik halbwegs ordentlich arbeitet. Aber bei den noch immer bestehenden Mißständen in vielen psychiatrischen Kliniken, ihren hoffnungslos veralteten Vorstellungen, ihrer menschenfeindlichen »klienten-aversen« Konzeption – soll ich da kooperativ sein? Da fallen mir eher andere Sätze ein, zum Beispiel: »den Laden sollte man einfach schließen«. Da wir dazu die Macht nicht haben, müssen wir dann doch ein freundliches Gesicht machen und neben der Psychose auch die Hilflosigkeit, Unwissenheit und manchmal Arroganz von Klinikmitarbeitern tolerieren?

Was kann ich und will ich in der Psychose-Begleitung tun, wo sind meine Grenzen? In der erwähnten Gruppe von Vertrauenspersonen der Psychoseerfahrenen stellte ein Mann einmal die Frage: »Muß ich mit meiner Partnerin mitten in der Nacht zum Joggen oder zum Schwimmen gehen, wenn sie psychotisch ist und mich als Begleiter haben möchte?« Wir haben die Frage nicht eindeutig beantwortet. In den Wald gehen, lange Wanderungen machen, die gewohnten Orte verlassen, sich von den Menschen fernhalten, das sind Angebote für mich als Begleiter. Im Vorfeld sage ich Ja dazu und finde es besser, wenn jemand nicht allein losläuft. Wir können so etwas als Krisen-Vereinbarung prophylaktisch ausmachen. Aber wenn es soweit ist: Welche Zeitpläne, welche anderen Vereinbarungen gebe ich dann dafür auf? Wie lange laufe ich mit? Ich möchte dann vor allem nicht der einzige sein, der für diese Begleitung in Frage kommt. Es kann einfach schön sein, aber es kann auch in der Situation eine erhebliche Belastung werden.

Warum tue ich so etwas überhaupt, was sind meine Beweggründe? Ich sehe drei Motive:

1. Es ist ein selbstverständlicher Teil unserer Beziehung: Wenn jemand etwas Wichtiges von mir braucht, dann bekommt er es selbstverständlich. Das beruht auf Gegenseitigkeit.

2. Es ist eine Pflicht, einem Menschen beizustehen, wenn er in einer schwierigen Situation ist. Das hat mit Fürsorge zu tun. Bin ich dann allein der Gebende, sind das vielleicht Opfer, die ich bringe? Diese Gedanken sind mir unbehaglich. Fürsorge könnte die Erwartung von Dankbarkeit mit sich bringen. Will ich das? Eine mildere Form von Dankbarkeit wäre: Anerkennung meiner Bemühungen. Solche Fragen könnten sich auflösen, wenn wir uns alle als Solidargemeinschaft verstünden: Ich tue etwas für andere und kann in Ruhe erwarten, daß auch andere für mich einstehen, wenn es nötig wird.

3. Es bringt mir etwas, an der Psychose anderer teilzunehmen. Um es ganz egoistisch und psychologisch-überspitzt auszudrücken: Die Teilhabe an Psychosen anderer Menschen macht es für mich überflüssig, selbst psychotisch zu werden. Dahinter steckt auch der Gedanke, daß Psychosen etwas Wertvolles, für uns Menschen insgesamt Notwendiges sind – ohne damit sagen zu wollen, daß psychische Krankheiten immer eine positive Seite haben, sie können auch einfach ein schreckliches Leiden sein, das alle vermeiden möchten.

Vorsorgebogen, Krisenkonzept, Behandlungsvereinbarungen und ähnliches sind wichtige, neu entwickelte Möglichkeiten für Psychoseerfahrene, ihre Bedürfnisse, Wünsche und Erfahrungen schriftlich zu formulieren und den Vertrauenspersonen und anderen Begleitern mitzuteilen. Auf derselben Linie suche auch ich nach mehr Möglichkeiten, mich als persönliche Bezugsperson an solchen Konzepten zu beteiligen. In der psychiatrischen Tradition war (und ist) der Patient ein Objekt der professionellen Behandlung. Die Selbstorganisation der Psychiatrieerfahrenen und kritische Ansätze in der neueren Psychiatrie sind dabei, dem Menschen in der Psychose wieder ein Subjekt-Sein zu ermöglichen. Das heißt, die eigenen Entscheidungen abzusichern und zu unterstützen.

Psychose-Begleitung bedeutet, ein Stück Weg gemeinsam zu gehen. Soll »gemeinsam« heißen: Die »Begleiter« tun, was ihnen von den Psychiatrieerfahrenen aufgetragen wird? Das kann dazu führen, daß die Begleiter mit Abwehr reagieren, wo sie sich überfordert fühlen. Statt einer solchen in der Situation oder schon im Vorfeld entstehenden emotionalen Abwehr wünsche ich mir eine gemeinsame Planung. Als weiterer Schritt in der Vorsorge, über die genannten Konzepte hinaus, stelle ich mir Dialoge zwischen Psychiatrieerfahrenen und ihren persönlichen Bezugspersonen vor. Denn auch sie haben ihre besonderen Bedürfnisse, Erfahrungen, Ängste und Möglichkeiten, auch sie wollen und müssen ernstgenommen werden.

Zuletzt noch ein Hinweis für die Psychiatrie-Professionellen: Um psychotische Zeiten gut bewältigen zu können, sollten sich auch professionelle Sozialarbeiter, Pfleger, Psychologen, Ärzte und die anderen Berufsgruppen aktiv und persönlich an der Entwicklung von individuellen Krisenkonzepten beteiligen, wenn sie von Psychiatrieerfahrenen darum gebeten werden. Auch im ambulanten Bereich, außerhalb der Kliniken, sind solche Angebote noch selten. Es besteht eher die Tendenz – aus Unwissenheit, Bequemlichkeit oder dem Gefühl der Überforderung heraus –, Menschen bei Anzeichen einer psychotischen Krise möglichst schnell in Kliniken abzuschieben. Psychoseseminare können den Anfang für ein neues berufliches Selbstverständnis bilden. Ein Schritt in diese Richtung können die (allzu) langsam entstehenden Krisen-Ambulanzen sein.

**AG »Selbst-CheckerInnen« im
Bundesverband Psychiatrie-Erfahrener**

Selbst-Checken
– geht es wieder rund?

Was sind Selbst-Checker?

Wer selbst einmal oder sogar mehrmals Psychose-Erfahrungen gemacht hat, steht früher oder später vor den Fragen: Wie fing das eigentlich alles an? Wie war das damals beim ersten Mal? Psycho-Profis haben an dem Thema selten Interesse. Viele erklären eine Beschäftigung mit dieser Frage für überflüssig, manche halten es sogar für gefährlich. Und einige Betroffene glauben selbst, daß man sich an diese Lebensphasen am besten gar nicht erinnern lassen sollte. Tatsächlich kann solch ein Blick zurück auch sehr anstrengend und schmerzlich sein. Wer jedoch Schmerzen, Kränkungen, Demütigungen, Erniedrigungen diverser Art, Entbehrungen, soziale Diskriminierung oder soziale Isolation nicht einfach hinnehmen, vergessen oder verdrängen will oder kann, der fragt sich, wie das zukünftig verhindert werden könnte. Das Spektrum möglicher Aktivität ist groß. Es reicht vom Kampf gegen das herrschende Psychiatrie-System bis zur *Entwicklung individueller Souveränität* – und letztere scheint uns besonders wichtig. Das soll »Selbst-Checken« bedeuten.

Überall gibt es Psychoseerfahrene, die wissen, wie es bei ihnen losging, die wissen, was da war, und die wissen, worauf sie für sich zu achten haben, damit es nicht wieder »rundgeht«. Dennoch kennt im eigenen Bekanntenkreis und sogar am eigenen Wohnort kaum jemand eine Handvoll solcher Selbst-Checker. Wie kann man da, egal, wie und wo man lebt, selbst einer werden?

Der Bundesverband Psychiatrie-Erfahrener e. V. (BPE) organisiert bundesweite Selbsthilfe von Betroffenen, und so entstand unter einigen seiner Mitglieder im Herbst 1994 die Idee der »Selbst-

175

Checker-AG«. Schon nach einem Jahr gab es über 60 Psychose- und/oder Depressionserfahrene, die in der AG mitgearbeitet haben, die meisten aktiv. Viele wurden auch Mitglieder des BPE.

Material unserer Arbeit sind persönliche Erfahrungsberichte, Beobachtungen, Ideen und Meinungen, die zentral gesammelt und von einer kleinen Gruppe gesichtet, sortiert und als anonymisierte Erfahrungen in Rundbriefen sowie bei bundesweiten Treffen allen AG-Mitgliedern zur Diskussion gestellt werden.

Die Mitglieder der Selbst-Checker-AG sind Menschen beiderlei Geschlechts und ganz unterschiedlich nach Alter, Beruf, Erfahrungen und Erlebnissen, von Geburt an bis heute. Was uns gemeinsam ist: Wir sind Psychiatrie-Betroffene, wenn auch jeder anders. Wir haben psychotische Episoden oder Depressionen sehr unterschiedlich erlebt. Für viele war es Krankheit, für manche seelische Krise, für andere eine tiefgreifende Störung des bisherigen Lebens, für nicht wenige eine sehr schmerzhafte Chance und für einige alles andere, nur keine Krankheit.

Wie auch immer: Wir wollen solche Lebensphasen zukünftig vermeiden. Viele von uns kennen bei sich selbst auch stabile Lebensabschnitte, nicht nur vor der ersten Krise, auch danach und zwischen den Phasen. Das macht Mut. Die meisten von uns meinen aber, daß wir die Möglichkeit einer neuen Episode nicht prinzipiell ausschließen können. Darum wollen wir auf der Hut sein und für uns etwas tun. Vorbeugen ist besser als Jammern, Schimpfen und dann Leiden. Manche von uns wollen nicht auf Medikamente verzichten, um stabil zu bleiben, viele wollen es *noch nicht*. Aber auch Medikamente sind kein absoluter Schutz (von den Nebenwirkungen hier mal ganz abgesehen). Es ist nicht unser Ziel, möglichst oft oder ständig Medikamente zu nehmen. Vielmehr glauben wir an unsere Selbstgestaltungskräfte. Eine davon ist das bewußte Erkennen persönlicher Frühwarnzeichen als Veränderungen unser selbst, damit wir selbstbewußter und selbständig mit uns umgehen können und nicht hilflos – wem auch immer – ausgeliefert sind. In unserer Arbeitsgruppe wollen wir einander achten in unserer Verschiedenheit. Voraussetzung dafür ist Selbstachtung. Mancher ist besonders schutzbedürftig und unsicher. Mancher möchte die eigenen Erfahrungen überprüfen und anderen Mut und Hoffnung geben. Manche suchen den Sinn ihrer Erlebnisse und haben das Interesse, ihre Erfahrungen an andere weiterzugeben. Manche möchten mit ihrer Krankheit ernstgenommen werden und mündig sein, wobei eine realistische Selbsteinschätzung und Selbstverantwortung dazu gehören. Mancher war zu sehr von außen bestimmt und findet es am wichtigsten, sich selbst zu spüren. Die meisten von uns halten sich nicht für eine »Elite« unter den Psychiatrie-Erfahrenen, sondern für ganz normale Psychoseerfahrene, die für sich noch nicht sagen können: »Ich bin da durch, das passiert mir nicht noch einmal.«

Entstehungsumstände von psychischen Krisen

So verschieden wir sind, so sehr hat bei den meisten von uns meist irgendein Streß als auslösender Faktor eine Rolle gespielt. Außenstehende könnten deshalb auf die Idee kommen, daß uns x-beliebiger Streß in eine Psychose bringen kann, unspezifischer Streß, wie man so sagt. Wir sehen das anders, besonders diejenigen, die nicht erst *eine* Psychose-Phase erlebt haben. Was den einen von uns kalt läßt, bringt den anderen zum Wahnsinn. Je nach der individuellen Lebensgeschichte und den besonderen persönlichen Lebensthemen, Umständen, Möglichkeiten und Problemen gibt es auch besondere und manchmal auch wiederholt auftretende stressende Entstehungsbedingungen, die jeder für sich selbst herausfinden kann und sollte, etwa:

Urlaub, Verlust nahestehender Personen, Ärger mit Behörden, problematische Angehörige, Arbeitsplatzverlust, Überstunden, zuviel Nachrichten, berufliche Belastungen, familiärer Ärger, Demütigungen, Scheidungsdrohungen, unglückliche Liebe, Enttäuschung der Eltern, Steuererklärung, innere Entwicklungen, bestimmte Jahreszeiten, anregende Menschen, Bücher, Alleinsein, Freude über bestandene Prüfung, Mobbing, Wohnungsprobleme, ungeklärte Beziehungen, Umzug, Schwangerschaft, Kindbett, ausweglos erscheinende Situationen usw.

Wenn wir von Frühwarnzeichen sprechen, meinen wir weder solche Streßmöglichkeiten noch Frühsymptome, mit denen sich auch die klassische Psychiatrie schon lange beschäftigt hat. Frühwarnzeichen sind noch keine Psychose!

Als *persönliche Frühwarnzeichen* begreifen wir statt dessen alle von uns wahrnehmbaren *Veränderungen* unseres Erlebens, unseres Verhaltens, unseres körperlich-vegetativen Daseins, unseres Denkens, unserer Gefühle und Empfindungen sowie Veränderungen in unserem gesellschaftlichen Tun, *die uns selbst auffallen*, weil sie schon einmal einer Psychose/Depression vorausgegangen sind, und die deshalb unter Umständen auch auf zukünftige Krisen hinweisen könnten.

Es ist schwierig, diese Frühwarnzeichen zu erkennen, und jeder hat seine eigenen. Wer noch nie psychotisch war, wird sie kaum als solche erkennen. Man kann sie eigentlich nur im Blick zurück bei sich ausmachen, und man entdeckt sie leichter im gemeinsamen Gespräch mit anderen Psychoseerfahrenen. Ein einzelnes Frühwarnzeichen für sich genommen bedeutet nicht viel, so wie auch Fieber für sich genommen nicht erkennen läßt, was sich da zusammenbraut. Eine persönliche Liste von Frühwarnzeichen kann aber für jeden von uns ein wichtiges Hilfsmittel sein, den Ausbruch neuer Psychosen zu verhindern.

In den letzten Jahren wird auch von Professionellen zunehmend darauf hingewiesen, daß diese Art Vorsorge sinnvoll sei, z. B. im Rahmen psychoedukativer Gruppenarbeit und in Tagesklinikprogrammen. Welche Veränderungen wir bei uns feststellen können, darüber hört und liest man allerdings wenig. Das ist nicht erstaunlich, weil wir Psychose- und Depressionserfahrenen selbst uns dazu noch kaum zu Wort gemeldet haben, obwohl unsere Erfahrungen die reichhaltigsten sein dürften. Wir wissen inzwischen: Je mehr Veränderungen als mögliche Frühwarnzeichen in Betracht gezogen werden, desto leichter fällt es einem, eigene persönliche Frühwarnzeichen zu erkennen.

Frühwarnzeichen lassen sich in verschiedene Bereiche unterteilen.

Veränderungen im Verhalten:

Aktivität: Aufräumen, Geld ausgeben, Briefe/Zettel schreiben, mehr telefonieren, mehr reden, innere Getriebenheit, Überdrehtheit, Hyperaktivität

Rückzug: Verlangsamung, Verstummung, Antriebslosigkeit, im Zimmer bleiben, im Bett bleiben, Einhüllen in Musik, der Selbsthilfegruppe aus dem Weg gehen

Reaktionen: Nervosität, Gereiztheit, Intoleranz, Unsicherheit, liebevolles Verhalten, Widersprüchlichkeit, Widerspenstigkeit, Dominanz, autoritäres Verhalten, Verletzlichkeit, Dünnhäutigkeit

Ordnung: Unzuverlässigkeit, Unpünktlichkeit, Ziellosigkeit, Vernachlässigung von Wohnung und Körperpflege, Vergeßlichkeit

Entschlüsse: Lähmung, Hemmung

Interessen: Allgemeine Interesselosigkeit, Teilnahmslosigkeit, Lesen oder Fernsehen fällt schwer oder ist besonders häufig, Vernachlässigung von Hobbys; dagegen wird Religiöses, Beten, Schreiben wichtiger

Bedürfnisse: Rauchen, Trinken (Kaffee, Alkohol, Wasser), Appetitlosigkeit, Freßanfälle, Ruhebedürfnis

Medikamente: Absetzen, unregelmäßige Einnahme, Dosissteigerung, andere oder bewährte Krisenmedikamente

Körperlich-vegetative Veränderungen:

Schlafen: Verschieben des Wach- und Schlafrhythmus', Schlaflosigkeit, Durchschlafstörungen, Einschlafstörungen, Dauermüdigkeit/Erschöpfung

Essen/Trinken: Appetitlosigkeit, gesteigerter Hunger, kein Durst, Durst

Verdauung: Durchfall, Verstopfung

Körpersensationen: Angespanntheit, Leere im Kopf, Wärme/Kälte-Empfindungen, Vibrationen, Druckgefühle (Herz, Kopf, Hals), Schweißausbrüche, Schüttelfrost

Augen: Glänzend, flackernd, unruhig, trübe, verschleiert, Sehstörungen

Sinnesleistungen: Intensiviert/abgeschwächt bzgl. Farben, Geräusche, Gerüche, Geschmack, Temperatur

Bewegungsfähigkeit: Verlangsamt, unkoordiniert, beschleunigt/hektisch, angenehme Leichtigkeit

Aussehen: Bleich, fahl, aufgedunsen, starr, Augenringe

Menstruation: Ausbleiben, Verstärkung der Blutung

Sexualität/Erotik: Gesteigert, gehemmt

Veränderungen im Denken und Sprechen:

Kreativität: Ideenreichtum, Gedankenflug, Überflutung von Ideen, destruktive Ideen

Realitätsbezug: Fixe Ideen, Symbolträchtigkeit aller Wahrnehmungen, Anmutungen

Produktivität: Zerfahrenheit, Themenfixiertheit, Unkonzentriertheit, Vergeßlichkeit, Kreisen der Gedanken, kompliziertes Denken, Mißtrauen, Phantasie, Grübeln

Sprechen: Formulierungsschwierigkeiten, Sprechhemmung, besonders schnelles oder leichtes Sprechen, Änderung der Stimmlage

Veränderungen der Gefühle und Empfindungen:

Positive: Leistungsfähigkeit, Verliebtheit, Empfindsamkeit, Gefühlsintensität, Euphorie, Heiligkeit, Glück, Großartigkeit, gesteigerte Erlebnisfähigkeit, »bunte« Träume

Negative: Allgemeines Krankheitsgefühl, Seelenschmerz, Überforderung, Unruhe, Schuld, Angst, Ängstlichkeit, Trauer, Enttäuschung, Trennungsschmerz, Verlustangst, Freudlosigkeit, Aggressivität, Minderwertigkeit, Resignation, Apathie, Frustration, Verantwortung für alles, Gleichgültigkeit, Verwirrung, Ambivalenz, Niedergeschlagenheit, Starre, Leere, Verzweiflung, Selbstzweifel

Veränderungen im sozialen Leben:

Familie/Partner: Beziehungsängste, Verlustängste, Bedürfnis nach Nähe, Angst vor Nähe, Angst vor Anforderungen des Partners oder der Kinder, Isolation, Versagensängste, Angst, andere zu belasten

Beruf/Kollegen: Vermeiden von Zusammensein mit Kollegen, Unzufriedenheit mit Kollegen, Verärgerung über Kollegen, gesteigerte soziale Aktivität, Projektionen (ich bin gesund, die anderen sind krank), nicht mehr zur Arbeit gehen

Freunde/Bekannte: Rückzug, weniger Toleranz, Aggressivität, häufige Auseinandersetzungen, abweisende Haltung, Ausweichen

Professionelle: Profis aus dem Weg gehen, Austricksen der Profis, vermehrtes Aufsuchen der Profis

Wahrnehmungen anderer: Sie verstehen uns nicht mehr und sagen, wir hätten uns verändert, sind über uns beunruhigt, wir würden unser Aussehen, Reden, Verhalten verändern, unser Verhalten sei unsinnig, wir würden nicht mehr arbeiten wie sonst, uns vernachlässigen, gehenlassen

Verstehen statt Diagnostik

Diese Liste soll nichts weiter sein als eine Hilfe, die jeweils eigenen und besonderen persönlichen Frühwarnzeichen leichter aufzuspüren. Es geht nicht darum, bei sich selbst besonders viele Frühwarnzeichen zu erkennen; es sollte darum gehen, typische persönliche Veränderungen für die Zukunft und rechtzeitig zu kennen. Diese Liste ist ein authentisches Ergebnis unserer AG-Arbeit und vieler Diskussionen.

Einige Psycho-Profis, die sich mit dem Thema beschäftigen, versuchen immer wieder herauszufinden, wie häufig einzelne Frühwarnzeichen von verschiedenen Psychoseerfahrenen als solche benannt werden; im Hintergrund steht das Bemühen, »objektiv« wichtige von »objektiv« unwichtigen Frühwarnzeichen zu unterscheiden. Auf solch eine Gewichtung haben wir hier prinzipiell verzichtet, weil es uns nicht um Hilfen für Objekte irgendeines wissenschaftlichen Bemühens, sondern um Anregungen zum besseren Selbstverständnis von Betroffenen geht.

Die klassische Psychiatrie hatte und hat nach wie vor das Bedürfnis, uns in diverse Gruppen und Klassen von »Psychotikern« zu dividieren und in mehr oder weniger zahlreiche Diagnose-Schubladen von Störungsarten zu stecken (in die man allzu leicht gerät und aus denen man dann kaum wieder entkommen kann). Tatsächlich finden sich bei den Mitgliedern unserer Arbeitsgruppe überdurchschnittlich viele, die den Diagnose-Stempel »manisch-depressiv« oder »schizo-affektiv« besitzen, wobei die als »schizophren« Abgestempelten in der Mehrheit sind. Nicht wenige von uns sind im Besitz *diverser* Stempel solcher Art. All das hat in unseren Diskussionen keine Rolle gespielt, weil sehr schnell klar war, daß wir trotz aller Diagnose-Unterschiede erstaunlich viele Gemeinsamkeiten haben.

181

Bei vielen Frühwarnzeichen-Beispielen unserer Liste kann man sich fragen: Ist das wirklich noch ein Frühwarnzeichen oder doch schon ein Psychose-Merkmal? Einerseits liegt das sicher daran, daß psychotische Krisen sich nicht nur als qualitative Sprünge in unserem Leben einstellen, sondern auch als Ergebnis einer kontinuierlichen Entwicklung entstehen können. Andererseits ist es aber auch so, daß viele Veränderungen nicht nur früh bemerkbar sind, sondern auch bis zum Ende einer Krise vorhanden sein können.

Wer sich mit all dem beschäftigt, will natürlich nicht nur wissen, wie man es merkt, »ob es wieder rundgeht«; noch wichtiger ist es vielleicht sogar zu wissen, »wie man dann damit umgeht«. Inzwischen ist uns klar geworden, daß viele Frühwarnzeichen unserer Liste tatsächlich zugleich auch schon unbewußte Bewältigungsversuche sich entwickelnder, aber noch nicht unbedingt bewußt gewordener Probleme sind (z. B. Vermeiden von Zusammensein mit Kollegen, also aktiver Rückzug). Das ist nicht nur von theoretischem Interesse. Denn wäre es nicht am besten, wenn wir auch solche Bewältigungsmöglichkeiten noch besser kennen würden?

Aber dazu irgendwann später mehr!

Dieter Broll

Ein-Blick in eine Selbsthilfegruppe

Geschichte und Struktur einer manisch-depressiven Gruppe

Vor einigen Jahren nahm ich an einem Versuch teil, eine Selbsthilfegruppe für manisch-depressive Menschen zu gründen. Im Anschluß an einen Vortragsabend begannen wir, nach den Diagnosen »depressiv«, »manisch« und »manisch-depressiv« drei getrennte Selbsthilfegruppen zu bilden. Leider lösten sich sehr schnell alle drei Gruppen wieder auf, was nicht ganz untypisch ist bei Selbsthilfegruppen mit diesen Krankheitsbildern.

Gemeinsam mit einem Gruppenmitglied und einem Teil einer anderen Selbsthilfeinitiative gründete ich dann eine neue Gruppe, die nach nun vier Jahren aus 30 Mitgliedern besteht. Von diesen treffen sich einmal in der Woche von 18 bis 20 Uhr rund 6 bis 12 Leute. Treffpunkt ist das Selbsthilfezentrum in München, wo wir kostenlos Räume benutzen können und jederzeit professionelle Ansprechpartner finden.

Ablauf der Gruppenabende

Wir beginnen möglichst pünktlich um 18 Uhr, denn im Laufe der Jahre haben wir festgestellt, daß uns am Ende die Zeit immer zu kurz wird. Zunächst machen wir eine sogenannte Blitzlichtrunde. Hier hat reihum jeder einzelne die Gelegenheit, sich mit seinen Sorgen und Bedürfnissen an die Gruppe zu wenden. Hier werden auch Themenvorschläge für den Abend gemacht. Aus den aufgetauchten Anliegen und Themenvorschlägen suchen wir nach der Runde gemeinsam etwas für den Abend aus. Natürlich wären meist viel mehr Dinge zu besprechen, als die Zeit zuläßt.

Sind Neulinge in der Gruppe, fragen wir zunächst nach Vornamen

und Krankheitsverlauf. Es wird den Neuen bei uns immer einge-
räumt, nach ihrem Befinden zu handeln. Ein Betroffener kam über
ein halbes Jahr zu uns, ohne etwas Konkretes zu sagen. Eines
Abends »platzte auch bei ihm der Knoten«, und es sprudelte aus ihm
heraus. Wenn das neue Gruppenmitglied aber Wert darauf legt, wird
im Laufe der ersten Sitzung intensiv auf seine Person eingegangen.

Von Anfang an habe ich ein wenig mitgeschrieben, welche Themen auf unseren Abenden behandelt wurden. Themen, die immer
wieder auftauchen, sind Beziehungen, Medikamente, Tod, Sterben,
Glaubensfragen. Wir sprechen auch über äußere Umstände (Partnerschaft, Freunde, Arbeitsplatz) und den Zusammenhang mit unserer
Krankheit – rund drei Viertel der Gruppenmitglieder leben allein.
Ein anderes Thema sind Symptome der Krankheit, z. B. wenn Gedanken durch den Kopf rollen, bis der schmerzt und wir keine
Möglichkeit sehen, dies abzustellen. Hier hilft natürlich das Wissen
der Betroffenen um die Krankheit und die Erfahrung jedes einzelnen
der 30 Mitglieder mit entgegenwirkenden Maßnahmen.

Am Ende eines jeden Abends machen wir noch eine abschließende
Blitzlichtrunde. Hier äußert sich jeder noch über Ge- oder Mißfallen
des Abends, und wir machen uns Notizen über wichtige Vorschläge,
die dann beim nächsten Treffen mit Einverständnis der Gruppe noch
einmal vorgebracht werden. Damit ist dann der offizielle Teil des
Gruppenabends beendet. Es ist aber den meisten Mitgliedern inzwischen ein Anliegen geworden, sich nach der Gruppe noch zu einem
guten Essen, einem Glas Wein oder Bier ins Gasthaus zu begeben.
Hier können wir frei und ohne Zeitdruck weiter über unsere Anliegen oder Unternehmungen reden, oder es kommen ganz andere
Geschichten zur Sprache. Hierin sehen wir einen großen Nutzen der
Gruppe. Durch die vollkommen freien Gespräche wird unsere Lebensqualität doch um ein erhebliches Maß verbessert. Die Gruppe
hilft uns, aus der Einsamkeit der zum Teil schon über Jahre hinweg
erlebten Depression herauszufinden.

Neben unseren Gesprächsabenden haben wir auch gemeinsame
Unternehmungen veranstaltet. Dazu gehörten Ausflüge mit der
Bahn, Theater-, Museums- und Biergartenbesuche. Besonders wich-

tig sind die vielen Einzelgespräche zwischen sich nahestehenden Gruppenmitgliedern. Irgendwann haben wir zudem beschlossen, den Gruppenabend einmal im Monat für Angehörige zu öffnen.

Vorsorge und Selbsthilfe

Unsere ganzen Selbsthilfebemühungen haben nicht zuletzt das Ziel, Krisen zu vermeiden bzw. uns in Krisen gegenseitig zu unterstützen. Selbsthilfe bedeutet bei uns gegenseitige Hilfe, und das ist ganz konkret:

- Telefongespräche, vor allem in Krisensituationen
- gegenseitige Besuche zu Hause
- gemeinsame Unternehmungen
- Besuche in Kliniken
- Begleitung bei Einweisungen
- Kontakte bei Betreuungen
- Kontakte zu Ärzten, Pflegepersonal usw.

Ein großes Plus unserer Gruppe ist die Unterstützung beim Heraustreten vieler Betroffener aus der Isolation. Uns wird immer wieder bestätigt, daß bei vielen die Gespräche und die Unternehmungen in der Gemeinschaft der Gruppe ein großer Lichtblick im jetzigen Lebensablauf darstellen. Auch das ist eine Abwehr der Krankheit.

Das Gespräch in der Gruppe kommt immer wieder auf unsere unwahrscheinlich stark ausgebildete Sensibilität. Diese ist es meist, die uns wieder in die nächste Dunkelheit der Depression führt. Wir versuchen nun während unserer »gesunden Zeit«, diese Empfindsamkeit für uns zu nutzen, denn wie wir mit starken Gefühlen auf die unschönen Dinge des Lebens (z. B. Krieg, Kindersterben, Tierquälerei) reagieren, so können wir umgekehrt auch mit starken Gefühlen auf schöne Dinge des Lebens reagieren und so unsere verstärkte Sensibilität nutzen. Bei mir ist das am auffälligsten, wenn ich gewisse Passagen aus Musikstücken höre. Erst läuft es mir kalt über den Rücken, und dann kommen die Tränen. Das ist eine Übersensibilität dem Schönen gegenüber. Wir Manisch-Depressiven sollten viel in die Natur gehen, auf Wanderungen in den Bergen etwa die Blumen und Tiere wieder entdecken. Wir können diese wunderbaren Dinge in uns aufnehmen und dadurch die einzelnen Schübe immer weiter auseinanderdrücken, indem wir ihnen etwas Positives entgegensetzen. Wir sprechen in der Gruppe oft über solche Begebenheiten, die sich bei einzelnen Gruppenmitgliedern ereignet haben.

Der Begriff »positives Denken« wird heute viel gebraucht. Wir sollten ihn aber nicht unreflektiert benutzen, sondern über ihn nachdenken und auf uns persönlich beziehen. Ein Beispiel: Einige unserer Gruppenmitglieder führen ein Tagebuch. Darin haben sie zwei Rubriken: eine dafür, was ihnen den Tag über Gutes geschieht, und eine andere für das, was ihnen an Schlechtem widerfährt. Sie kommen, wenn sie die Dinge objektiv betrachten, immer wieder zu dem Schluß, daß die guten Dinge weit mehr Platz einnehmen als die schlechten. Wenn durch solche Beobachtungen und Erörterungen in der Gruppe Grübeln und Gedankenkreisen nur ein bißchen weniger werden, haben wir schon etwas zur Vorsorge und zur Abwehr der Krankheit getan.

Wir versuchen, jeder für sich und auch in der Gruppe, auf die frühen Signale zu achten, die einen möglichen »Absturz« anzeigen. Dies sind unter anderem: immer wiederkehrende Gedanken, dadurch in der Folge eintretende Schlaflosigkeit und fehlende Kraft, um den täglichen »Kram« im Haushalt zu erledigen. Je früher wir durch Übung und gemeinsame Beratungen und Erfahrungsaustausch in der Selbsthilfegruppe diese Zeichen zu erkennen und zu deuten lernen, um so weniger müssen wir beim nächsten Schub ertragen. Bisher fühlten wir uns dem nächsten Schub immer ausgeliefert und mußten ihn vollständig aushalten. Durch das frühere Erkennen ist es etwa möglich, schon bei den ersten jetzt bekannten Anzeichen den Facharzt aufzusuchen und sich entsprechend »behandeln« zu lassen. Wir müssen unsere Krankheit erkennen lernen, vor allem auch durch Erfahrungsaustausch mit den anderen Gruppenmitgliedern.

Der nächste wichtige Punkt ist, die Krankheit zu akzeptieren, nicht immer dagegen anzukämpfen, etwa mit Worten wie: »Ich bin nicht krank, mir fehlt doch nichts«. Erst nach der Akzeptanz können wir wirklich mit Offenheit und mit Hoffnung auf Linderung unserer auftretenden Erkrankung an die Arbeit in der Selbsthilfegruppe gehen.

Selbst- und Fremdhilfe

Wir Betroffenen sind letztlich Laien. Bei den meisten Gruppenmitgliedern ist es mit sehr viel Idealismus verbunden, jeden Mittwoch aufzutauchen und für andere dazusein. Keine Selbsthilfegruppe kann nur aus Mitgliedern bestehen, die kommen und etwas holen wollen. Es hat gar nicht lange gedauert, und wir waren uns alle über diesen Punkt einig. Heute ist es so, daß wir jeden Mittwoch merken, was das geballte Wissen der 30 Mitglieder unserer Gruppe immer wieder für den einen oder anderen Betroffenen wert sein kann. Aber wir gelangen natürlich oft an Punkte, an denen wir ohne professionelle Hilfe nicht mehr weiterkommen. Wenn das der Fall ist, stehen uns immer Profis zur Seite, seien dies nun Mitarbeiter des Selbsthilfezentrums oder anderer Einrichtungen. Zwei Beispiele seien dazu genannt. Nach dem Suizid eines unserer Gruppenmitglieder wurde ein Mitarbeiter der *Arche* (Anlaufstelle für Selbstmordgefährdete) eingeladen, der uns viele unserer Fragen beantworten konnte, auf die wir keine Antwort hatten. Er konnte so die Wogen in der Gruppe glätten und uns helfen, ein bißchen besser zu verstehen, was sich ereignet hatte.

Außerdem halfen uns die Profis des Selbsthilfezentrums, unsere Gruppe bekannt zu machen, indem sie Kontakte zu Rundfunk, Fernsehen und Zeitungen herstellten. So versuchen wir, die Möglichkeiten, die durch Selbsthilfegruppen gegeben sind oder wären, einem möglichst großen Publikum zugänglich zu machen.

Es ist nach unseren Erfahrungen, die wir im Laufe unseres vierjährigen Bestehens gemacht haben, unumstößlich, daß diese Arbeit den Kostenträgern viele Ausgaben erspart. Ich möchte den Arzt oder gar Facharzt sehen, der sich im Falle eines akuten Schubes tagelang immer wieder über Stunden und oftmals mehrmals am Tag um einen Betroffenen kümmert. Unsere gegenseitige Unterstützung kann manchmal den Klinikaufenthalt ersparen. Dies sei auch an die

Adresse der Politiker gerichtet, die immer schnell mit dem Rotstift zur Hand sind, gerade bei kleinen Sozialprojekten. Kostensparende Maßnahmen gibt es gerade bei uns »Kleinen«, aber wir brauchen dazu die Infrastruktur eines Selbsthilfezentrums.

Ganz klar bemerkt sei zum Abschluß, daß wir uns immer als begleitendes Instrument zu Medikation und den anderen Therapien verstehen. Unsere Selbsthilfegruppe ist kein Ersatz therapeutischer Hilfen. Wir versuchen, die Zeit, in der unsere Gruppenmitglieder von den professionellen Helfern allein gelassen werden, soweit als irgend möglich durch unsere gegenseitige Unterstützung (z. B. lange persönliche Gespräche, Besuche mit Unternehmungen, die helfen, aus der krankmachenden Umgebung herauszukommen) zu überbrücken.

Gottfried Wörishofer

Ein-Blick in eine Selbsthilfe-Organisation

Die Münchner Psychiatrie-Erfahrenen (MüPE e. V.)

Angeregt durch die Gründung des Bundesverbandes der Psychiatrie-Erfahrenen formierte sich im Herbst 1992 auch in München eine entsprechende Selbsthilfeinitiative mit dem Namen *MüPE*. Einige ehemalige Patientinnen und Patienten luden zu einer (gut vorbereiteten) Veranstaltung ins Selbsthilfezentrum ein, die mit über 60 Besuchern auf nicht vorhergesehenes Interesse stieß. Diese Veranstaltung wurde zur Initialzündung für die nachfolgend beschriebene Entwicklung. Inzwischen sind wir ein eingetragener Verein mit rund 50 beitragszahlenden Mitgliedern und vielen »Gelegenheitsinteressenten«.

Zur Zeit haben sich bei den Münchner Psychiatrie-Erfahrenen drei Selbsthilfegruppen und das »Monatsmeeting« herausgebildet. Die Gruppen sind prinzipiell offen für alle Psychiatrie-Erfahrenen, mit Ausnahme einer Frauengruppe, die ausschließlich weibliche Psychiatrie-Betroffene aufnimmt. Das »Meeting« ist ebenfalls ein offener Treff, findet jeden 3. Samstag im Monat statt und ist speziell für neue Interessenten gedacht. Daneben gibt es noch einige Arbeitskreise zu verschiedenen Sachthemen. Die organisatorische Struktur von *MüPE e. V.* ist insofern von Bedeutung, als sie ungefähr anzeigt, in welchem Rahmen Beziehungen unter uns entstehen.

Gestalt und Profil, Selbstverständnis und Aufgabenstellung unseres Vereins ist noch nicht festgelegt und kann es auch noch nicht sein. Wir befinden uns in einem umfangreichen Lernprozeß, ja, in gewissem Sinn sogar in einer Pioniersituation. Daß Psychiatriepatienten in Planungsgremien sitzen – und da auch noch den Mund aufmachen – und bei Fachtagungen den Diskussionsgang bestimmen, all das ist nicht selbstverständlich. »Was, das Mündel will Vormund werden?« mag da mancher »Profi« heimlich denken. Zuweilen stürzen hier Rollenmuster in sich zusammen – all das ist gewöhnungs- und reflexionsbedürftig. Bei uns nicht weniger als bei den Fachleuten.

Immerhin ist soviel klar: Wir verstehen uns als *Selbsthilfe-Organisation*. Und das möchten wir auf mehrfache Weise verstanden wissen.

1. *Selbst*hilfe meint, daß wir Bedingungen schaffen wollen, die es für den Psychiatrie-Erfahrenen und -Patienten ermöglichen, an *sein Selbst* erinnert zu werden. Daß *er* es ist, der etwas für sich tun kann und muß. Dieser Emanzipationsprozeß kommt einem Paradigmenwechsel gleich: War ich vorher ein »defektes Selbst«, das sich in der Hoffnung auf Heilung zur Reparatur (Behandlung) ablieferte, wird der emanzipierte Patient nun versuchen, ein Experte auf seinem Gebiet – und das ist sein Selbst – zu werden. Diese Haltung bedeutet im übrigen nicht unbedingt eine Abkehr vom traditionellen Wissen der Psychiatrie und ihres Personals, bedeutet keine eigensinnige Besserwisserei, sondern ganz schlicht und ergreifend das Phänomen, die Erkrankung als radikalen Auftrag zur Selbsterforschung zu begreifen: sich kennenzulernen, zu beobachten und »abfangen« zu lernen (bei einer anhebenden Psychose etwa). Ob und welcher Mittel, Methoden, Ideen und Therapien man sich dabei bedient, soll hier nicht verhandelt werden. Der Verzweiflungen gibt es viele, und sie sind groß. *Alles* scheint gut – wenn es nur hilft.

2. Selbst*hilfe* meint: Wir sind nicht allein! Wir können manchen Hinweis, Beistand und Zuspruch erhalten – aber auch geben. Im Verein entsteht ein mehr oder weniger dichtes Netz von Beziehungen, das manchmal einen Klinikaufenthalt unnötig macht, verkürzt oder – durch Besuche – angenehmer sein läßt.

Neben dem sachlichen Informations- und Erfahrungsaustausch, dessen Stellenwert es noch darzulegen gilt, ist der wesentliche Gewinn ein *existentieller*. Eine psychiatrische Erkrankung und der entsprechende Klinikaufenthalt sondert den Betroffenen von der Gemeinschaft ab. Die Rolle der diskriminierenden Gesellschaft ist bei diesem Absonderungsgeschehen zwar gravierend, aber gewiß nicht der alleinige Faktor. Schon mit der Krankheit selbst – der Psychose etwa – verläßt man den bis dahin geltenden, gemeinsamen Erfahrungshorizont. Der Wahn, die übersinnliche Erfahrung – auch die Depression – ent-setzen den Betroffenen, seine Erlebnisse setzen ihn ab von der »normalen« Erfahrung. Wer das auch nur einmal erlebt hat, kann hinter diese Erfahrung nie mehr zurück; für ihn bleibt die Normalität etwas Relatives, Nicht-Selbstverständliches. Gleichzeitig sind diese »abnormen« Erfahrungen kaum gesellschaftsfähig, sind tabu bzw. stellen eine dunkle Scham dar, das Erlebte anzusprechen. So kann es passieren, daß die besten Freunde über Jahre hinweg von diesen Erlebnissen nichts wissen. Und wenn sie es »wissen«, *was* wissen sie dann?

Im Grunde, und gerade in den tiefsten
und wichtigsten Dingen,
sind wir namenlos allein,
und damit einer dem anderen raten oder gar helfen kann,
muß viel geschehen, viel muß gelingen,
eine ganze Konstellation von Dingen muß eintreffen,
damit es einmal glückt.
(Rainer Maria Rilke)

Die »Erfindung« von Selbsthilfegruppen könnte solch ein Glücksfall gewesen sein. Der Notstand, mit dem Unaussprechlichen allein zu bleiben, kann behoben werden.

Es bedarf eigentlich kaum eines Beweises für die Behauptung, daß eine Selbsthilfegruppe und -Organisation *in sich* bereits eine Vorbeugefunktion und Vorsorgestruktur darstellt. Viele psychisch erkrankte Menschen sind alleinstehend, ja vereinsamt, ein Besuch der Selbsthilfegruppe bringt ein Stück Lebensqualität zurück und damit ein wenig Gesundheit. So machen wir die Erfahrung, daß wir tatsächlich etwas voneinander lernen können. Man denke nur an die vielen nützlichen Dinge, die man beim bloßen Austausch von Informationen erfährt: Wohin man sich z. B. wenden kann, wenn einem eine horrend hohe Betreuungsrechnung zugestellt wurde; wo ein offener Platz in einer therapeutischen WG oder eine Arbeitsstelle auf BSHG-Basis zu finden ist; mit welchen Naturheilmitteln sich ein besserer Schlaf erzielen läßt usw. Jeder weiß etwas, und jeder weiß irgend etwas nicht.

Im Bereich der Krankheitserfahrung und Selbstheilung dürfte der Austausch noch bedeutend wichtiger sein und zur Steigerung des Vorbeugestatus' beitragen. Erzählungen anderer über die Entstehung ihrer akuten Psychose können mich veranlassen, meine eigene letzte Psychose nochmals zu vergegenwärtigen und zu bedenken. Was an mir selbst nicht erkennbar ist, wird möglicherweise an der Psychoseentwicklung eines anderen deutlich, etwa wenn ich den Betroffenen begleite oder beobachte. Die Erfahrungen der anderen bieten einen Fundus von Möglichkeiten, der um so nutzbringender wirkt, je vorurteilsfreier ich die Lösungen der anderen betrachte und von Fall zu Fall, nach kritischer Prüfung, für meine Bedürfnisse abwandeln kann. In einer Gruppensitzung wurde einmal zusammengetragen, was die einzelnen an heilsamen Verhaltensweisen praktizieren. Da wurde eine wahre Schatztruhe gefüllt, angefangen von der Empfehlung, Beethovens Klavierkonzert Nr. 5 in Es-Dur zu hören, über den Hinweis auf eine erhabene Naturlandschaft im Süden Münchens bis zur Mantrameditation und zum sonntäglichen Chorgesang in einer Abteikirche.

Selbstverständlich entwickeln sich unter den *MüPE*-Mitgliedern die unterschiedlichsten Bezüge zueinander: Solidarische Hilfe beim Umzug und beim Renovieren der Wohnung, Begleitung zum Rechtsanwalt, gegenseitige Besuche im Krankenhaus uvm. Gemeinsame Unternehmungen lassen Freundschaften entstehen und wachsen – und manchmal auch: eine Liebschaft.

3. Schon bald nach den ersten Treffen der Initiativmitglieder im Jahr 1993 war einer überwiegenden Mehrheit der Beteiligten klar, daß man eine Selbsthilfe-*Organisation* anstreben sollte, und zwar in der Form eines eingetragenen Vereins. Nahezu ein volles Jahr beschäftigte sich eine Gruppe mit der Erstellung einer Ver-

einssatzung und deren Verabschiedung in mehreren Vollversammlungen. Zum einen ist auf diesem Weg ein breiter Konsens entstanden und zum anderen der Grundstein zu einer Vereinsidentität gelegt worden.

Als Organisation kann *MüPE* für den einzelnen so etwas wie Zugehörigkeit bieten. Es dürfte nicht bedeutungslos sein, wenn in Verbindung mit dieser Organisation eine »psychische Krankheit« als Auszeichnung gilt – nur wenn man sie »hat«, bekommt man den vollen Zutritt zu dieser Organisation. Was ich sonst tunlichst verschweigen muß, um dazuzugehören, kann ich hier laut vorbringen und werde – *gerade* deshalb – angenommen. Selbst das »stille« Mitglied, das nur den Beitrag bezahlt und Rundbriefe liest, hat an dieser Zugehörigkeit auf seine Weise teil. Das aktive *MüPE*-Mitglied spürt die Organisation unmittelbar als Schutzschild und Rückhalt. Man stelle sich nur mal die Situation bei einer Tagung oder in diversen Gremien vor: Ich will etwas sagen und muß mich, wie das üblich ist, erst einmal vorstellen. Im einen Fall müßte ich sagen: »Mein Name ist Meier, ich bin psychisch krank«, im anderen Fall kann ich sagen: »Mein Name ist Meier, ich komme von den Münchner Psychiatrie-Erfahrenen e. V.«. Diese Variante stellt die Privatperson unter den Schutz der Organisation und hebt sie gleichzeitig hervor: als Mandatsträger. Um überhaupt die Leistung des öffentlichen Auftritts erbringen zu können, scheint dieses halbe Verbergen notwendig und hilfreich zu sein.

Bis vor einigen Jahren wurde von einem namhaften Psychiater behauptet, psychisch Kranke seien gerade wegen der Art und Weise ihrer Erkrankungen nicht fähig, sich zu organisieren. Die Gründung des Bundesverbandes, verschiedener Landesverbände und Ortsvereine hat diese Prognose widerlegt. Auch wir haben mit deutlicher Genugtuung reagiert, als uns der Registerauszug des Amtsgerichtes zugestellt wurde – die Installierung der Vereinsplattform war, trotz vieler Hindernisse, gelungen.

Aber was tut nun *MüPE e.V.* als Organisation? Man muß hier vielleicht *nach innen* und *nach außen* unterscheiden. Zunächst also: Wie wirkt *MüPE* als Selbsthilfe-Organisation nach innen – für ihre Mitglieder und Interessenten?

Einmal wirkt sie durch die Bereitstellung von Informationen. Im Rundbrief kann jede Information, von der angenommen wird, sie könnte für andere wichtig sein, veröffentlicht werden. Wer weiß schon etwas von einer »ionenselektiven Elektrode« zur Sofortbestimmung des Lithiumblutspiegels oder von einer Broschüre des Bundesverbandes, wie und wann Medikamente »abgesetzt« werden können? Auf die Weise können entlegenste Informationen weitergeleitet werden und den Betroffenen neue Möglichkeiten aufzeigen. Der Rundbrief kann aber auch Meinungsforum, Veranstaltungskalender und Medium für Umfragen u.v.m. sein. Aufgrund der Gelder, die wir vom Gesundheitsreferat der Stadt bekommen, können wir eine kleine Bibliothek unterhalten, die allerdings erst dann voll zur Geltung kommen wird, wenn wir eigene Büroräume haben werden. Öffentliche Gelder ermöglichen es auch, daß Psychiatrie-Erfahrene an Fortbildungen, Tagungen und Seminaren teilnehmen können. Außerdem bieten wir gelegentlich Informationsveranstaltungen mit Fachreferenten zu Themen wie Betreuungsrecht, Homöopathie etc. an. Herzstück der inneren Organisation sind jedoch die bereits erwähnten Gruppen zum Erfahrungsaustausch.

Die Gefahr ist, auch bei einer Selbsthilfeorganisation, daß sie unwillkürlich Versorgungsangebote macht und Versorgungswünsche weckt. »Was gibt's denn bei euch für Gruppen?« Solch eine Frage zeugt streng genommen bereits von einer Erwartungshaltung, die zu einem Wegbleiben der Person führen wird, sobald diese enttäuscht wird. Will man dies vermeiden, dann wird man die Attraktivität der Angebote erhöhen müssen, und schon ist die Selbsthilfe eine Versorgungseinrichtung wie (fast) jede andere und verpaßt gerade die Chance, die sie als einzige zu bieten hat: Unterstützung und solidarisches Geleit auf dem je eigenen, forschenden Weg zu geben, der zwischen Versorgungshaltung und verständlicher Heilserwartung einerseits sowie eigenverantwortlicher Selbst(vor)sorge andererseits zu gehen ist.

Nach *außen* hat sich *MüPE e.V.* schon in der Satzung eine Reihe von Zielen gesteckt: Öffentlichkeitsarbeit zu betreiben und dadurch etwa Vorurteile gegenüber psychisch Kranken »abbauen« zu helfen.

In den Gremien des psychiatrischen Gesundheitswesens sind wir bestrebt, als Interessenvertretung die Situation der Psychiatrie-Patienten im ganzen zu verbessern. Es gibt kaum eine Tagung, zu der nicht auch eine Vertreterin oder ein Vertreter der Psychiatrie-Erfahrenen aufs Podium oder zu einem Vortrag gebeten wird. Zur Zeit ist das psychiatrische System recht offen für die Beteiligung der Betroffenen. Nur fehlt es uns an Personen, die die angebotenen Sitze und Stimmen wahrnehmen könnten! Die wenigen, die sich dafür interessieren und sich die Arbeit auch noch zutrauen – wenigstens zeitweise –, geraten leicht in eine Überforderungssituation und können u. a. dadurch erneut erkranken. Wie Gremienarbeit für uns praktikabler werden kann (z. B. indem man prinzipiell nur zu zweit hingeht), diese Frage wird uns sicher noch längere Zeit beschäftigen.

Eine besondere Schwierigkeit bei einer Selbsthilfe-Organisation von Psychiatrie-Erfahrenen besteht darin, daß die Erfahrenen zuweilen wieder Patienten werden (können), d. h. erkranken und – sofern sie an leistungstragender Stelle tätig waren – für die »Organisation« ausfallen. Im Gegensatz zu einer bloßen Selbsthilfegruppe, die wenig Verbindlichkeit nach außen hat, besteht die Organisation eben auch aus einer Reihe von Verbindlichkeiten und Pflichten, sowohl nach innen wie auch nach außen: Da *muß* der Verwendungsnachweis über 15 000.- DM korrekt geführt werden; bis zum 31. März *müssen* der Jahresbericht und der neue Antrag abgeliefert werden; das Kontakttelephon *muß* besetzt werden; jemand *muß* für das »Meeting« einkaufen . . . Eine relativ kleine Gruppe von Psychiatrie-Erfahrenen bewältigt eine große Zahl von Muß-Aufgaben. Dennoch: Die einzelne Person *darf* ausfallen, ohne sich im geringsten einer Vorwurfshaltung ausgesetzt zu sehen. Nach unserer Erfahrung hat die Dynamik der Gruppe und des Vereins immer noch Lösungen gefunden.

Wir können gemeinsam dafür arbeiten, daß das schöne, alte Wort »Erfahrung« sein Gewicht und seine Geltung in unserem Namen behält. Das braucht in erster Linie . . . Zeit und . . . Geduld.

Dorothea Buck

Drei Säulen der Selbsthilfe

Unsere Selbsthilfe wird von drei Säulen getragen:

1. **Selbstverständnis:** Wir müssen die eigene Psychose oder Depression im Zusammenhang mit unserer Lebensgeschichte verstehen lernen und sie in unser Alltagsleben einbeziehen.

2. **Erfahrungsaustausch:** Wir müssen uns gegen die psychiatrische Lehre behaupten, die bestimmt, daß Psychosen nicht seelisch, sondern durch »gestörte Hirnstoffwechsel« verursacht würden. Diese Sicht und die daraus resultierende sofortige medikamentöse Behandlung ersticken nur allzu leicht die Selbsthilfekräfte in uns. Da wir aber die seelischen Ursachen unserer Psychosen erleben, kann der gestörte Hirnstoffwechsel, sofern er sich nachweisen läßt, nur die Folge vorausgegangener seelischer Konflikte oder Lebenskrisen, nicht die Ursache unserer Psychosen sein – so wie auch körperliche Krankheiten seelisch, psychisch verursacht sein können. Nur die seelische Störung darf nach biologisch-psychiatrischer Sicht nicht seelisch verursacht sein.

3. **Selbsthilfeorganisation:** Wir müssen uns organisiert und politisch gegen die allgemeinen und öffentlichen Vorurteile und Diffamierungen wehren.

Zum Selbstverständnis

Nach meinem fünften und letzten schizophrenen Schub 1959 fiel mir auf, daß meine Nachtträume seit dem Aufbruch meiner psychotischen Vorstellungen ausgesetzt hatten. Ich konnte mir das nur so erklären, daß anstelle meiner Nachtträume meine Psychose aufgebrochen war. Traum und Psychose mußten daher aus derselben Quelle, nämlich aus meinem Unbewußten stammen. Bis dahin hatte ich meine Psychoseerfahrungen als von außen »eingegeben« erlebt und bewertet, weil sie sich von meiner normalen Art des Denkens und Vorstellens so völlig zu unterscheiden schienen.

Ebensowenig wie der Traum »geisteskrank« ist, kann es die psychotische Vorstellung sein, sagte ich mir. Unsere Krankheit kann nur darin liegen, daß wir unser Psychoseerleben für wirklich halten, was wir mit unserem Erleben im Traum nur tun, solange wir ihn träumen. Ich verschob meine abgeklungenen psychotischen Vorstellungen auf die »Traumebene« und konnte mir so ihren *Sinn* erhalten, nur eben ihre objektive Wirklichkeit nicht. Diese Einsicht hatte nach der psychiatrischen Bestimmung meiner Psychose als »unheilbar geisteskrank« etwas unglaublich Befreiendes für mich.

Ich machte mir die gleichen Mittel, die Traum und Psychose anwenden, klar. Die *Symbole* etwa, die wir nicht nur in unseren Nachtträumen, sondern auch in unseren Psychosen erleben, ohne sie immer als Symbol, als Sinnbild für etwas zu erkennen. Im normalen Zustand hätten sie nicht die Überzeugungskraft für uns, die sie in der Psychose durch das *veränderte Weltgefühl* sonst nicht gespürter *Sinnbezüge* gewinnen. Das ist ein anstrengendes Welterleben, weil alles miteinander verbunden zu sein scheint. Es verführt sehr leicht dazu, sich nicht auf das Ganze, sondern das Ganze auf sich bezogen zu erleben. Als »Beziehungs- und Bedeutungswahn« und als »Unfähigkeit, Wesentliches und Unwesentliches zu unterscheiden«, bezeichnet die Psychiatrie die Folgen dieses von ihr unbeachteten veränderten Weltgefühls. Wenn alles einen geheimen Sinn zu haben scheint, Gleichnis für etwas ist, unterscheidet man Wesentliches und Unwesentliches nicht mehr. Auch in unseren Nachtträumen werden die erlebten Symbole erst vor dem Hintergrund der im Wachzustand nicht gespürten Sinnzusammenhänge glaubwürdig.

Die auch aus den »Irrenwitzen« bekannten *Identifikationen* mit anderen Personen und Symbolen sind uns nicht nur aus unseren Psychosen, sondern auch aus unseren Nachtträumen geläufig. Die im Traum auftretenden und handelnden Personen meinen uns häufig selbst, sie sind ein Teil von uns, obwohl sie unter einer anderen Identität auftreten.

Unseren Psychosen geht wohl immer ein seelischer Konflikt, eine

Lebenskrise, zumindest eine Überforderung voraus, die wir nicht bewältigt haben. In unseren Psychosen gewinnt das zuvor Ungestaltete, Ausweglose einer Lebenskrise in konkreten Vorstellungen Gestalt. Vielleicht ist das auch der Sinn unserer Nachtträume: Emotionen, Probleme und andere, uns gar nicht bewußte Inhalte unserer Seele in konkrete Vorstellungen, in real erlebte Situationen bildlich zu verwandeln, sie uns damit zugänglicher zu machen und sie in unseren Phantasien »ausleben« zu können – wie wir das ungewollt auch in unseren Psychosen tun.

Das Selbstgefundene überzeugt uns mehr als das Vermittelte. So hat mir dieses aus meinen Psychoseerfahrungen gewonnene Schizophrenie-Verständnis zu meiner Heilung seit nun 38 Jahren entscheidend geholfen, wenngleich die Psychose auch und vor allem eine dynamische Kraft ist, der mit Verstehen und Wissen allein nicht beizukommen ist. Alle meine fünf Schübe von 1936 bis 1959 gingen mit dem Aufbruch starker, treibender Impulse einher, die ich vorher nicht gekannt hatte. Ich verglich diese treibende dynamische Kraft mit einem aus der Tiefe meiner unbewußten Seele heraufschnellenden Aufzug, der die Inhalte meines sonst Unbewußten in mein Bewußtsein befördert hatte. Diese treibende Kraft durfte sich nicht wieder stauen, um gewaltsam in neue Psychosen aufzubrechen. Schockbehandlungen und Neuroleptika drängten diese inneren Impulse mit den Psychoseinhalten ins Unbewußte zurück, aus dem sie irgendwann erneut aufbrachen. So konnte Heilung nicht möglich werden. In meinen unbehandelten Schüben hatten sich die starken Impulse des akuten Schubs nach mehreren Wochen von selbst in einen nur noch schwachen Impuls zurückgebildet. Nun versuchte ich, mir diesen leisen Impuls, die innere Stimme zu erhalten, indem ich bei allem, was ich tat, auf sie achtete. Denn nach den Erfahrungen von uns Betroffenen sind es die unterdrückten und daher gestauten Gefühle und Impulse, die unsere Psychosen verursachen oder auslösen. Indem wir unsere Gefühle und Impulse in unser Alltagsleben einbeziehen, sie nicht mehr unterdrücken, vermeiden wir ihre Stauung. Seither lebe ich aus diesen nur noch schwachen inneren Impulsen bzw. der inneren Stimme statt aus meinem Willen. Das setzt

Vertrauen zu uns selbst und in die Kraft, die uns im Leben leitet, voraus.

Während meiner folgenden, langen Auseinandersetzung mit der psychiatrischen Literatur fand ich, daß nur S. Freud und C. G. Jung die Psychose als Aufbruch des Unbewußten erkannt hatten. Diese Einsicht hatten sie aus Gesprächen mit Patientinnen und Patienten gewonnen. Undenkbar, daß in anderen Wissenschaften längst gewonnene Einsichten völlig ignoriert werden könnten, wie das in der Psychiatrie bis heute möglich ist. Ohne Gespräche konnten und können unsere Psychiater die Psychosen auch nicht als Rückgriff auf das normalerweise Unbewußte zur Lösung vorangegangener Lebenskrisen, die wir mit bewußten Kräften nicht lösen können, erkennen. Ohne ein Gespräch konnten sie uns auch nicht als Mitmenschen erkennen und hatten von 1933 bis 1945 die Zwangssterilisationen gegen uns als »Minderwertige« beantragt sowie ab 1939 unzählige Patientinnen und Patienten als »lebensunwert« vergast, vergiftet oder zu Tode gehungert.

Um diese vielfach heute noch fehlenden oder ganz unzureichenden Gespräche und die fehlende Hilfe zum Psychose- und Selbstverständnis zu ersetzen, wurde ein Erfahrungsaustausch notwendig.

Erfahrungsaustausch

1988 beantragte ich beim Bundesgesundheitsministerium einen »Arbeitskreis für mehr Mitbestimmung Betroffener in der Psychiatrie« als Erfahrungsaustausch zwischen uns Psychose- und Depressionserfahrenen, Angehörigen, Psychiatern, Psychologen, Vertretern der Schwestern und Pfleger sowie je einem theologischen Leiter einer evangelischen und einer katholischen Anstalt. Der Arbeitskreis sollte aus etwa dreißig Teilnehmenden bestehen, monatlich im Bundesgesundheitsministerium tagen und ein Arbeitspapier für die Psychiatrie-Verantwortlichen der Bundesländer herausgeben, damit auch sie »Arbeitskreise mit Betroffenen bilden, so daß der Bonner Arbeitskreis dann seine Arbeit einstellen könnte und nur noch einmal im Jahr die Ergebnisse der anderen Arbeitskreise ausgetauscht werden würden«.

Die abschlägige Antwort aus Bonn war 1989 der Beginn unseres ersten sogenannten *Psychoseseminars* an der Hamburger Uni-Psychiatrie, gemeinsam mit dem Psychologen Dr. Thomas Bock.

Der von mir initiierte und von Thomas Bock moderierte Erfahrungsaustausch mit Fachleuten und Angehörigen in unserem Psychoseseminar ist ein Weg zu solchen Gesprächen geworden und hat mit inzwischen rund hundert Seminaren überall in Deutschland, der Schweiz und Österreich Schule gemacht.

In ihnen können die Psychose- und Depressionserfahrenen in der Regel zum erstenmal über ihr Erleben sprechen, ohne eine Medikamentenerhöhung wie in Kliniken befürchten zu müssen. Durch den gleichberechtigten Erfahrungsaustausch aller beteiligten Gruppen wächst das gegenseitige Verständnis. Unser Anliegen einer auf unseren Erfahrungen statt auf psychiatrischen Theorien gründenden empirischen Psychiatrie breitet sich weiter aus. Leider nehmen nur wenige Psychiater und Psychiaterinnen an den Psychoseseminaren teil. Den traditionellen Weg der medizinischen Psychiatrie zu verlassen, wird viele von ihnen verunsichern und daher ängstigen.

Selbsthilfe-Organisation

Um mehr Einfluß zu gewinnen, war der Zusammenschluß von uns Betroffenen notwendig. Als dritte Säule zum schützenden Dach vor psychiatrischen und anderen Vorurteilen ging deshalb 1990 aus unserem Hamburger Psychoseseminar die »Initiative Bundesverband . . . Betroffener« hervor. Sie, der »Arbeitskreis Betroffene« im *Dachverband Psychosozialer Hilfeinrichtungen e. V.* und engagierte Einzelkämpfer, schlossen sich im Oktober 1992 in Bedburg-Hau zum *Bundesverband Psychiatrie-Erfahrener e. V.* (BPE) zusammen.

Warum war dieser Zusammenschluß psychiatrieerfahrener Menschen notwendig? Vor einer jahrhundertelangen Diskriminierung (bis hin zu den Ausrottungen gegen uns von 1933 bis 1945) und unserer bis heute fehlenden Rehabilitierung kann nur eine bundesweite Selbsthilfeorganisation Schutz, Ermutigung und Solidarität bieten.

Schutz wovor? Zuerst einmal sicher vor der inneren, aber auch der äußeren Isolierung der mit dem Makel einer seelischen Erkrankung Stigmatisierten. Als Mitglieder einer bundesweiten Organisation mit Landesverbänden und örtlichen Selbsthilfegruppen ist der einzelne auch rechtlich stärker geschützt. Schon der Informationsaustausch innerhalb einer Gruppe und mit anderen Gruppen und Landesverbänden wirkt unterstützend. Schließlich sind gemeinsame Initiativen hilfreich wie:

- Die Befragung Betroffener durch BPE-Mitglieder aus Hannover zur »Qualität psychiatrischer Versorgung«, zur »Qualitätssicherung« und zu »Alternativen zur Psychiatrie« (dokumentiert in den *Sozialpsychiatrischen Informationen* 4/1995).

- Die Entwicklung der »Behandlungsvereinbarung« durch den »Verein Psychiatrie-Erfahrener Bielefeld« mit Fachleuten der *Psychiatrischen Klinik Gilead*/Bethel.

- Die Beschwerdestelle in Stuttgart. Sie wurde von dortigen BPE-Mitgliedern initiiert. Zusammen mit einem multiprofessionellen Team gehen sie Beschwerden nach, die Stuttgarter Institutionen betreffen – ein Modell auch für andere Städte.

- Unseren gemeinsamen Protest gegen die medizinische Forschung an »nicht-einwilligungsfähigen Personen«, die die Bioethik-Konvention des Europarates vorsieht. »Die Bioethik lehnt letzte Werte ab, so auch die Unantastbarkeit menschlichen Lebens.« Ohne »Eigenschaften wie Selbstbewußtsein, Selbstkontrolle, Gedächtnis, Kommunikationsfähigkeit sowie Sinn für Zukunft und Zeit« sei »menschliches Leben unpersonal, ohne Würde, ohne Wert und ohne Recht«, zitiert die »Grafenecker Erklärung« in ihrem Aufruf zum Protest gegen die Bioethik-Konvention in ihrer jetzigen Form. So wahrgenommene Menschen können daher nach Auffassung der Bioethik für medizinische Forschung als Versuchspersonen »freigegeben« werden, auch wenn die Forschungsergebnisse ihnen selbst nicht nützen.

Unsere Selbstorganisation bewirkt aber auch Ermutigung, sich nicht durch die psychiatrische Bestimmung mit den eigenen Erfahrungen – auch religiöser Art – als ausschließlich von der *Norm* abweichende und kranke Person entmutigen zu lassen, sondern aus diesen Erfahrungen als einem Entwicklungs- und Reifungsprozeß zu lernen. Ermutigung, um zu sich und zur eigenen Lebensgeschichte zu stehen.

Aus kleinen Anfängen ist eine Selbsthilfebewegung psychiatrieerfahrener Menschen geworden. Die Gewißheit wächst, daß seelische Erfahrungen einen Wert darstellen, in den auch beängstigende Erfahrungen eingeschlossen sein können.

In unserer Gesellschaft, in der seelisches Erleben nur gering, einwandfreies Funktionieren aber so hoch geachtet wird, erinnern wir und unsere Psychosen und Depressionen daran, daß der Mensch auch eine Seele hat. Sie darf nicht - auch nicht unter Zwang - nur funktionsfähig gemacht werden durch Medikamente, deren sogenannte Nebenwirkungen viele mehr beeinträchtigen, als die Psychosen selbst es tun. Wir brauchen bei unserer Suche nach uns selbst, nach einem Sinn und unserem Platz im Leben Solidarität und Verständnis füreinander.

Vor allem anderen ist unser Bundesverband eine gesundheitspolitische Kraft, um eine hilfreichere und demokratische Psychiatrie zu erreichen. Daran mitzuarbeiten lohnt sich!

Anhang

– Vorsorgebogen
– Literaturempfehlungen
– Adressen
– Autorinnen und Autoren
– Krisenpaß

Vorsorgebogen

Dieser Vorsorgebogen soll es Ihnen als psychoseerfahrener Mensch erleichtern, mehr Klarheit über Ihre Krisen und eventuelle Einflußmöglichkeiten und Hilfen zu gewinnen. Weder Sie noch Ihre Umgebung sind einer Psychose hilflos ausgeliefert. Vielmehr gibt es verschiedene Einflußmöglichkeiten, durch die eine Krise und ihre negativen Folgen vermieden bzw. abgemildert werden können.

Sie sollten den Vorsorgebogen nach Möglichkeit nicht alleine bearbeiten, sondern am besten mit einem psychoseerfahrenen Menschen Ihres Vertrauens oder gemeinsam mit einem professionellen Helfer Ihres Vertrauens. Den bearbeiteten Vorsorgebogen können Sie dann mit weiteren Menschen Ihrer Umgebung durchsprechen. Nur wer weiß, wie Sie sich einen angemessenen Umgang mit Ihrer Krise wünschen, kann sich entsprechend verhalten.

Vor einer möglichen Krise

1. Wie kann ich mich gesund halten? Welche konkreten Tätigkeiten und Aktivitäten tun mir gut, welche Situationen, die ich aufsuchen kann? Welche Menschen?
(Siehe dazu das Kapitel »Was kann ich tun, damit ich mich wohl fühle?«)

_____

_____

_____

_____

2. Welche Situationen, Ereignisse, Gedanken belasten mich übermäßig?

(Zu den Fragen 2–8 siehe das Kapitel »Mit Belastungen angemessen umgehen«)

kurzzeitige Belastungen, *besondere* Situationen in folgenden Bereichen:

Familie, Freunde, Partner	Freizeit	Arbeit

3. Dauerhafte Belastungen (chronischer Streß)

Familie, Freunde, Partner	Freizeit	Arbeit

4. Welche Ereignisse, Lebenssituationen, welches eigene Verhalten haben bei mir bisher zu Krisen geführt?

5. Kann ich diese belastenden Situationen teilweise oder ganz vermeiden? Welche und wie?

Wenn die Streßsituation doch auftritt:

6. Wie kann ich in belastenden Situationen mein seelisches Gleichgewicht halten? Wie kann ich dem Streß entgegenwirken?

_____

_____

_____

_____

7. Was kann ich nach der Streßsituation tun, um mein Gleichgewicht wiederzufinden? Wie kann ich wieder ruhig werden? Was tue ich schon, was könnte ich tun?

_____

_____

_____

8. Welche Strategien haben sich nicht bewährt?

_____

_____

_____

9. Welche Anzeichen deuten bei mir möglicherweise auf den Beginn einer Psychose hin?
(Zu den Fragen 9–14 siehe das Kapitel »Krisen rechtzeitig erkennen«)

ganz frühe   1. _____

2. _____

3. _____

4. _____

5. _____

frühe   1. _____

2. _____

3. _____

4. _____

5. _____

späte   1. _____

2. _____

3. _____

4. _____

5. _____

10. Welche Vorbeugemaßnahmen kann ich ergreifen, wenn ich solche Anzeichen bemerke?

Bei ganz frühen: _____

_____

_____

_____

Bei frühen: _____

_____

_____

_____

_____

Bei späten: _____

_____

_____

_____

_____

11. Welche Vorbeugemaßnahmen haben sich als nicht sinnvoll erwiesen?

_____

_____

_____

12. Welche Bedarfsmedikation kann ich eventuell einnehmen? (Mit dem Arzt absprechen!)

- _____
- _____
- _____

13. Mit wem will ich über Frühwarnzeichen und leichte Krisen sprechen?

_____

_____

_____

14. Was soll meine Umgebung tun, wenn sie solche Frühwarnzeichen bemerkt?

_____

_____

_____

_____

In einer Krise

15. Zu welchen Freunden, Angehörigen und professionell Tätigen habe ich Vertrauen?
(Zu den Fragen 15–23 siehe das Kapitel »Absprachen für die Krisenzeit«)

- _____
- _____
- _____

16. Welche Schritte sollen unternommen werden, bevor eine Klinikeinweisung veranlaßt wird? Wie können Angehörige und Profis mich eventuell unterstützen, um eine Klinikeinweisung zu vermeiden?

_____

_____

_____

17. Wie können die Menschen meiner Umgebung mich dazu bewegen, einen Arzt aufzusuchen oder in eine Klinik zu gehen?

18. Von wem möchte ich im Notfall in die Klinik gebracht werden? Wie sollte diese Person sich verhalten?

19. Wie wünsche ich mir eine Behandlung im Krisenfall? In welche Institution möchte ich? Welche Profis dort haben mein Vertrauen?

20. Was oder wer tut mir gut in der Krise, z. B. welcher Besuch, welche therapeutischen Maßnahmen, welches Verhalten der Angehörigen?

21. Was oder wer schadet mir in der Krise?

22. Mit welchen Medikamenten habe ich in Krisen gute Erfahrungen gemacht und möchte deshalb im Krisenfall wieder damit behandelt werden?

Medikament	unerwünschte Wirkungen	erwünschte Wirkungen
• _____	• _____	• _____
• _____	• _____	• _____
• _____	• _____	• _____
• _____	• _____	• _____
• _____	• _____	• _____

23. Mit welchen Medikamenten habe ich in Krisen schlechte Erfahrungen gemacht (eventuell Begründung)?

• _____

• _____

• _____

• _____

24. Häufig haben die Menschen der Umgebung in der Krise Schwierigkeiten, die Gedanken, Ideen, Gefühle, Handlungen zu begreifen. Für die Betroffenen machen diese Ideen, Gefühle, Handlungen aber nicht selten einen Sinn. Welche Gedanken und Handlungen aus der Krisenerfahrung kann ich anderen außerhalb der Krise mitteilen? (Zu den Fragen 24 und 25 siehe das Kapitel »Über den Wahn-Sinn sprechen«)

_____

_____

_____

_____

_____

_____

_____

25. Wie können die Menschen meiner Umgebung mir während der Krise helfen, mit meinem Erleben und meinen Gefühlen besser umzugehen?

Welches Verhalten wünsche ich mir bei »verrückten« Ideen, paranoiden Gedanken und Gefühlen?

Welches Verhalten wünsche ich mir bei Antriebslosigkeit, Rückzug, depressiver Verstimmung?

Welches Verhalten wünsche ich mir bei Angst?

Welches Verhalten wünsche ich mir bei anderen Symptomen?

Nach einer möglichen Krise
(Zu den Fragen 26–31 siehe das Kapitel »Die Zeit danach«)

26. Welche Kontakte habe ich in der Krise abgebrochen, die ich wieder aufbauen möchte (Freunde, Familienmitglieder, Bekannte, TherapeutInnen, Einrichtungen)?

27. Welche Interessen und Hobbys möchte ich wieder aufnehmen?

28. Mit wem möchte ich über meine Krise sprechen? Wem sollte ich von meiner Krise erzählen? Arbeitgeber? Menschen, die mein Verhalten in der Krise befremdlich fanden? Menschen, denen gegenüber ich Schuld- oder Schamgefühle habe?

29. Was oder wer hat mir nach früheren Krisen gut getan?

30. Was oder wer hat mir nach früheren Krisen geschadet?

31. Wie sollten sich Freunde und Angehörige nach einer Krise verhalten?

© A. Knuf/A. Gartelmann und der Psychiatrie-Verlag 1997
Der Vorsorgebogen kann für den persönlichen Gebrauch kopiert werden.
Andere Vervielfältigungen bedürfen der Genehmigung.

Literaturempfehlungen

BEITLER, H.; BEITLER, H. (2000): Psychose und Partnerschaft. Bonn.

BOCK, Th. (1997): Lichtjahre – Psychosen ohne Psychiatrie.
Krankheitsverständnis und Lebensentwürfe von Menschen mit
unbehandelten Psychosen. Psychiatrie-Verlag, Bonn.

BOCK, Th.; DERANDERS, J. E.; ESTERER, I. (2000): Stimmenreich.
Mitteilungen über den Wahnsinn. Psychiatrie-Verlag, Bonn.

BOCK, Th.; DERANDERS, J. E.; ESTERER, I. (1994): Im Strom der
Ideen. Stimmenreiche Mitteilungen über den Wahnsinn.
Psychiatrie-Verlag, Bonn.

BREGGIN, P. (1995): Giftige Psychiatrie I. Auer Verlag, Heidelberg.

BRILL, K.-E. (1999): Psychisch Kranke im Recht. Ein Wegweiser.
Bonn.

DIETZ, A.; POERKSEN, N.; VOELZKE, W. (1998): Behandlungsvereinbarungen. Vertrauensbildende Maßnahmen in der Akutpsychiat-
rie. Bonn.

DÖRNER, K.; PLOG, U. (1996): Irren ist menschlich. Lehrbuch der
Psychiatrie und Psychotherapie. Psychiatrie-Verlag, Bonn.

FINZEN, A. (1993): Schizophrenie. Die Krankheit verstehen.
Psychiatrie-Verlag, Bonn.

FINZEN, A. (2000): Psychose und Stigma. Stigmabewältigung –
zum Umgang mit Vorurteilen und Schuldzuweisung. Bonn.

FINZEN, A. (2001): Medikamentenbehandlung bei psychischen
Störungen. Leitlinien für den psychiatrischen Alltag.
Psychiatrie-Verlag, Bonn.

GEISLINGER, R. (1999): Experten in eigener Sache. Psychiatrie,
Selbsthilfe und Modelle der Teilhabe. München.

HELL, D.; FISCHER-GESTEFELD, M. (1993): Schizophrenien.
Orientierungshilfen für Betroffene. Springer Verlag,
Berlin u. a.

HUNOLD, P.; RAHN, E. (2000): Selbstbewusster Umgang mit psychiatrischen Diagnosen. Bonn.

KESSLER, N. (Hrsgin.) (1995): Manie-Feste. Frauen zwischen Rausch und Depression. Psychiatrie-Verlag, Bonn.

KNUF, A.; SEIBERT, U. (2000): Selbstbefähigung fördern. Empowerment und psychiatrische Arbeit. Bonn.

LEHMANN, P. (Hrsg.) (1998): Psychopharmaka absetzen. Erfolgreiches Absetzen von Neuroleptika, Antidepressiva, Lithium, Carbamazepin und Tranquilizern. Berlin.

STARK, A. (Hrsg.) (1996): Verhaltenstherapeutische und psychoedukative Ansätze im Umgang mit schizophren Erkrankten. dgvt-Verlag, Tübingen.

STARK, F. M.; ESTERER, I.; BREMER, F. (Hrsg.) (1995): Wege aus dem Wahnsinn. Therapien bei psychischen Erkrankungen. Psychiatrie-Verlag, Bonn.

STEIN, V. (1996): Abwesenheitswelten. Fischer, Frankfurt a. M.

STRAUSS, J. S. ; HARDING, C. M.; HAFEZ, H.; LIEBERMANN, P. (1986): Die Rolle des Patienten bei der Genesung von einer Psychose. In: Böker, W.; Brenner, H. D. (Hrsg.) (1986): Bewältigung der Schizophrenie. Huber, Bern u. a., 168–175.

THAR, J.; RAACK W. (Hrsg.) (1995): Betreuungsrecht. Ein Leitfaden, Köln.

VAUGHN, Ch.; LEFF, P. (1989): Umgangsstile in Familien mit schizophrenen Patienten. In: KATSCHNIG, H. (Hrsg.): Die andere Seite der Schizophrenie. Psychologische Verlags Union, München.

WINZEN, R. (1997): Zwang. Was tun bei Betreuung und Unterbringung? AG SPAK Verlag, München.

WIENBERG, G. (Hrsg.) (1997/1999): Schizophrenie zum Thema machen. Psychoedukative Gruppenarbeit mit schizophren und schizoaffektiv erkrankten Menschen. Psychiatrie-Verlag, Bonn.

ZERCHIN, S. (1990): Auf der Spur des Morgensterns. Psychose als Selbstfindung. List, München.

Adressen

Ursula Kar, Adalbertstr. 116–118, 52062 **Aachen.**

Dr. Ute Schäpe, Rosentalstr. 23, 92224 **Amberg.**

Die Psychiatrieerfahrenen Schwaben (PEAS), H Rotes Tor, 86150 **Augsburg.**

LAG Psychiatrie-Erfahrener, Oberfeldweg 15, 83670 **Bad Heilbrunn.**

SHG für psychische Gesundheit, Oberfeldweg 15, 83670 **Bad Heilbrunn.**

SHG für Psychiatrie-Erfahrene, Brunnenstr. 4, Sozialpsychiatrischer Dienst, Bernhard Welzel, 95444 **Bayreuth.**

Psychiatrie-Erfahrene, Joachim Bickert, Mozartstr. 3, 64625 **Bensheim.**

Emotions Anonymous, Kontaktstelle Deutschland, Katzbachstr. 33, 10965 **Berlin.**

Landesverband Psychiatrie-Erfahrener und Irren-Offensive, Scharnweberstr. 29, 10247 **Berlin.**

Netzwerk Stimmenhören, c/o Tageszentrum Schöneberg der Pinel-Gesellschaft, Ebersstr. 67, 10827 **Berlin.**

Villa Stöckle, **Weglaufhaus**, Postfach 280427, 13444 **Berlin.**

LAG NRW, Brigitte Siebrasse (brigitte.siebrasse@t-online.de), Spindelstr. 116, 33604 **Bielefeld.**

SHG Psychose-Erfahrene und Manisch-Depressive, Haus der Kamera, Feilenstr. 4, 33602 **Bielefeld.**

Psychiatrie-Erfahrene Ruhrgebiet, Buscheyplatz 3, 44801 **Bochum.**

»Der Weg«, Friedrich-Wilhelm-Str. 37, 38100 **Braunschweig.**

Landesverband Bremen, Wilfried Strube, ZKH Bremen-Ost, Züricher Str. 40, Haus 17, 28325 **Bremen.**

Psychiatrie-Erfahrenen, Frenssenstr. 10, 27576 **Bremerhaven.**

Psychiatrie-Erfahrene, Dietmar Boehden, Lederstr. 36, 75365 **Calw**.

Irren-Offensive, Inge Kramer, Schürenheck 22, 45711 **Datteln**.

Verein Psychiatrie-Erfahrener, Evangelischen Friedensdienst, Kiesstraße 18, 64283 **Darmstadt**.

LAG Psychiatrie-Erfahrene, LPEN, c/o Ronald Kaesler, Wilhelm-Raabe-Str. 7a, 27753 **Delmenhorst**.

Psychiatrie-Erfahrene, Carola Feindt, Willy-Lohmann-Str. 26, 06844 **Dessau**.

SHG Psychiatrie-Erfahrener, Alois-Lauer-Stiftung, Dr. Prior-Str. 3, 66763 **Dillingen**.

Selbsthilfegruppe im Gemeindehaus, Teimannweg 43, 44329 **Dortmund**.

SHG »Friedenshaus«, KISS, Bodenbacher Str. 15, 01277 **Dresden**.

»Die Entfesselten«, Kopernikusstr. 53, 40225 **Düsseldorf**.

SPE e. V., Postfach 164324, 45223 **Essen**.

ZAK, Margarete Brezger, Rilkestr. 7, 73728 **Esslingen**.

SHG Steppenwölfin, Ursulinenstr. 32, 53879 **Euskirchen**.

Initiative Psychiatrie-Erfahrener, Stefan Bürkle, Meißner Str. 5, 70736 **Fellbach**.

Psychiatrie-Erfahrene, Zeißelstr. 42, 60318 **Frankfurt a.M.**

Bärbel Kaiser-Burkart, Dürleberg 3a, 79112 **Freiburg**.

SHG Psychiatrie-Erfahrener, Feldbergstr. 37, 79115 **Freiburg**.

Doris Scheuermann, Friedensstr. 13, 97232 **Giebelstadt**.

Initiativgruppe Shelter, Rote Straße 28, 37073 **Göttingen**.

Bürgertreff, Birgit Greiner, Amselweg 14, 72663 **Großbettlingen**.

SHG Psychiatrie-Erfahrene Club 5, Kirchstr. 10, **Gütersloh**.

Psychiatrie-Erfahrene, Diakoniestation, Obertor 20, 35708 **Haiger**.

Bundesverband Psychiatrie-Erfahrener und Landesverband, BTZ, Weidestr. 118c, 22083 **Hamburg**.

Verein Psychiatrie-Erfahrener, Rückertstr. 17, 30169 **Hannover**.

Dieter Hempen, Dickerscheid Nr.68, 53490 **Hellenthal**.

Heidelberger Selbsthilfebüro, Birgit Schmidt-Groß, Alte Eppelheimer Straße 38, 69115 **Heidelberg**.

SHG »Radix«, Klaus Laupichler, Am alten Sportplatz 10, 89542 **Herbrechtingen**.

»Hilfe für verletzte Seelen«, Klinkentreff, Mozartstr. 20b, 32049 **Herford.**

SHG Psychiatrie-Erfahrene, Bahnhofsallee 26, Jutta Kotulla, Bergsteinweg 49, 31137 **Hildesheim.**

SAAR, Regionalgruppe Saarpfalzkreis, Goethestr. 2, 66424 **Homburg.**

Die Psychiatrie-Erfahrenen, Vereinsheim, Beckerstr. 13, 85049 **Ingolstadt.**

Peter V. Zahn, Karlstr. 5/4, 75228 **Ispringen.**

Landesverband Psychiatrie-Erfahrener, Kaiserstr. 49, 25524 **Itzehoe.**

Psychiatrie-Erfahrene, IKOS, Rathenaustr. 10, 07745 **Jena.**

Landesverband Psychiatrie-Erfahrene Hessen (LvPEH) e. V., c/o Gesundheitsladen Kassel, Mönchebergstr. 33, 34125 **Kassel.**

SHG Psychische Schwierigkeiten, Ambulantes Zentrum, Alte Lübecker Chaussee 1, 24114 **Kiel.**

Landesverband Psychiatrie-Erfahrene, c/o Anne Ihmig, Gutenbergstr. 13, 56073 **Koblenz.**

Bürgerzentrum Ehrenfeld, Carl-Schurz-Str. 14, 50935 **Köln.**

Alfred Deisenhofer, Ahornstr. 4 $^1/_2$, 86343 **Königsbrunn.**

Haus der Begegnung, Lebenswelten – Psychosozialer Hilfsverein, SHG Psychose, Erich-Weinert-Str. 45, 15711 **Königs Wusterhausen.**

SHG »Mut zum Anderssein«, Villa K, Von-Steuben-Str. 30, 47803 **Krefeld.**

SHG für gefühlsmäßige Konflikte, Im Schaufsfeld 13, 40746 **Langenfeld.**

LAG, Ursula Zingler, Ginsterweg 7, 74348 **Lauffen.**

Durchblick e. V., Mainzer Str. 7, 04109 **Leipzig.**

Psychiatrie-Erfahrene, Christel Hansing, 83661 **Lenggries.**

Psychiatrie-Erfahrene, »Brücke«, In der Fischergrube 70. **Lübeck.**

Haus der Diakonie, LIPE, Gartenstr. 17, Am Zuckerberg 57, 71640 **Ludwigsburg.**

Psychiatrieerfahrene, Landwehrweg 5, **Mainz.**

Hermann Pickl, Ferstlstr. 4, 84066 **Mallersdorf-Pfaffenberg.**

Beschwerdestelle Psychiatrie, MIPE, **68159 Mannheim.**

Marburger Irrenoffensive, c/o Hans-Peter Wittig, An der Kirche 2a, 35043 **Marburg.**

Selbsthilfegruppe TRIAS, Saarbrücker Allee 5, 66663 **Merzig.**

DiePsychiatrie-Erfahrenen (MÜPE e. V.) in der Thalkirchner Str. 10, 80337 **München.**

SHG im Gesundheitshaus, Gasselstiege 13, 48159 **Münster.**

Selbsthilfegruppe 66538 , Thomas-Mann-Str. 12, 66538 **Neunkirchen.**

SHG »Leben mit der Angst«, Tagesklinik, Beringstr. 39, 56564 **Neuwied.**

Pandora – Selbsthilfe Psychiatrie Erfahrener, Gesundheits-werkstatt am BZ, Adam-Klein-Str. 37a, 90429 **Nürnberg.**

»Lebbe gehd waider«, c/o Lebensräume, Arndtstr. 23, 63069 **Offenbach.**

Edgar Aisenbrey, Altstadt 23, 74613 **Öhringen.**

Psychiatrie-Erfahrenen bei BEKOS, Nora Ernst, Luzernenstr. 8c, 26127 **Oldenburg.**

SHG »Füreinander«, Auf der Mauer 3, 57462 **Olpe.**

Psychiatrie-Erfahrene, Rolandsmauer 26, 49074 **Osnabrück.**

Psychiatrie-Erfahrene, Karl-Heinz Thilscher, Postfach 1747, 31207 **Peine.**

Initiative Psychiatrie-Erfahrener Reutlingen, Heidi Fellmeth, Große Heerstr. 74/1, 72793 **Pfullingen.**

Landesverband Psychiatrie-Erfahrene, Henrik-Ibsen-Str. 20, 18106 **Rostock.**

Gabriele Löffler, Konrad-Adenauer-Str. 22, 72108 **Rottenburg.**

Landesverband Psychiatrie-Erfahrener Saar, c/o KISS, Kaiserstr. 10, 66111 **Saarbrücken.**

SHG Patientenclub, 01968 **Senftenberg.**

Initiative Psychiatrie-Erfahrener, Ev. Gemeindehaus, Goldbergstr. 33, 71065 **Sindelfingen.**

Walter Zier, Postfach 727, 78207 **Singen am Hohentwiel.**

Psychiatrie-Erfahrenen im Bürgerzentrum, c/o Psychosozialer Trägerverein, Eichenstr. 105–109, 42659 **Solingen.**

Selbsthilfegruppe für Psychose-Erfahrene, Marienstr. 9, Isabel
Ayasse, 70178 **Stuttgart.**
Psychiatrie-Erfahrene, Alten Schmiede, Petrusstr. 22, 54292 **Trier.**
SHG für Psychoseerfahrene, Ch. Ruland, Rappenberghalde 21,
72070 **Tübingen.**
Karl Heinz Eßer, Hermann-Stehr-Weg 82, 89075 **Ulm.**
SGN, Ulrich Lindner, Landhausstr. 59, 75399 **Unterreichenbach.**
PEHPE im SPZ, Oststraße 48, 42551 **Velbert.**
Ingrid Peters, Silcherstr. 49, 71332 **Waiblingen.**
Hubert Stock, Dr.-August-Stumpf-Str. 31, 74731 **Walldürn.**
Psychoaktiv e. V., Helmut Scharf, Fischmarkt 13, 35578 **Wetzlar.**
Psychiatrie-Erfahrene, Regina Kucharski, Karl-Marx-Str. 41,
65199 **Wiesbaden.**
Psychiatrie-Erfahrene, Kurfürstenstr. 4a, 54516 **Wittlich.**
»Die Börse«, Wolkenburg 100, Agnes-Miegel-Str. 11, 42279
Wuppertal.
Initiative Psychiatrie-Erfahrener im SHZ, Textorstr. 15, 97070
Würzburg.

Matthias Seibt sei auch diesmal wieder für die Bereitstellung der
Adressen gedankt!

Mustertexte:
Mustertext und Gebrauchsanweisung zum *Psychiatrischen Testament*
bei: P. Lehmann Antipsychiatrieverlag, Peschkestr. 17, 12161 Berlin.
Die *Behandlungsvereinbarung* findet sich in dem Buch von A. Dietz
u. a.: *Behandlungsvereinbarungen*, Bonn 1998, und als Kopiervorla-
ge in Th. Bock u. a.: *Es ist normal, verschieden zu sein. Psychose-Se-*
minare – Hilfen zum Dialog, Bonn 2000.

Internet-Adressen
Deutschsprachig: www.bpe.berlinet.de; www.psychiatrie.de;
www.weglaufhaus.berlinet.de
Englischsprachig: www.power2u.org; www.madnation.org;
www.mhselfhelp.org; www.contac.org

Autorinnen und Autoren

Arbeitsgruppe »Selbstcheckerinnen« im Bundesverband Psychiatrieerfahrener e. V., c/o Udo Rühl, Maulbronner Str. 18/1, 71634 Ludwigsburg.

Regina Bellion, Jahrgang 1941, Bardame, Putzfrau, Haute Couture-Verkäuferin usw., Bremen.

Karl-Ernst Brill, Jahrgang 1955, wissenschaftlicher Mitarbeiter des *Dachverbands psychosozialer Hilfseinrichtungen* und der *Aktion psychisch Kranke.*

Dieter Broll, Jahrgang 1940, Leiter einer Selbsthilfegruppe, lebt in München.

Dorothea Buck, Jahrgang 1917, ist Bildhauerin und Autorin. Gründungsmitglied und jetzt Ehrenvorsitzende im *Bundesverband Psychiatrie-Erfahrener e. V.*, lebt in Hamburg.

Anke Gartelmann, Jahrgang 1964, Diplom-Psychologin und Psychologische Psychotherapeutin, langjährige Tätigkeit in Einrichtungen der ambulanten und stationären Psychiatrie, arbeitet in der Psychologischen Beratungsstelle der Ev. Kirche in Konstanz.

Heidrun G., Jahrgang 1964.

Andreas Knuf, Jahrgang 1966, Diplom-Psychologe und Psychologischer Psychotherapeut, Angehöriger, ehemaliger Mitarbeiter von KontakTee in München, arbeitet in der Psychiatrischen Tagesklinik des BKH Memmingen und lebt in Konstanz. Mitherausgeber des Buches *Selbstbefähigung fördern* (Bonn 2000). Email: andreas.knuf@t-online.de.

Günter Neupel, Jahrgang 1958, lebt in München.

Manuel PAN, Jahrgang 1951, ist Philosoph und lebt in
Burghausen.

Pirmin von REICHENSTEIN, Mitte der 30er Jahre geboren, in der
Selbsthilfearbeit tätig.

Ulrich SEIBERT, Jahrgang 1930, Diplom-Psychologe, arbeitet als
Supervisor, Berater für Selbsthilfegruppen und Moderator von
Psychose-Seminaren, lebt in Uffing am Staffelsee.

Eva von SINNEN, Jahrgang 1952, arbeitet als Journalistin und lebt
in München.

Wolfgang VOELZKE, Jahrgang 1956, Vorstandsmitglied des Vereins
Psychiatrie-Erfahrener Bielefeld.

Brigitte WEISS, Jahrgang 1955, Dipl. Sozialpädagogin (FH), ist
Mitglied im BPE und Organisatorin einer Selbsthilfegruppe in
München.

Gottfried WÖRISHOFER, Jahrgang 1953, ist Vorstandsmitglied der
Münchner Psychiatrieerfahrenen e. V.

K. ZIMMERMANN, arbeitet als Übersetzerin und lebt in Burghausen.

Für die inhaltliche Mitarbeit am zweiten Teil dieses Buches
bedanken wir uns herzlich bei:

Elke Petersen,
Sabine H.,
Veit Eberl,
Marie und
Anne.

Andreas Knuf und Ulrich Seibert
Selbstbefähigung fördern
Empowerment und psychiatrische Arbeit

Mit Beiträgen von V. Aderhold, Th. Bock, R. Geislinger, H. Maimer, E. Mayer, P. Stastny, W. Werner, G. Wörishofer, M. Zaumseil
ISBN 3-88414-253-4, 300 Seiten, 39.80 DM

Immer mehr psychiatrisch Tätige suchen nach neuen Möglichkeiten psychisch kranke Menschen noch besser zu unterstützen. »Empowerment« heißt das Stichwort. Die Kranken sollen psychisch und sozial so gestärkt werden, dass sie ihre Gesundung und ihr weiteres Leben in die eigenen Hände nehmen können, so weit das geht. Andreas Knuf und Ulrich Seibert zeigen gemeinsam mit anderen Autoren, was es heißt, »empowernd« zu arbeiten. Das Buch öffnet zum einen ohne Denk-Tabus die gegenwärtige Auseinandersetzung um ein neues Selbstverständnis psychiatrischer Tätigkeit, zum anderen liefert es auf eine erfrischende Art eine beinahe unerschöpfliche Fülle von konkreten Möglichkeiten im Arbeitsalltag.

Aus dem Inhalt:
Was ist Empowerment?
Definition von Betroffenen / Der nutzerorientierte Ansatz
Konzepte und professionelle Haltung
Identität und psychische Krankheit / Selbstbefähigende Psychotherapie der Psychosen / Aufklärung und Informationsaustausch / Selbstbefähigung bei der Medikation ? Argumente für einen anderen Umgang mit Neuroleptika / Selbstbefähigung auf einer psychiatrischen Station / Selbstbefähigendes Arbeiten in der Gemeindepsychiatrie
Neue Wege
Zwang und Empowerment: Neue Wege der Krisenhilfe / Perspektivenwechsel in der Facharztpraxis / Nutzermitbestimmung in der psychiatrischen Arbeit / Professionelle Unterstützung für Selbsthilfegruppen und -organisationen / Nutzerbeteiligung und Betroffenenarbeit in den USA

Psychiatrie-Verlag
Thomas-Mann-Str. 49a • 53111 Bonn • Tel.: 0228/72534-11 • Fax: -20 • www.psychiatrie.de/verlag

Krisenpass

für Menschen mit Psychoseerfahrung

Name:

Geburtsdatum:
Anschrift:

Krankenkasse:

Datum:
Medikamente und Dosierung:

verordnender Arzt (mit Stempel und Unterschrift)

Datum:
Medikamente und Dosierung:

verordnender Arzt (mit Stempel und Unterschrift)

Aktuelle Medikation:

Datum:
Medikamente und Dosierung:

verordnender Arzt (mit Stempel und Unterschrift)

Datum:
Medikamente und Dosierung:

verordnender Arzt (mit Stempel und Unterschrift)

Folgende Personen sollen im Krisenfall benachrichtigt werden:
(Tel.-Nummern nicht vergessen)

Folgende Person genießt mein volles Vertrauen und soll z. B. bei Konflikten während der Behandlung oder bei wichtigen Entscheidungen hinzugezogen werden:

Eine Behandlungsvereinbarung o. ä. liegt folgender Einrichtung vor:

Im Krisenfall ist erfahrungsgemäß folgende Medikation hilfreich:

Bisher schlechte Erfahrungen mit folgenden Medikamenten:

Durch meine Unterschrift bestätige ich die oben genannten Erfahrungen.
(Vom Arzt auszufüllen.)

Besonderes
(z. B. eigene Wünsche an die Behandlung, weitere Erkrankungen, Allergien usw.)

aus: Dietz, A. u. a. (Hg.):
Behandlungsvereinbarungen.
Psychiatrie-Verlag, Bonn 1998.